J. SCHMITT

ŒUVRES COMPLÈTES

DE

SIR WALTER SCOTT.

Traduction Nouvelle.

PARIS,

CHARLES GOSSELIN ET A. SAUTELET ET C°,

LIBRAIRES-ÉDITEURS.

M DCCC XXVIII.

ŒUVRES COMPLÈTES

DE

SIR WALTER SCOTT.

TOME NEUVIÈME.

IMPRIMERIE DE H. FOURNIER,
RUE DE SEINE, N 14.

BIOGRAPHIE LITTÉRAIRE

DES

ROMANCIERS CÉLÈBRES.

TOME PREMIER.

(Biographical and critical Notices of eminent Novelists.)

AVANT-PROPOS DE L'EDITEUR.

L'Essai sur le Roman et la Biographie des Romanciers nous ont paru former un ouvrage à peu près complet, qui vient naturellement prendre place en tête des romans de Walter Scott; c'est la théorie de ses propres compositions, c'est le secret des études qui ont influé sur la direction de son talent : chaque Notice offre d'ailleurs l'intérêt des anecdotes sur la vie de chaque auteur, et l'on aime à deviner dans cette revue de tant d'existences diverses les goûts de Walter Scott lui-même et ses sympathies pour telle ou telle position sociale, indépendamment de ses opinions littéraires. Nous espérons donc avoir fait une chose agréable pour les souscripteurs de l'édition in-18, en admettant dans cette collection l'*Essai sur le Roman* et la *Biographie des Romanciers*.

ESSAI LITTÉRAIRE

SUR

LE ROMAN.

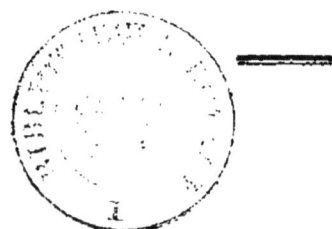

DÉFINITION ET ORIGINE DU MOT *ROMAN*.

Le docteur Johnson a donné la définition suivante du mot *romance*, pris dans son acception première : *Une fiction guerrière du moyen âge ; — un récit d'étranges aventures de chevalerie et d'amour.* Quoique cette définition exprime d'une manière correcte le sens ordinaire du mot, elle n'est pas assez générale pour le sujet que nous voulons traiter ici. Une composition peut être un *roman*, sans avoir rien qui appartienne soit à l'amour ou à la chevalerie, soit à la guerre ou au moyen âge. La définition de Johnson ne présente réellement qu'une seule partie essentielle, *les aventures étranges*. Nous serions plutôt disposés à dire d'un *romance*, que c'est *un récit fictif soit en vers, soit en prose, qui intéresse par des aventures étranges et merveilleuses.* Ce mot de *romance* contrasterait alors avec le mot analogue de *novel*, (*roman*), lequel, suivant Johnson, est un *récit agréable, généralement d'amour*, et que nous aimerions mieux définir *une narration fictive, qui diffère du* romance *en ce qu'elle ne s'éloigne pas du train ordinaire des choses humaines et de l'état moderne de la société*. Si l'on adopte ces définitions, il est clair, d'après leur nature même, qu'il sera souvent difficile de déterminer si certaines compositions appartiennent exclusivement à l'une ou à l'autre des deux classes. Il y en aura qui participeront évidemment de la nature des deux ; mais la distinction que nous admettons est assez générale pour convenir dans la grande majorité des cas.

Le mot *romance*, dans son acception primitive, fut très-loin d'être entendu comme nous l'entendons aujourd'hui. Il signifiait, au contraire, un des dialectes populaires de l'Europe, qui prit naissance, comme la plupart des autres dialectes, de la langue romaine, c'est-à-dire du latin. Le nom de langue romance a été donné indistinctement à l'italien, à l'espagnol, et même (au moins dans une occasion remarquable (1), à l'anglais. Mais on le donnait plus spécialement à la langue d'origine très-complexe de la France, dont le dialecte gothique des Francs, la celtique des anciens Gaulois, et le latin classique, formaient les élémens. Ainsi, suivant Robert de Brunne :

(1) La découverte de ce passage curieux est due aux soins de Ritson dans le *Giraldus Cambrensis* : « Ab illâ aquâ optimâ, quæ scottice vocata est, *Troth* ; britannice, *Weirld* ; romane vero, *Scotte-Wattre*. » On voit ici que les divers noms du Frith of Forth sont rapportés en langue gothique ou erse, en breton ou gallois, et que la désignation *romane* s'applique au langage usuel anglais. C'est peut-être le seul exemple qu'on puisse citer où la langue anglaise est appelée *langue romane*, ou *romance*.

> All is caled geste Inglis,
> That en this language spoken is —
> Frankis speeck is caled *romance*,
> So sagis clerkis and men of France (1).

« On appelle *anglais* tout ce qui, dans ce langage, est parlé ; mais la langue française s'appelle *romance* : ainsi le disent les clercs et les hommes de la France. »

A une époque aussi reculée que l'an 1150, il paraît certain que déjà la langue romance se distinguait de la langue latine, puisqu'on faisait des traductions de l'une à l'autre ; la preuve, c'est qu'un vieux roman sur le sujet d'*Alexandre*, cité par Fauchet, nous apprend que l'auteur était un savant clerc

> Qui de *latin la trest* et en *roman la mit*.

Cependant les plus célèbres romans du moyen âge furent ordinairement composés dans la langue *romance* ou *française*, qui étant celle qu'on parlait à la cour de Paris et à celle de Londres, sous les rois normands, devint la langue de l'amour et de la chevalerie. Aussi dans les romans composés en vers anglais le poète affecte toujours d'avoir pris son sujet dans quelque roman français, qui, dans la plupart des cas, sinon dans tous, doit avoir réellement existé. De là vient la répétition fréquente de cette phrase,

> As in romance we read,

ou

> Right as the romaunt us tells.

(1) Nous donnons le texte même de ces citations en langue romance, qui s'éloigne quelquefois beaucoup de l'anglais moderne.

Tr.

Comme on lit dans le roman,

ou

Juste comme le roman le dit.

et de beaucoup d'expressions équivalentes, qui sont bien familières à tous ceux qui connaissent ce genre de composition. C'est ainsi que naturellement, et sans doute peu à peu, le nom même de roman ou de *romance*, passa insensiblement, du langage même qu'il désignait, à cette espèce particulière d'ouvrages, pour lesquels on l'employait si souvent et qui en paraissait inséparable. Nous ne saurions fixer maintenant, avec quelque exactitude, l'époque reculée où s'opéra cette transmission de nom. Mais on peut croire, d'après les meilleures autorités, que le mot de roman se prenait déjà au sens moderne du temps du roi Édouard III d'Angleterre ; car Chaucer rapporte que, privé de sommeil pendant la nuit, pour s'aider à passer le temps, il

« Se tint levé droit sur son lit, et envoya chercher un *roman* pour le lire et chasser la longueur de la nuit.

> *Upon my bed I sate upright,*
> *And bade one rechin a bake*
> *A* ROMAUNCE, *and it me took,*
> *To read, and drive the night away.*

Ce livre que Chaucer appelle *un roman*, contenait, suivant ce qu'il nous apprend lui-même,

« Des fables que des clercs, dans le vieux temps, et encore d'autres poètes, avaient mises en rimes. »

> Fables,
> That clerkis had in old time
> And other poets put in to rhyme.

Et ce même auteur nous dit un peu plus bas,

« Que ce livre ne parlait guère d'autre chose que des histoires des reines, ainsi que des rois. »

> This book ne spoke but of such things,
> Of queen's lives and of kings.

Ce livre, sur lequel Chaucer s'exprime ainsi, n'est autre que les Métamorphoses d'Ovide; et en lui appliquant le terme de *roman*, ce vieux poète démontre assez que le mot était employé, lorsqu'il écrivait, dans le sens moderne.

Après avoir ainsi examiné et expliqué l'origine du mot *roman*, notre tâche se divise naturellement en trois branches d'inégale étendue. Dans la première, nous nous proposons d'examiner en général l'histoire de l'origine de ce genre particulier de composition, et spécialement les romans qui se rapportent aux mœurs de la chevalerie en Europe, et c'est là évidemment la partie la plus intéressante de notre sujet; dans la seconde division, nous donnerons quelques courts détails sur l'histoire des romans de chevalerie dans les différens pays de l'Europe, et enfin nous nous proposons d'indiquer rapidement les diverses espèces de compositions romanesques qui ont suivi et remplacé les romans de chevalerie.

HISTOIRE GÉNÉRALE DES ROMANS.

I. Dans les systèmes proposés par Hurd, Percy et d'autres auteurs plus anciens, sur l'origine et l'histoire des fictions romanesques, leur attention paraît s'être fixée d'une manière si exclusive sur les seuls romans de chevalerie, qu'ils semblèrent oublier que ces ouvrages, quelque intérêt qu'ils offrent, et quel que soit leur caractère particulier, ne forment cependant qu'une espèce d'un genre vaste et riche. En effet les progrès des romans suivent les progrès de la société, qui ne peut long-temps exister, même dans son état le plus rude et le plus sauvage, sans produire quelques tentatives d'une composition qui présente tant de charme. Nous ne prétendons pas dire par cette assertion que, dans l'enfance des sociétés, ces récits furent inventés comme dans les temps modernes sous forme de pures fictions, imaginés pour servir d'amusement à tous ceux qui avaient le loisir de les écouter ou de les lire. Au contraire, le roman et l'histoire ont une origine commune. Le roman porte le masque de la véracité aussi long-temps que possible; en effet les monumens traditionnels de tous les âges anciens partagent, à un degré si varié et si douteux, les qualités essentielles aux deux genres opposés, qu'ils forment une sorte de genre intermédiaire, et l'on a droit de les nommer *histoires romanesques* ou *romans historiques,* d'après la proportion suivant laquelle la vérité y est mêlée de fiction, ou la fiction mêlée de vérité.

Pour concevoir comment les choses n'ont guère pu se passer autrement, il suffit au lecteur de se reporter un instant à l'origine des sociétés. Le chef d'une famille isolée, destinée à s'accroître et à former une tribu, et plus tard une nation, racontera sans doute à ses descendans quelles furent les causes qui le détachèrent de la société du reste des hommes, ses frères, et qui lui firent prendre la résolution de fonder un établissement à part dans les déserts. Peut-être, dans ce récit, il ne se glissera d'autres inexactitudes de la part de celui qui raconte que celles des exagérations de sa vanité ou des infidélités de sa mémoire. Mais quand l'histoire du patriarche sera racontée par ses enfans à leur tour, et encore par ses descendans aux troisième et quatrième générations, les faits qu'elle renferme pourront prendre un tout autre aspect. La tribu grossira ses annales par une première cause, sa vanité; ensuite par une seconde, l'amour du merveilleux, ce sentiment si naturel au cœur humain; enfin quelquefois le roi et le prêtre pourront trouver leur intérêt à répandre un mystère vague et solennel sur ce temps reculé, d'où date leur pouvoir: troisième cause d'altération. C'est ainsi que dénaturées par tant de motifs divers, les aventures véritables du fondateur de la tribu sont à la merveilleuse légende qui a cours parmi ses enfans ce qu'est la célèbre cabane de Notre-Dame-de-Lorette à ce temple magnifique dont la superstition l'a entourée, et pour ainsi dire enchâssée. Ainsi, la définition de *récit fictif fondé sur le merveilleux ou le surnaturel*, que nous avons donnée du *romance*, embrasse

— Quiquid Græcia mendax
Audet in historiâ,

c'est-à-dire l'histoire mythologique et fabuleuse de l'enfance de toutes les nations.

Il est essentiel d'observer que constamment une forme de poésie, ou de versification, ou du moins un rhythme quelconque, a paru le style le plus convenable pour ces récits de tradition. Le principal mérite du rhythme, c'est sans doute que des récits en vers cadencés se gravent beaucoup plus facilement dans la mémoire; et c'est là un point très-essentiel dans tout état de société où l'imprimerie est inconnue, puisque la construction du vers forme une association artificielle avec le sens, de telle sorte que l'un suffit ordinairement pour rappeler l'autre. Bientôt cependant la versification adoptée d'abord pour aider la mémoire, devient précieuse à d'autres titres encore. La marche, ou la mesure de la mélodie, plaît à l'oreille, et, comme toute mélodie naturelle peut être ralentie ou précipitée, pour correspondre aux passions que les mots expriment; tandis que le rythme nécessaire, ou rime, entretient un autre sentiment de plaisir, par le sentiment de la difficulté vaincue. Dès que le vers est ainsi adopté pour style de l'histoire traditionnelle, il ne faut plus qu'un homme de génie pour élever le genre à un degré littéraire supérieur à celui du genre qui nous occupe. A mesure qu'il fait des progrès dans son art, l'esprit et l'imagination de l'artiste sont excités, bientôt il développe le simple récit que lui ont transmis des poètes plus grossiers; il l'embellit des graces du langage; il l'augmente d'une foule de traits de détail, et le rend plus intéressant par les descriptions : enfin l'original, informe et aride, ne conserve presque plus de ressemblance avec l'ouvrage fini : ainsi, l'Iliade d'Homère n'est qu'un tableau sans doute fort différent de ces récits de tradition où le poète aveugle a puisé l'épopée divine de la guerre de Troie. C'est de là qu'est née l'opinion émise par l'ingénieux Percy, et à laquelle Ritson aussi s'est rangé. Avant de donner à ses lecteurs une excellente analyse du vieux *romance* de *Lybius Disconius*, et de faire des remarques sur la conduite singulière de cette fiction, cet auteur ajoute : « Si l'on définit le poëme épique, un récit raconté par un poète pour exciter l'admiration et inspirer la vertu, en représentant un héros favorisé des Dieux, et terminant une grande entreprise malgré tous les obstacles qui viennent s'y opposer, je ne vois aucune raison pour refuser ce nom de poëme épique au poëme dont je vais m'occuper (1). »

Cependant, quoique cette opinion trop générale ait été émise par Percy et adoptée par Ritson (écrivains qui sont rarement d'accord), et quoiqu'il soit évident que, suivant ce système beaucoup trop étendu, l'Iliade ou même l'Odyssée d'Homère pourraient être rabaissées à la classe des romans, comme il se pourrait faire aussi que le *Beau Deconnu* s'élevât au rang de poëme épique, cependant il est clair que dans le langage reçu, et suivant les lois du bon sens, il y a autant de différence entre ces deux genres de compositions qu'il en existe entre les *moralités* ou les mystères du moyen âge, et les productions dramatiques régulières dont elles furent suivies. Dans un ouvrage où l'art et les graces du poëte nous charment, où chaque partie de la composition est en rapport exact avec les autres parties, de sorte que l'ensemble s'avance avec ordre vers un dénouement raisonnable, et où les caractères sont tracés avec force et développés avec vérité; si le récit est embelli d'assez de poésie pour rendre sa marche gracieuse sans l'entraver, si l'art et le goût n'excluent pas le génie, alors l'ouvrage a droit au titre de poëme épique, et l'auteur peut réclamer une place sur ce trône où se sont assis Homère, Virgile et Milton. D'un autre côté, quand des détails puérils font languir le récit, quand l'intérêt du livre réside plutôt dans les écarts fougueux d'une imagination sans frein, que dans le talent de l'écrivain; en un

(1) *Reliques of ancient Poetry*, III, c. 27. Le prélat cite un discours sur la poésie épique, qui accompagne le *Télémaque*.

Éd.

mot, quand le merveilleux et le surnaturel, sont les principales sources d'où l'intérêt découle; alors vainement on admirera dans un poëme de rares éclairs de génie; vainement il pourra obtenir quelque mérite aux yeux de l'historien, parce qu'il renferme quelques débris d'événemens réels, et encore plus aux yeux de l'antiquaire, parce qu'il contribue à jeter du jour sur les usages des temps passés; ce ne sera jamais que l'ouvrage d'un humble romancier, digne de figurer parmi les ornemens grossiers de ces siècles barbares dont l'étude nous occupe maintenant. Un grand nombre d'ouvrages placés entre ces deux extrêmes sans doute participeront du caractère des deux genres, et si l'on se donne le soin de les distribuer chacun dans la division qui lui convient, suivant que leur couleur dominante sera une certaine régularité de composition, un certain talent poétique, ou bien, au contraire, une grande extravagance d'imagination et beaucoup d'irrégularités dans les détails, il est possible qu'il s'en présente où ces deux caractères se trouveront presque en proportion égale. On sera même embarrassé pour les classer avec quelque méthode; mais répétons encore qu'à quelques exceptions près notre goût et nos habitudes littéraires nous forcent de reconnaître entre le roman et l'épopée une différence aussi complète et absolue qu'il en peut exister entre deux espèces distinctes dans un même genre.

Nous venons de dire des romans, qu'ils se sont présentés dans l'origine sous la forme d'un récit rhythmé, prétendue histoire exacte des faits; en effet un récit semblable se rapproche beaucoup de la seule histoire que permette une civilisation encore naissante, histoire qui sera toujours remplie d'exagérations, fruit des préjugés et de la prédilection spéciale de la tribu qu'elle dépeint, et toujours empreinte d'un mélange de superstition et d'idolâtrie. Tous ces élémens divers seront encore plus confondus ensemble par le génie poétique du romancier jusqu'à ce que le fil de la vérité et des événemens réels finisse par se perdre dans cette trame de fictions romanesques. Aussi est-il plus sage aujourd'hui de renoncer tout-à-fait à l'espoir d'extraire quelques connaissances utiles de ces matériaux, sur lesquels les romanciers ont travaillé si souvent qu'ils en ont effacé jusqu'à la dernière trace de probabilité.

L'opinion que nous venons d'émettre sur l'origine des romans est tout-à-fait d'accord avec les faits qu'ont présentés la plupart des écrivains qui se sont occupés de cette théorie curieuse. Ainsi, par exemple, il est prouvé, et nous aurons occasion de le faire voir en examinant le progrès de ce genre chez les divers peuples de l'Europe, que les plus anciennes productions de cette sorte de littérature, qui existent encore aujourd'hui, sont de courts récits ou des fragmens de romances qu'on chantait dans les solennités ou les fêtes publiques. Ils étaient destinés à célébrer les hauts faits et le renom d'un héros, illustre dans la contrée ou dans la tribu, et peut-être formaient-ils la légende historique d'une victoire, d'une défaite, ou de tout autre sujet qui pût exciter puissamment l'intérêt de l'auditoire par les souvenirs qu'on y attachait. Ces poëmes, dont il ne reste aujourd'hui qu'un fort petit nombre, ne sont pas sans quelques éclairs de génie, mais d'un génie rude, sauvage, le plus souvent même obscur, soit par l'antiquité réelle du langage, soit par le sublime affecté de la diction. Le chant de la bataille de Brunauburgh, qui se trouve dans la *Chronique saxonne*, offre un exemple curieux de cette poésie nationale.

Même à l'époque reculée dont nous parlons (1), on découvre la distinction entre ce qu'on pourrait nommer les deux genres des romans temporels et spirituels ; les premiers, destinés à célébrer les exploits d'une gloire mondaine ; les seconds, consacrés aux récits des souffrances des martyrs ou des miracles des saints, sujets qui devaient plaire également aux hommes de ces siècles religieux. Quoique toutes les nations, à l'époque de leur première enfance, puissent nous offrir des exemples de ces deux genres de composition, leur nombre relatif dépend, comme il est facile de le croire, des mœurs nationales, et varie selon que le goût d'un peuple le dispose davantage à la méditation religieuse ou à la gloire militaire. Ainsi, de ces fragmens qui nous restent de la poésie saxonne, la plupart sont consacrés à la religion. Aussi on y trouve plusieurs spécimens du *roman spirituel*, et rarement des poëmes relatifs à la guerre ou à la chevalerie. D'un autre côté, la langue des Normands, qui présente il est vrai des exemples assez nombreux des deux genres, abonde surtout en compositions remplies d'aventures belliqueuses et d'exploits de guerre. Les Saxons chrétiens étaient devenus comparativement pacifiques, pendant que les Normands étaient certainement reconnus pour le peuple le plus belliqueux de l'Europe.

A la première vue, il semble que le but et la tendance des deux genres de romans spirituels et temporels devaient être essentiellement distincts, mais on dé-

---

(1) Les romans religieux de *Balaam* et de *Josaphat* furent composés dans le huitième siècle par Jean de Damas.

couvre avec surprise que ces compositions étaient de nature fort semblable ; la structure des vers et la disposition de l'ensemble étaient les mêmes ; et les argumens ou sommaires, même dans le cas où ils servent d'introduction aux sujets les plus graves, ressemblaient exactement à ceux par lesquels les ménestrels commencent leurs merveilleux récits, et ils contenaient même des allusions à ces fictions profanes. Warton cite un poëme sur les passions, dont voici le commencement :

> I hereth one lettle tale, that Ich will telle,
> As wi vyndeth hit in write in the godspelle,
> Huz hit nouht of Carlemeyne ne of the duz pere,
> Ac of Criste's thruurynge, etc.

« J'ai entendu une petite histoire que je vais vous dire, ainsi que nous la trouvons mise en écrit dans l'Évangile ; et elle n'a rien de Charlemagne ni des *douze pairs*, mais de *la venue* de Christ, etc. »

Le roman temporel, de son côté, commençait souvent par des invocations à la Divinité, qui n'eussent été à leur place que si le poëme eût traité des sujets infiniment plus graves et solennels. L'exorde du roman de *Ferumbras* peut servir d'exemple de cet usage presque universel.

> God in glorye of migtis moost
> That all things made in sapience,
> By virtue of word and holy gooste,
> Givingt to men great excellence, etc.

« Dieu dans la gloire de sa toute-puissance, qui fit toutes choses dans sa sagesse, par la vertu de sa parole et de l'Esprit-Saint, qui donne à l'homme une grande excellence, etc. »

Ces mêmes dangers, ces mêmes souffrances que le chevalier bravait si souvent pour acquérir une gloire terrestre ou l'amour de sa dame, le saint et le martyr les cherchaient également pour s'assurer une place dans le ciel ou les faveurs d'un saint patron. Si le champion temporel se jette dans des périls où l'attendent des monstres, des dragons, des enchantemens, le champion spirituel nous est sans cesse représenté luttant contre toutes les puissances du monde infernal, que le grand dragon, le diable dirige contre sa vertu. Si le chevalier est délivré juste à temps par une fée secourable ou son génie protecteur, le saint réclame le secours, non pas seulement de toute l'armée céleste, mais spécialement du patron divin ou de la sainte dont il embrasse les autels; enfin, la conclusion du roman, qui assure au chevalier victorieux un superbe royaume, une race nombreuse et de longues années de bonheur, assure également au saint personnage un autel et un temple sur la terre, lui donne une place dans le ciel parmi les bienheureux et les anges, et lui promet une félicité qui ne devra jamais finir. Il suffira de dire encore que la manière et le style de ces deux compositions ne diffèrent pas essentiellement; que leurs auteurs se servent indistinctement du même genre de mètre et de rhythme, et vont puiser leurs images et leurs incidens dans des sources pareilles, de sorte qu'après avoir indiqué brièvement la nature des romans spirituels, il devient inutile d'en dire davantage.

ROMANS COMIQUES.

Une autre division de cette espèce d'ouvrages, division fort ancienne et assez naturelle, les a répartis en genre *sérieux* et genre *comique*. Les romans du genre sérieux furent à beaucoup près les plus nombreux, et des exemples de l'autre genre sont devenus assez rares. Il faut admettre cependant l'existence des *romans comiques*, même si nous les distinguons des *contes* et *fabliaux* des Français, et de ces contes anglais fort plaisans, tels que *The Wife rapt in Moril's skin*, ou *The Friar and the Boy*, et autres histoires bouffonnes. Le lecteur en trouvera de nombreux exemples dans l'*Ancient English poetry*, de Riston, et autres ouvrages de la même espèce. La scène de ces *gestes* étant placée dans la vie ordinaire, ils se rapprochent davantage des romans modernes (*novels*), et on peut les regarder comme les premiers exemples que nous ayons de ce genre d'ouvrages; mais le véritable roman comique est celui dans lequel les phrases sonores et les aventures de la chevalerie sont tournées en dérision par l'artifice de l'auteur qui les attribue à des vilains et à des hommes de bas étage ou de vulgaire extraction; ils constituent pour ainsi dire une véritable parodie des romans sérieux, auxquels ils ressemblent comme une pièce bouffonne, remplie à dessein de personnages grotesques, extravagans, absurdes, et accompagnée d'une musique singulière, ressemble à une conception dramatique qui réunit à la fois la dignité, la noblesse, la grandeur et l'harmonie.

Un excellent échantillon du roman comique est le *Tournament of Tottenham* (le Tournois de Tottenham), qu'on trouve dans les *Reliques d'ancienne poésie*, de Percy, et où des paysans se permettent une de ces joutes guerrières, exclusivement le partage et le privilège des guerriers et des nobles. Ils font des vœux au cygne, au paon et aux belles; on les voit jouter à cheval sur leurs lourds coursiers de charrue, et se heurter avec des fléaux au-lieu de lances; leurs cuirasses et leurs écus sont remplacés par des auges de bois grossier, et une écuelle leur sert de casque. Le savant éditeur paraît disposé à croire que cette composition singulière était comme *Don Quichotte*, auquel il la compare, la satire du genre fantastique et extravagant des romans de chevalerie; mais nous pensons que c'est là une intention trop éloignée, et qu'en l'admettant on s'expose à prêter à l'auteur du *Tournois de Tottenham* des vues beaucoup plus profondes qu'il n'était capable d'en concevoir. Il est bien plus naturel de supposer simplement qu'il n'eut d'autre intention que celle de faire rire, en attribuant aux classes inférieures les manières et le ton de la noblesse et des chevaliers; c'est ainsi que dans la pièce bouffonne de *High life below stairs* (le grand monde dans la cuisine), le ridicule ne tombe pas sur les valets eux-mêmes, mais sur leur folie de vouloir singer les maîtres. La *Chasse au lièvre* (*the Hunting of the Hare*), qu'on trouve dans la collection formée par le savant et industrieux M. Weber, est un roman comique du même ordre. Un soldat de pied vient apprendre aux habitans d'un village qu'il vient d'apercevoir un lièvre au gîte, et demande s'il n'y a pas un gentilhomme pour le chasser : le vilain auquel il s'adresse lui répond qu'il n'est pas besoin d'un gentilhomme, et se met à faire l'énumération des chiens qu'il possède, lui et les autres habitans du village. La chasse commence : le lièvre part, échappe sans peine aux mâtins, et franchit un grand cercle formé autour de lui par les vilains, armés de leurs bâtons : grande est la terreur de celui qu'il renverse dans sa fuite, et qui croit que le pauvre fugitif va l'étrangler. Les chiens, au lieu de poursuivre le gibier, se battent entre eux; les maîtres s'en mêlent et se frappent sans pitié. En un mot, cette chasse, non moins triste que la chasse de Chevy (1), se termine, comme celle-ci, par l'arrivée des femmes, qui viennent chercher les morts et les blessés.

On ne peut croire que la satire soit dirigée contre la chasse elle-même, puisque le ridicule retombe sur tous ces paysans maladroits qui veulent se livrer à des jeux uniquement faits pour leurs seigneurs.

Les anciennes poésies de l'Écosse nous fournissent plus d'un exemple de ce mode de composition, comme le *Tournois au tambour, the Tournament at the Drum*, et la *Joute de Watson et Barbour, the Justing of Watson and Barbour*, par sir David Lindsay. Il est probable cependant que ces combats pour rire devenaient quelquefois assez sérieux; au moins le roi Jacques Ier est-il accusé d'avoir été quelquefois le témoin de ces plaisanteries en action, « *mettant en présence David Droman et Archie Armstrong, le fou du roi, sur les épaules d'autres fous jouteurs, pour les faire se railler jusqu'à ce qu'ils tombent l'un sur l'autre pour tout de bon.* » (*Court of king James,* par Antony Weldon.)

ROMANS CLASSIQUES.

En caractérisant ainsi rapidement les divers genres de romans, nous avons différé de parler de leur origine et de leurs progrès, question que nous avons intention de restreindre au roman du moyen âge. Il est vrai toutefois que de pareils récits sont communs à presque toutes les nations. Si l'Iliade et l'Odyssée sont des écrits trop élevés par le ton de leur poésie pour qu'on puisse les

---

(1) *Chevy Chase,* combat entre Percy et Douglas; ballade populaire, etc. — Éd.

nommer des romans en vers, nous possédons, d'un autre côté, les romans pastoraux de Daphnis et de Chloé, et le roman historique de Théagènes et Chariclée, qui nous offrent un exemple suffisant de ce genre de composition. Telles seraient encore les *Fables milésiennes*, et tels seraient les romans d'Antonius-Diogène, que Photius a décrits, si nous pouvions les retrouver. Il est impossible de ne pas faire remarquer à ce sujet que les Sybarites, qui paraissent avoir eu des habitudes de volupté intellectuelle, autant que de volupté sensuelle, étaient surtout grands admirateurs des Fables de Milet, d'où nous pouvons conclure avec quelque vraisemblance que ce genre n'était pas assez grave pour inspirer de nobles idées et des vertus martiales; mais ce serait perdre inutilement notre temps, que de nous arrêter à remonter les siècles de l'antiquité classique pour étudier en détail un genre qui sans doute existait alors comme il doit exister en tout état de société, mais qui ne fut jamais, dans ces temps anciens, ni assez riche, ni assez célèbre pour occuper un rang distingué dans la littérature.

L'espace nous manque encore pour parler avec quelque étendue des *romans orientaux*, excepté cependant sous le rapport de l'influence qu'ils ont pu avoir en fournissant des sujets et des matériaux qui ont accru et varié les élémens du roman de la chevalerie errante. On ne saurait révoquer en doute qu'ils aient existé à une époque fort ancienne, et qu'ils n'aient été fameux chez les Arabes et les Persans. Le roman d'*Antar*, une des plus anciennes et des plus raisonnables, si on peut leur donner ce nom, de toutes les fictions orientales, a jeté un nouveau jour sur cette question intéressante. Le roman persan de Sha-Nameh est bien connu de toute l'Europe, du moins de nom et par de nombreux extraits; l'histoire amoureuse de *Mejnoux et de Leilah* nous est également familière. Plusieurs des histoires de la collection extraordinaire des *Contes Arabes* ressemblent beaucoup à de véritables romans de chevalerie, quoiqu'il faille reconnaître cependant qu'ils surpassent en général les graves romans du Nord, par l'extrême vivacité de la conception, et une tendance plus marquée vers le merveilleux. A côté de ceux qui ont un caractère plus sérieux, on trouve des exemples du roman comique, et, d'après des témoignages qu'il est impossible de récuser, il paraît que même aujourd'hui la lecture de ces séduisantes fictions est encore un amusement aussi général dans l'Orient, que les romans modernes chez le public de l'Europe. Mais un examen détaillé de cette sorte d'ouvrages nous entraînerait nécessairement bien au-delà du cercle où nous nous renfermons.

Quant aux romans de l'Europe, quelque part qu'ils aient pris naissance, et dans quelque pays que ce goût ait commencé à se répandre, il est évident que leur origine peut toujours être indiquée dans quelque partie de l'histoire réelle ou fabuleuse de ce même pays : ce dont nous fournirons par la suite d'abondantes preuves. Mais à peine un simple récit est-il répété par plusieurs bouches, qu'à l'instant il se rencontre quelqu'un qui, pour satisfaire son penchant vers le merveilleux ou pour fixer l'attention du peuple par la nouveauté de ses conceptions, s'empresse d'ajouter ses inventions apocryphes à la première chronique. Alors, de simples escarmouches sont converties en batailles générales: un vaillant champion du temps jadis devient un demi-dieu, et, par les soins du poète, les ennemis dont il fut vainqueur se trouvent augmentés à la fois et en nombre, et en force, et en courage, pour donner un plus grand éclat à sa victoire. Soutenus par l'accompagnement d'une harmonie sauvage, les chants qui célèbrent la valeur des chefs de la tribu deviennent pour leurs enfans des chants de guerre qu'ils entonnent en marchant au combat, et les guerriers s'avancent à la mêlée en répétant les louanges et les exploits imaginaires d'un prédécesseur réel ou supposé, qui conduisit leurs aïeux dans la carrière de la gloire. Personne n'ignore qu'avant la bataille de Hastings, un ménestrel normand, Taillefer, s'avança à cheval, en tête de l'armée de l'invasion, et donna le signal de la charge en répétant la *chanson de Roland*, illustre neveu de Charlemagne, dont le roman parle si souvent et l'histoire si peu, ce chevalier dont la déroute avec la *chevalerie* de Charlemagne, dans le défilé de Roncevaux, a donné naissance à une foule de fictions chevaleresques si variées, que ce tragique récit semble en être inséparable. Ce passage remarquable se trouve dans le livre de *Brut de Wace*, chronique anglo-normande :

> Taillefer, qui moult bien chantant,
> Sur un cheval gi tost alant,
> Devant le duc alant chantant,
> De Karlemaigne et de Roland,
> Et d'Oliver et des Vassals
> Qui moururent en Roncevalles.

Ce champion joignait l'adresse d'un habile jongleur au talent du ménestrel. On le vit jeter son épée en l'air en galopant à la charge, la reprendre au vol, et faire encore beaucoup d'autres exploits. Taillefer tua de sa main deux guerriers saxons dans la bataille, mais périt lui-même de la main du troisième. Ritson, et ici on ne reconnaît pas la sagacité habituelle de sa critique, suppose que Taillefer chanta quelque fragment d'un long poëme sur Roland et ses aventures : mais les mots *chanson*, *cantilena* et *song*, par lesquels son chant est désigné, paraissent plutôt se rapporter à une courte ballade ou romance nationale, ce qui s'accorde mieux avec le lieu et la circonstance où était placé ce barde guerrier.

Mais bientôt on se dégoûta de ces chroniques rimées. D'abord on demanda plus de détails, et ceux qui écrivaient dans ce temps-là, pour complaire au goût du public, s'empressèrent de les fournir. Toujours les mêmes noms des rois et des chevaliers, familiers à la nation, furent répétés, afin de raviver l'attention et de sauver une certaine apparence de vérité, au début et à la conclusion des récits. Chaque nation, comme nous le verrons bientôt, ne tarda pas à se créer un assemblage de héros nationaux, comme ceux de l'Iliade, qui devinrent avec le temps une espèce de propriété mise à la disposition de tous les ménestrels, sous la condition cependant de respecter le caractère connu de chacun de ces héros populaires. Ainsi dans tous les *romances* de la *Table ronde*, *Gawain* est toujours courtois, *Kay* est toujours brusque et vaniteux, *Mordred* est toujours dissimulé, et *Lancelot*, amant véritable mais trop entreprenant, sous tous les autres rapports offre le parfait modèle d'un chevalier. Parmi les paladins de Charlemagne, dont la famille peut être considérée comme la propriété spéciale de la France, par opposition aux héros de la famille anglo-normande, *Gau* ou *Ganelan de Mayence* est toujours dépeint comme un homme perfide, qui trempe dans de viles intrigues contre la foi chrétienne; *Roland* est un homme brave, ne soupçonnant pas le mal, loyal, dévoué, mais d'un esprit un peu simple; *Renaud* ou *Rinaldo* a toutes les qualités d'un chevalier entreprenant, d'un chevalier de nos frontières d'Écosse, vaillant, alerte, rusé, avide, sans scrupule. Ces mêmes distinctions conventionnelles se retrouvent dans les histoires du Nibelung, qui a fourni tant de sujets aux romanciers teutoniques. Maitre Hildebrant, Etzel, Théodoric, et le champion Hogan, ainsi que Chrimhelda et les autres caractères de femmes, ont la même physionomie individuelle que le vieil Homère attribue constamment, dans ses chants immortels, au sage Ulysse, au vaillant mais implacable Achille et à son ami Patrocle, plus doux et plus humain, à Sarpedon, le favori des dieux, à Hector, le protecteur des hommes. Il était interdit au génie inventif d'un poète grec de faire d'Ajax un nain, de Teucer un géant, de Thersite un héros, et de Diomède un lâche. Il parait que soumis aux mêmes lois et aux mêmes conventions, les vieux romanciers purent exercer leur talent poétique sur les matériaux qu'avaient laissés leurs prédécesseurs. Sous d'autres rapports, l'héritage de l'histoire et de la fiction romanesque était pour ainsi dire comme un fonds de commerce sur lequel chaque associé a le droit de prélever suivant ses besoins et son goût. Chacun pouvait alors, non-seulement choisir un héros parmi ces noms consacrés et établis, que tous ses prédécesseurs avaient chantés, mais il lui était permis de lui adjoindre dans le poëme un personnage tout nouveau de la création du poète, et de combiner ces aventures avec celles des héros de la table d'Arthur et de la cour de Charlemagne, dans l'ordre qu'il jugerait à propos d'établir. Il pouvait, libre dans ses fictions, susciter de nouvelles guerres contre ces boulevards de la chrétienté, leur envoyer d'innombrables légions de barbares sarrasins, les réduire aux plus dures extrémités, même les renverser de leurs trônes et les conduire en captivité, ou plus tard délivrer leurs personnes et leur rendre leurs états, par une série d'événemens et d'acteurs entièrement inconnus aux poètes qui déjà les avaient chantés.

Lorsqu'on est ainsi libre d'assigner des caractères quelconques à des fictions romanesques, il est possible cependant que le poète se laisse influencer encore par des souvenirs de tradition, et que les personnages qu'il suppose conservent encore quelque chose de réel. Mais ces réalités ressemblent aux grains de blé qui restent fixés dans le tamis du vanneur; elles ne pourront jamais être séparées de cette masse de fictions que chaque romancier contribue à grossir à son tour. C'est ainsi que le *roman*, qui tire incontestablement son origine première de l'histoire, reçoit, pendant le cours même d'un petit nombre de générations, tant de tributs de l'imagination, que bientôt le nom même de *roman* est pris dans le sens d'un ouvrage purement imaginaire. Après avoir vu comment cette branche si attrayante et si populaire de la poésie peut prendre ce caractère, il s'agit de savoir quels furent les auteurs primitifs des anciens romans en vers ou récits en prose mesurée, source de nos romans modernes. Ces sujets de distinction ont suscité d'interminables débats parmi les savans antiquaires; classe d'écrivains, soit dit sans offenser personne, qui ont l'habitude d'émettre une opinion arrêtée, et de nourrir la plus grande ardeur polémique, précisément sur les questions où il est le plus difficile de prouver quelque chose, et qui perdraient peut-être leur valeur à leurs yeux une fois éclaircies. Nous aurions mieux aimé que ces points de critique eussent été traités avec un peu plus de défiance, et avec cet esprit calme et patient qui convient à des questions aussi douteuses.

Ce fut le respectable docteur Percy, évêque de Dronmore, qui suscita fort innocemment cette controverse animée, en attribuant exclusivement, et en termes trop absolus, tous ces anciens romans, toutes ces longues ballades, aux ménestrels, classe d'hommes par qui ils étaient généralement récités. Ce savant, à qui les admirateurs de notre ancienne lyre nationale ont tant d'obligations, ne vit pas, il y a cinquante ans, lorsqu'il composa son ouvrage, combien il était nécessaire d'apporter une exactitude rigoureuse aux définitions et aux extraits dont il appuyait sa théorie. L'étude qu'il entreprit était de son temps entièrement neuve ; il chercha surtout à la présenter sous une forme intéressante ; et, comme il y réussit pleinement, nous devons peut-être l'excuser, soit de quelques légères inexactitudes, soit de quelques conclusions un peu trop hâtives, ou de quelques exagérations qu'on peut relever dans un ouvrage qu'il composait avec une espèce d'amour. Voici comme il définit les ménestrels, à qui il attribue la principale part dans les compositions rimées dont il rassembla les fragmens : « C'était, dit-il, une classe d'hommes dans le moyen âge, qui tiraient leur subsistance de leur talent pour la musique et la poésie, et qui chantaient sur leur harpe des vers qu'eux-mêmes ou d'autres avaient composés (1). »

Dans le cours d'un essai sur cette question rempli de

---

(1) *Essay on ancient minstrels in England.* Essai sur les anciens ménestrels en Angleterre, précédant le volume des *Reliques, restes de la vieille poésie, de Percy.* — Éd.

savoir et d'éloquence, l'évêque Percy s'attache à défendre la définition qu'il vient de donner; quoiqu'il fût évidemment entraîné, au moins dans les premières éditions de son livre, à considérer les ménestrels sous leur côté poétique et brillant, en général il leur assigne un rang dans la société supérieur à celui qu'ils y ont occupé réellement : du moins c'est ce que prouvent jusqu'à l'évidence tous les passages où il est question d'eux, et qui nous les montrent toujours comme une classe de poètes vagabonds qui n'obtenaient qu'avec peine du public inconstant une existence précaire, et qui, favorisés par la fortune, recevaient tout au plus un asile fixe dans la suite de quelque baron orgueilleux, pour y vivre confondus avec les autres musiciens.

M. Joseph Ritson, remarquable par son industrie laborieuse, son esprit, et l'originalité de ses recherches, mais malheureusement chez qui une consciencieuse exactitude se trouvait jointe à un esprit fort irritable et impatient, profita des exagérations que nous venons d'indiquer et qui existent certainement dans les ouvrages du savant évêque, pour relever ses assertions en termes qui ne sont rien moins que mesurés. Sans reconnaître que l'on doit accorder quelque indulgence d'abord, à la grande nouveauté des recherches de Percy, sans faire attention à cette grande vivacité d'imagination que l'esprit austère de Ritson ne pouvait même concevoir, il lui reprocha en termes très-amers chacune de ses inexactitudes, comme si elle eût été une fraude réelle; il appela tous les passages où les conclusions lui parurent exagérées, des mensonges d'intention et dignes de la plus odieuse dénomination : cependant cette colère est si mal placée ici, qu'en examinant récemment avec beaucoup de soin les écrits du vénérable évêque et du savant antiquaire, j'ai été tout-à-fait étonné de voir que ces deux écrivains eussent émis chacun des opinions au fond si peu différentes; ils se combattent, il est vrai, par de fréquentes citations; des mots peu choisis répondent à la vivacité du combat, et bientôt, comme on dit que cela arrive dans les discussions théologiques, ils se fâchent et s'échauffent d'autant plus que le champ de la querelle se rétrécit et que le sujet devient plus insignifiant; mais au fond, leurs systèmes ne diffèrent pas essentiellement.

Ritson s'offense surtout des conclusions très-générales de Percy, quand ce dernier cherche à établir que les ménestrels faisaient un état du noble art de la musique et de la poésie et que leur métier était d'aller récitant, ou leurs propres compositions, ou celles des autres. Il démontre, d'une manière satisfaisante, que cette définition est trop étendue, et que le mot *ménestrel* signifiait alors non-seulement ceux qui s'accompagnaient sur la harpe ou d'autres instrumens en chantant des romances ou des ballades nationales, mais aussi toute espèce de jongleurs, d'escamoteurs, de faiseurs de tour d'adresse; il fait voir que des danseurs et autres artistes du même genre, dont on appelait les talens pour chasser l'ennui des tristes murs d'un donjon gothique, portaient aussi le nom général de *ménestrels*. Cependant, quoiqu'il démontre que la définition de Percy s'applique seulement à une classe de ces personnes diverses, dites *ménestrels*, ceux qui chantaient et récitaient des vers, et souvent des vers de leur composition; toutefois la proposition principale du savant évêque reste bien établie en tant qu'elle se réduit à soutenir que le mot de *ménestrel* convient aussi à la classe générale des ménestrels chantans, la plus nombreuse de toutes celles qui portaient ce nom dans le moyen âge; tous les ménestrels ne se servaient pas de la harpe; tous ne composaient pas, ne récitaient pas des chants romanesques; mais ce fut là cependant l'occupation des plus éminens : c'est même ce que Ritson a plutôt reconnu que nié, et le grand nombre d'autorités qu'il cite le forçaient en effet à cette concession.

En effet, pour peu qu'on connaisse les anciens romans en vers, on comprend qu'ils étaient composés pour être récités ou plutôt chantés, en y adaptant un air ou une cadence simple et régulière pour l'amusement d'un nombreux auditoire. Nos ancêtres, plus bornés dans leurs connaissances, l'étaient aussi bien plus sous le rapport de la conversation que leurs descendans plus éclairés. Il est probable que dans leurs fêtes publiques, ils trouvaient plus avantageux d'avoir un ménestrel pour réciter quelque composition favorite sur la guerre et sur l'amour, afin de prévenir ces lacunes de la conversation, qui sont si pénibles, même dans notre siècle accompli, et de fournir une agréable suite d'idées à des convives qui n'en avaient pas beaucoup à eux. On pense donc généralement que le *Romance* se chantait souvent devant une grande réunion à l'occasion d'une fête, et c'est pourquoi on remarque dans la composition, mais presque toujours au commencement, une invocation pour engager l'auditoire à prêter l'oreille au poète; d'où est venu ce perpétuel :

> Lythe and listen, lordings free,
>
> Écoutez et prenez plaisir, nobles seigneurs.

Ainsi, par exemple, dans le vieux poëme de Guy et Colbran, le ménestrel, en parlant de ses propres occupations, s'exprime ainsi :

> Quand de viandes et de boire il y a grande abondance,
> Et que des seigneurs et des dames sont réunis,
> Et s'asseyent et plaisantent ensemble :
> Alors, c'est à moi à me faire entendre,
> A parler des fiers chevaliers et des *grands rois*,
> Pour ajouter à leur amusement.

> When meat and drink is great plentye,
> Then lords and ladies still will be,
> And sit and solace lythe,
> Then it is time for me to speake,
> Of stern knights and kempes greate,
> Such carping for te kythe.

Chaucer, dans sa ballade de Saint-Thopas, donne au ménestrel de la maison de son héros la même attribution de chanter des *romances* devant des chevaliers spirituels ou temporels, pendant qu'ils s'arment pour le combat :

> Allons, venez, dit-il, mes ménestrels,
> Et mes diseurs de bons mots,
> Pour me raconter quelque chose
> Pendant le temps que je m'arme,
> De romances qui sont royales,
> De papes ou bien de cardinaux,
> Et aussi de soupirs d'amour.

> Do cum, he sayed, my minestrales
> And jestours for to tellen tales
> Anon in mine arming
> Of romances that ben reales
> Of popes and cardinales
> And eke of love longing.

Pour ne pas multiplier les citations, nous nous bornerons à en rapporter encore une, qui doit avoir échappé à l'attention de Ritson, car sa conscience d'éditeur était trop sévère pour que rien pût l'engager à rejeter un témoignage même en faveur de l'opinion contraire à la sienne. Dans le vieux *romance*, ou légende du *Vrai Thomas et la reine d'Elfland,* Thomas le rimeur est lui-même ménestrel, et il est doué par la reine des fées du don de musique et de chant. La réponse de Thomas ne fait pas voir seulement quelle était l'habitude des ménestrels en fait de récitation, mais encore elle démontre que c'était là le côté le plus distingué de leur profession que l'on considérait beaucoup plus que le talent de la musique instrumentale :

>Quelque part que tu ailles, pour jouer et plaire,
>Thomas, prends ces choses-là avec toi.
>Mais de la harpe, dit-il, je ne sais rien,
>Car la parole est le *moyen* du ménestrel (1).

>To harp, and carp Thomas wheresoever ye go,
>Thomas take the these with thee —
>Harping, he said, ken I none
>For tong is chiefe of minstrelsy.

Voici donc la conclusion légitime à laquelle nous arrivons ; par le terme générique de *ménestrels* on comprenait certainement beaucoup de gens qui n'amusaient le public que par des morceaux de musique, par des tours d'adresse ou par des bouffonneries représentées ; mais il est évident aussi que, parmi eux, une classe tout entière, et une classe nombreuse, fit de la récitation de la poésie son occupation principale, sinon exclusive. En général, les morceaux que ces hommes récitaient ne se conservaient que dans leur mémoire, et

(1) *Jamieson's popular ballads.* Vol. II, p. 27.

c'est à cet usage qu'il faut attribuer la perte que nous avons faite d'une foule de leurs romans, quoiqu'il en existe encore un grand nombre.

Nous venons de prouver que les ménestrels récitaient cette espèce de romans; il est impossible de douter que dans bien des cas ils n'en aient été les auteurs; fort souvent aussi ils modifiaient et changeaient ceux de ces poëmes qu'ils n'avaient pas composés. Il était aussi naturel alors qu'un ménestrel devînt poète, ou auteur de romans, qu'il est naturel aujourd'hui qu'un acteur devienne auteur dramatique, ou qu'un musicien exécutant s'élève au rang de compositeur. Dans cette classe si nombreuse dont l'état était de réciter de la poésie, quiconque se sentait fortement excité par un enthousiasme poétique, dans le cours d'une profession bien capable d'en inspirer, ne tardait pas à devenir par cela même auteur original, ou au moins traducteur. C'était un sûr moyen pour lui de donner quelque nouveauté à son récit, et d'acquérir plus de profit et de renom. L'évêque Percy nous paraît avoir très-bien exposé ce fait dans le passage suivant : « On ne doit pas s'attendre que nous puissions retrouver aujourd'hui des annales suivies et régulières de l'art du ménestrel; il nous sera souvent aussi fort difficile de déterminer d'une manière sûre, si tel de ces bardes composa lui-même, ou s'il récita seulement les chants composés par d'autres. Il est probable qu'il y en eut qui firent, chacun de leur côté, l'une de ces deux choses. En effet, il eût été surprenant que des hommes qui consacraient tout leur temps à réciter des compositions poétiques devant le public assemblé, eussent été eux-mêmes privés de tout feu poétique, et fussent restés pour ainsi dire dans l'impuissance physique de produire ces récits populaires qui formaient si souvent le sujet de leurs chants (1). » Cependant, tout en accordant cette proposition générale, que les ménestrels furent dans beaucoup de cas les auteurs mêmes du roman poétique qu'ils récitaient, il est évident qu'ils furent souvent aidés dans ce métier de récitateur, par des hommes qui n'étaient pas ménestrels par état, mais qui embrassaient cette profession littéraire et poétique en amateurs. Bien souvent on trouve que ces nouveaux venus appartenaient à la profession cléricale, chez laquelle ordinairement une discipline relâchée, les loisirs du cloître, et puis une espèce de dégoût de la routine des devoirs du culte, portaient des individus d'une aussi sainte profession à des passe-temps beaucoup moins innocens que de réciter ou de composer des *romances* en vers. En vain avait-on eu le soin d'interdire, par de sévères lois, l'entrée des monastères rigides, et aux poëmes et au ménestrel qui les récitait; souvent le barde pénétrait avec ses chants jusqu'au saint réfectoire, où il était reçu par la communauté avec plus de tendresse que s'il eût porté le saint habit. C'est ce que nous apprenons dans un mémorable *gest* (*histoire*), où l'auteur a dépeint deux pauvres prêtres voyageurs, introduits avec enthousiasme dans un monastère parce qu'on les soupçonnait d'être des ménestrels : aussitôt

---

(1) Essai sur les anciens ménestrels. Un autre fort ancien livre, la Chronique de Bertrand Guesclin, attribue positivement la composition des plus vieux romans aux ménestrels qui les chantaient : comme nous citerons plus bas ce passage plus au long, nous nous bornons ici à dire qu'après avoir parlé d'Arthur, de Lancelot, de Godefroi, de Roland, et autres fameux champions, l'auteur termine en ajoutant que c'étaient les héros

De quoi cels menestriers font les nobles romans.

reconnus pour exercer une sainte fonction, ils furent éconduits; on avait découvert qu'en échange de la bonne réception ils pouvaient offrir des exhortations spirituelles, mais aucun de ces talens agréables qui étaient la monnaie dont les bardes errans payaient l'hospitalité du cloître.

Il faut observer que plusieurs de ces graves et saints personnages, auteurs ou *récitateurs* de romans, lorsqu'ils allèguent que de leur temps on n'avait pas encore tracé la limite entre l'histoire et le roman, déguisent assez mal leur goût pour une profession qui leur était défendue. Plusieurs hommes fort graves et élevés cumulèrent les deux fonctions. Ainsi, maître Wace, religieux de Caen en Normandie, outre la chronique en vers du *Brut d'Angleterre*, qui renferme la plus ancienne histoire que l'on connaisse de notre pays, et d'autres légendes du même genre, composa, l'an 1155, le *Roman du chevalier de Lyon*, probablement le même qu'on a traduit sous le titre de *Ywain et Gawain*. Lambert Licors et Benoît de Saint-Maur paraissent tous deux avoir été revêtus des ordres, et il est encore possible que Chrétien de Troyes, intarissable auteur de romans, ait été de semblable profession. De plus, la plupart de ces romans en vers étaient beaucoup trop longs pour qu'il soit permis de croire qu'un ménestrel les eût composés pour être récités ou chantés en une fois; il devient assez naturel de supposer que ces ouvrages étendus ont dû être écrits par des hommes plus sédentaires que ces poètes errans. Il est donc probable que les *romans spirituels* furent composés par des hommes d'église, qui voulurent introduire une occupation agréable dans leur vie ecclésiastique; toutes ces considérations nous empêchent d'admettre la proposition absolue de Percy, que les romans en vers étaient l'ouvrage même des ménestrels, quoique nous pensions toujours que son avis reste vrai dans de certaines limites.

ÉTAT DES MÉNESTRELS.

Pour expliquer la nature du roman, il devient indispensable de connaître la condition des ménestrels, par qui ces poëmes furent souvent composés, et généralement conservés par le récit. Il faut l'avouer, ici le savant évêque Percy a été entraîné trop loin par son goût pour l'antiquité, et son envie de relever et d'ennoblir le moyen âge; il a manifestement exagéré le rang et la qualité du *ménestrel.* Dans un sens opposé, son adversaire Ritson a rassemblé et mis en évidence tout ce qui pouvait rabaisser et dégrader cet état, sans faire attention à l'influence particulière des circonstances. A dire vrai, il nous semble que ni Percy ni Ritson n'ont jeté un coup d'œil vraiment général et philosophique sur la condition nécessaire où devaient être réduits ces hommes qui, par profession, servaient aux plaisirs et aux amusemens de toutes les classes, à une époque telle que le moyen âge.

Dans les commencemens d'une période sociale, avant que la division des rangs soit tracée, lorsque chaque tribu peut être regardée encore comme une vaste famille, et une nation comme un composé d'une foule de tribus distinctes, l'art du poète, allié de si près aux arts de la persuasion et de l'éloquence, assure à ses adeptes le rang le plus élevé. Les poètes sont souvent les historiens et les prêtres de la société qui commence. Le pouvoir par lequel ils semblent commander au langage, excite encore plus que du plaisir ; il fait naître de l'admiration et de l'enthousiasme. Lorsqu'ils sont séparés, et forment une classe spéciale, comme les bardes chez les Celtes, et peut-être aussi élevée que celle des Scaldes chez les Scandinaves, non-seulement les guerriers et les rois les entendent avec plaisir, mais ils sont jaloux d'être admis dans leur ordre. Aussi plusieurs des rois et des hommes de guerre les plus célèbres chez les nations du Nord étaient aussi fiers de leur talent pour la poésie que glorieux de leurs exploits chevaleresques. Nous voyons une foule des anciens rois de Galles, des rois irlandais et des Chefs montagnards de l'Écosse, pratiquer avec honneur les arts de la poésie et de la musique. Lewarch Ben était un prince du Cymraic — Brian Boromhe était un joueur de harpe, et sans avoir recours à l'authenticité douteuse d'Ossian, on peut rapporter beaucoup d'exemples semblables pris dans les montagnes de l'Écosse.

Avec le cours du temps, quand les classes de la société commencent à prendre les diverses positions qu'elles occupent l'une par rapport à l'autre, on voit le rang du poète s'abaisser aussi et partager le sort de tous ceux dont l'état est d'amuser les autres. Le poète de profession, comme le chanteur et le joueur d'instrumens, n'est plus appelé que pour venir à la fête, et donner de l'intérêt à une heure qui s'écoule avec peine ; il serait déplacé dans toute occasion solennelle et grave : son art devient un luxe coûteux et inutile ; sans doute le plaisir tout intellectuel qui naît de la poésie ou des représentations dramatiques est d'un ordre beaucoup plus relevé que celui que procurent l'accord des sons et la vue de tours d'adresse ; cependant on observe souvent que les mœurs et les opinions du monde, même quand elles permettent de témoigner la plus grande considération à certains individus de ces classes, envisagent cependant leurs professions comme des inutilités sociales, quelquefois immorales et dangereuses. Rien n'est plus ingrat que cette opinion par laquelle nous récompensons si mal ceux qui nous amusent si souvent; mais il faut avouer que ces arrêts rigoureux sont un peu fondés, quand on considère sous un point de vue général la vie et la conduite de ceux que l'opinion cherche ainsi à dégrader. Au temps où nous parlons, il faut songer aussi que les professeurs de la *gaie science*, comme on l'appelait, les ménestrels enfin, étaient condamnés par la classe des rigides catholiques, et en particulier par toute la classe des moines qui étaient tenus, par leurs vœux, à des vertus d'un genre ascétique, et qui traitaient de profane tout ce qui n'était que mondain. Bientôt les ménestrels s'exposèrent par leurs mœurs à la censure de l'Église. Par état, ils assistaient souvent à des spectacles non pas seulement gais, mais licencieux. Compagnons et témoins de toutes sortes d'excès, encourageant toute licence, bientôt ils furent regardés avec mépris, non pas seulement par les vieillards et les gens graves, mais par les libertins eux-mêmes, quand dans un moment de calme leurs excès venaient les troubler par de fâcheux souvenirs. Sans doute les ménestrels, comme leurs confrères les acteurs sur la scène, cherchaient à s'excuser en rappelant le goût corrompu et pervers du public qui les jugeait, et auquel ils étaient tenus de plaire, obligés de suivre cette maxime, bien vraie et bien triste :

Que ceux qui vivent pour plaire doivent plaire pour vivre.

Ce fut cette rigoureuse nécessité, qui, devenue tous les jours plus dégradante et plus dure par l'accroissement de leur nombre et la décadence de leur réputation, accéléra leur chute, et qui explique le mépris et la déconsidération totale où ils étaient tombés. Un statut de la trente-neuvième année du règne d'Élisabeth, rendu vers la fin du seizième siècle, assimile ces fils déshonorés de la Muse aux filous et aux vagabonds, et ordonne qu'ils seront passibles des mêmes peines ; c'est depuis que cet état, dont il est resté long-temps un faible vestige dans les mœurs et l'occupation des musiciens ambulans, a fini par tomber dans le mépris. Nous reparlerons plus bas de cette triste fin, et nous nous occuperons plus spécialement ici des romans en vers, à l'époque où leur réputation était la plus grande, lorsqu'ils attiraient à leurs auteurs la protection des nobles seigneurs devant lesquels ils les récitaient.

On peut présumer que dans l'occupation des premiers ménestrels, comme dans toutes les professions dont l'unique but est d'amuser le public, il eût été facile de découvrir le germe de ces mauvaises qualités qui se déclarèrent plus tard et finirent par détruire entièrement leur réputation première ; cependant, il paraît que dans l'origine leur état était honorable ; on fit même quelques efforts pour introduire une apparence d'ordre, de règles et de discipline, dans cette bizarre congrégation. Plusieurs individus, en France et en Angleterre, portèrent le titre de *Roi des Ménestrels*, et sans doute le corps leur avait concédé quelque autorité sur ses membres. Il est fait mention aussi du *Sergent des Ménestrels*, et Édouard IV paraît avoir eu l'idée de former un *guild*, ou corporation privilégiée des ménestrels. Jean de Gand, à une époque antérieure, avait établi, moitié par plaisanterie, moitié d'une manière sérieuse, une *Cour baron de Ménestrels*, qui devait se tenir à Tilbury. Il faut se garder de penser cependant que ces tentatives d'organisation eurent quelque influence sur les mœurs licencieuses d'un corps d'artistes aussi nombreux et aussi indépendans.

Il ne faut pas s'étonner, en effet, que des hommes qui possédaient toujours des talens assez remarquables pour le chant ou la déclamation, aient souvent réussi à se concilier la protection des grands, et aient pu acquérir des richesses. On sait que, dans les professions de ce genre, les grands talens obtiennent de très-grandes récompenses, tandis que les talens inférieurs, dans la même partie, peuvent être comparés à ceux qui mettent aussi à la loterie, mais sans que jamais leur mise leur rapporte rien. Le fameux Garrick, dans son brillant équipage, lui dont tout le monde recherchait le commerce et la conversation spirituelle, n'était cependant, au travers de tout cet éclat, qu'un *acteur vagabond*, que les lois anglaises punissent, et auquel on peut refuser les plus simples rites funèbres. C'est ainsi qu'on peut très-bien concevoir que, parmi cette classe d'hommes, ceux qui avaient un talent supérieur, suivant le goût des temps, étaient amplement récompensés par les rois, recevaient le titre de ménestrels domestiques (1), et obtenaient la faveur d'être admis familièrement en la présence du prince; on conçoit qu'ils aient pu avoir pour appartement

---

(1) Berdic (*regis joculator*) le jongleur, ou ménestrel de Guillaume-le-Conquérant, possédait, suivant le registre de Doomsday, trois *vills* et cinq *caracates* de terres dans le Gloucestershire, sans redevances. Henry Ier eut un ménestrel nommé Galfrie, qui recevait une annuité de l'abbaye de Hède.

quelquefois la chambre même de leur maître (1), amasser d'énormes richesses, fonder des hôpitaux (2), recevoir des honoraires tout-à-fait hors de proportion avec ceux qu'on accordait à des professions infiniment plus graves (3), et même passer leur temps, dans l'intimité de leur souverain, à cultiver la poésie et la musique. (4) On conçoit aussi comment les ménestrels inférieurs ne se procuraient qu'avec peine une misérable existence, exposés à tous les désagrémens qui suivent une vie errante et un caractère méprisé. Surtout dans les beaux arts, on exige un talent supérieur, on méprise la médiocrité, et tandis que les richesses dont on comble les artistes du premier ordre paraissent hors de toute proportion, rien n'est au-dessous de l'abaissement où tombent des artistes qui exercent un art pour lequel ils ne sont point nés. Cependant, une haute opinion d'eux-mêmes, le goût d'une vie paresseuse, et beaucoup d'autres motifs encore, suffisent pleinement pour grossir les rangs des artistes inférieurs, d'une foule de gens dont les efforts malheureux ne pourront aboutir qu'à faire beaucoup de tort à la profession, sans leur faire à eux-mêmes le moindre bien. Il ne faut donc pas trouver étrange, tout

---

(1) Un ménestrel d'Édouard Ier, pendant son expédition en Terre-Sainte, partageait la tente du roi, et eut le bonheur de le sauver des coups d'un assassin.

(2) Le prieuré et l'hôpital de Saint-Barthélemy fut fondé, sous Henry Ier, par *Royer* ou *Roher*, ménestrel de ce prince.

(3) En 1441, les moines de Maxtock, près Coventry, donnèrent quatre shillings aux ménestrels de lord Clinton, pour des chants, pour avoir joué de la harpe, et autres exercices, et ils offrirent six pence (60 centimes) à un prédicateur pour avoir édifié la communauté, à peu près à la même époque.

(4) Blondel et Richard-Cœur-de-Lion.

en avouant qu'il est possible de citer des exemples où cette profession s'est maintenue fort respectable chez un grand nombre d'individus, que le corps entier des ménestrels se soit attiré des reproches aussi sévères que ceux que nous trouvons dans les graves auteurs des chroniques monacales de l'époque.

CARACTÈRE GÉNÉRAL ET STYLE DES ROMANS DE CHEVALERIE.

Quant au style dans lequel les romans furent composés, Du Cange nous apprend que les ménestrels consacraient leurs vers le plus souvent à flatter les grands, et à célébrer les louanges des princes qui les protégeaient. Il ajoute que souvent, à côté de cette adulation, ils recommandaient à tous leurs auditeurs de suivre les voies de la vertu et de l'honneur, et leur montraient en exemple ces belles entreprises par lesquelles les héros des romans s'étaient rendus immortels (1). Il donne un

(1) Ministrelli dicti præsertim scurræ, mimi joculatores, quos etiam nunc vulgo *menestreux*, vel *menestrier*, appellamus. Porro ejus modi scurrarum erat principes non suis duntaxat ludicris oblectare, sed et eorum aures variis avorum adeoque ipsorum principum laudibus, non sine apentatione, cum cantilentis et musicis instrumentis demulcere. Interdum etiam virorum insignium et heroum gesta, aut explicata et jucunda narratione, commemorabant, aut suavi vocis inflexione, fidibusque decertabant, quo sic dominorum cæterorumque qui his intererant ludicris, nobilium animos ad virtutem capessendam et summorum virorum imitationem accenderent; quod fuit olim apud Gallos bardorum ministerium, et auctor est Tacitus. Neque enim alios a ministrellis, veterum Gallorum, *bardos* fuisse pluribus probat Henricus Valesius ad 15 Amniani. *Chronicon Bertrandi Guesclini.*

extrait du roman de *Bertrand Guesclin*, où son auteur
ordonne à tous ceux qui veulent s'élever à la renommée
dans les armes, de suivre l'exemple des vaillans gestes
des paladins de Charlemagne, et des chevaliers de la
Table ronde, tels qu'on les a chantés dans les romans.
On ne peut contester que ces récits poétiques où la
vertu, la générosité, le courage, le dévouement à sa
dame, le zèle pour la religion catholique se trouvaient
réunis au plus haut degré de perfection romanesque
chez le chevalier courtois, n'aient exercé une grande
influence sur les mœurs générales du temps. Les chevaliers imaginaires des romans étaient tellement identi-
fiés avec ceux de l'histoire véritable, que l'on voit de
graves historiens citer les exploits des premiers, comme
les corollaires des actions réelles qu'ils racontent (1).
Cependant les vertus que les romans offraient comme
de parfaits modèles, étaient toutes de ce genre exagéré
et emphatique, qui constitue le génie même de la chevalerie. Il fallait d'abord que chaque héros fût doué
d'une grande force physique, qu'il possédât une adresse
parfaite pour tous les exercices militaires; ces deux

(1) Barbour, l'historien écossais, fait de graves reproches à un
Chef des Highlands qui, en célébrant les exploits de Bruce, le
compare au héros celte *Fin Mac Coul*, trouvant qu'il aurait bien
mieux fait de le comparer à Grandifer, célèbre chevalier des romans d'Alexandre.

> Qui veut avoir renom des bons et des vaillans,
> Il doit aller souvent à la pluie et au champ,
> Et estre en la bataille ainsi que fu Rolland,
> Les quatre fils Haimon, et Charlou li plus grand.
> Li Deslions de Bourges, et Guiou de Counans,
> Perceval li Gallois, Lancelot et Tristan,
> Alexandres, Artus, Godefroy ly suchan
> De quoi cels ménestriers font les nobles romans.

qualités formaient les attributs indispensables de tout héros de roman, et chaque romancier avait droit de les lui accorder. Le romancier pouvait encore à son gré imaginer toute sorte de dangers, et en délivrer son héros par des exploits d'une valeur ridicule. Mais ce que cet art avait surtout de plus difficile, c'est qu'il fallait que le romancier trouvât des situations propres à donner une idée des mœurs aussi-bien que des exploits de la chevalerie. Il fallait qu'il montrât aux lecteurs dans le caractère de son héros ce dévouement absolu à son devoir, ce désir désintéressé et pur de tout sacrifier aux sentimens de l'honneur et de la fidélité ; ce noble courage qui l'entraînait vers mille périls, non pas pour lui-même, mais pour les autres ; toutes ces qualités, enfin, qui, réunies, composent les plus beaux traits du système d'éducation pour lequel on formait la jeunesse au moyen âge. Les institutions de la chevalerie étaient fondées sur les motifs les plus nobles et les plus purs ; mais malheureusement on les exagérait jusqu'à la folie, au point que bientôt la religion des chevaliers devint du fanatisme, leur valeur dégénéra en frénésie, leurs belles idées d'honneur finirent par aller jusqu'à l'absurde, leur esprit entreprenant jusqu'à l'extravagance, et enfin leur respect pour les dames devint une véritable idolâtrie. Toutes ces idées bizarres, qui existaient réellement dans les mœurs du moyen âge, furent encore outrées par ceux qui faisaient les romans et ceux qui les récitaient. Leurs chants emphatiques, qui semblaient l'expression des véritables mœurs du temps, devinrent ensuite le modèle sur lequel se réglait la jeunesse. C'est ainsi que la chevalerie et le roman s'éclairaient, et pour ainsi dire se soutenaient réciproquement.

En général, les romans nous peignent les mœurs qui

existaient parmi les nobles du temps. Le caractère du vrai et parfait chevalier s'élevait à une perfection idéale et si difficile à atteindre, que ceux qui y prétendaient se contentaient même de se tenir à une distance respectueuse des modèles. Tout homme qui aspirait au titre de chevalier devait déployer une valeur à toute épreuve, avoir une ame capable de la plus grande générosité, et se proposer surtout de plaire à quelque beauté dont ses exploits devaient illustrer le nom, et dont l'amour devait le récompenser de ses dangers : telles étaient les vertus difficiles que commandaient les ménestrels. Mais comme le naturel d'un lion apprivoisé, le caractère féroce et dissolu de cette époque se montre encore, et pour ainsi dire perce à travers ce vernis de belles manières artificielles. Souvent le guerrier souilla son courage par des actes barbares, ou déploya la plus folle témérité; sa munificence et sa courtoisie se changèrent en prodigalité et en vaniteuse fanfaronnade; l'amour qu'il vouait à sa dame en exigeait toujours, et en obtenait souvent un prix peu compatible avec l'honneur d'une vraie passion; ceux qui affichaient des attachemens d'une nature délicate et immatérielle s'abandonnaient les premiers à une irrégularité de mœurs peu d'accord avec leurs sublimes prétentions : voilà quelles étaient les mœurs véritables du moyen âge ; et c'est avec de telles couleurs que les anciennes légendes les ont peintes.

L'état d'exaltation où les esprits étaient arrivés, à force de respirer pour ainsi dire dans une atmosphère romanesque, était tel, que plus tard les chevaliers et les écuyers des quatorzième et quinzième siècles imitaient encore les plus folles et les plus téméraires entreprises des héros de roman. A leur exemple, ils se proposaient de mettre à fin les plus extravagantes aventures pour faire voir leur bravoure, et plaire à la dame de leurs pensées. Les dames de qualité, devenues des espèces de déesses aux yeux du peuple, mais souvent, dans leurs mœurs privées, autant au-dessous de ce qu'elles auraient dû être qu'elles étaient au-dessus, dans l'opinion du vulgaire, ne laissaient rien à envier, en fait d'aventures, à la jeunesse de l'autre sexe. On trouve dans Knyghton un tableau singulier des usages des damoiselles de chevalerie errante, qui suivaient fidèlement les fêtes et tournois, avec l'espérance d'y rencontrer ce genre d'aventures que trouvent toutes les femmes qui se donnent la peine de les chercher : « Ces tournois rassemblent une foule de dames du premier rang et de la plus éclatante beauté, mais pas toujours de la plus irréprochable réputation. Ces dames sont vêtues de tuniques bigarrées, moitié d'une couleur, moitié d'une autre; l'étoffe qui protège leur sein n'est pas large; leurs bonnets sont petits et attachés avec des cordonnets; leurs ceintures et leurs poches sont brodées d'or et d'argent; elles portent de petites épées ou poignards à la ceinture; elles montent les meilleurs chevaux, superbement caparaçonnés. Ainsi équipées, elles vont de lieu en lieu à la suite des tournois, et, ce faisant, elles dissipent leur fortune, et avec elle souvent leur réputation. » (Knyghton, cité dans l'*Histoire de Henry*, vol. VIII, page 402.)

Les ménestrels, ou plutôt ceux qui les aidaient à composer ces romans dont la récitation était pour eux une profession habituelle, voyant s'élever une foule de rivaux, excités par le goût toujours croissant pour ces compositions, devaient naturellement s'attacher à leur donner plus d'intérêt, en y faisant figurer des incidens nouveaux, dont leurs prédécesseurs ne s'étaient pas avisés. On a consacré beaucoup de temps, et peut-être assez inutilement, pour connaître à quelles sources les ménestrels ont pu puiser ces embellissemens de leurs vers, quand un siècle un peu moins barbare se fut fatigué du récit éternel d'un combat ou d'un tournois. Percy veut attribuer aux *Sagas* des nations du Nord l'origine évidente des romans du moyen âge. Warton a soutenu que les *fictions orientales*, empruntées aux Maures par ces ménestrels qui visitèrent l'Espagne, ou par ceux qui, en plus grand nombre encore, suivirent les croisades, ont donné un caractère tout particulier à ce genre de composition. Enfin, dans un système plus récent, adopté par plusieurs auteurs modernes, on prétend que les débris de la superstition classique, conservés même après la chute de l'empire, donnèrent naissance aux romans. Toutes ces théories sont inexactes, si l'on choisit l'une d'elles en rejetant toutes les autres, et si l'on conteste cette proposition générale, que des fictions d'une nature analogue aux romans de chevalerie, modifiées suivant l'état et les mœurs de chaque société, ont dû nécessairement être inventées sur toute la terre, par la même raison qu'il croît de l'herbe à la surface du sol dans tous les climats et dans tous les pays. « Sans aucun doute, dit M. Southey qui a traité cette question avec son talent ordinaire, des histoires mythologiques et romanesques ont été trouvées chez tous les peuples sauvages qu'on a visités avec soin ; car l'homme a des goûts intellectuels, comme il a des goûts matériels, et ces fictions sont partout la nourriture de son imagination et de sa foi. On en rencontre partout où il y a un langage, partout où il y a quelque intelligence, en d'autres termes, partout où l'homme existe ; et à des périodes de civilisation analogues, ou dans des états de société semblables, les fictions des divers peuples offriront une certaine ressemblance, malgré les changemens de la scène et du temps (1).

Il faut dire encore que les apparences et les phénomènes que le spectacle de la nature offre à l'imagination dans tous les pays du monde lui fournissent les moyens de mettre de la diversité dans les fictions, en y faisant figurer des prodiges fort divers. Ainsi, que dans un roman nous trouvions la description d'un éléphant, nous pouvons raisonnablement en induire que le tableau de cet animal, inconnu en Europe, a été importé de l'Asie; mais tout homme qui a vu un serpent et un oiseau, par exemple, peut très-bien augmenter l'horreur que doit inspirer le reptile en lui ajoutant des ailes, et tout homme qui a vu ou entendu décrire un loup, un lion ou un aigle, peut très-bien, par un effort semblable d'imagination, se figurer l'image d'un griffon ou d'un hippogriffe. C'est nous imposer une stérilité bien étrange, que de supposer que les *speciosa miracula* (2), qu'on trouve dans des parties de la terre si éloignées, doivent tous être dérivés d'une source commune. Et ce ne serait pas s'exposer à commettre une erreur plus grave que de soutenir que tous les navires, chaloupes et radeaux à l'aide desquels l'homme s'est risqué sur l'Océan, sont tous dérivés du vaisseau des Argonautes.

D'un autre côté, il peut y avoir des fictions romanesques d'une nature tellement spéciale, que l'on soit obligé

---

(1) *Southey*, préface de la Morte d'Arthur, vol. 11. Londres, 1817.
(2) Les objets merveilleux.

de leur assigner une origine spéciale. Ainsi l'histoire de *Flore et Blanche-Fleur*, par exemple, n'a pu être inventée que dans l'Orient, où la scène de l'action est placée, et où l'on trouve jusqu'à un certain point les mœurs de l'Asie. La fiction de *Orfeo et Herodis* n'est autre chose que l'allégorie classique d'Orphée et d'Eurydice, où l'on a substitué aux divinités infernales des anciens les *Elves*, ou les Fées des croyances gothiques. Cependant, quoique les sujets et les aventures de ces fictions nous obligent de rapporter leur origine aux traditions de la Bretagne ou de l'Armorique, aux récits et à l'histoire de l'antiquité classique, aux fictions plus hardies et plus riches d'images des poètes arabes, ou enfin à ces conceptions plus graves et plus sombres que choisirent les Scaldes du Nord, on ne doit pas se hâter de conclure d'après des autorités douteuses, qu'on peut faire dériver tous les romans de ces diverses sources. Le fait est que le fondement véritable de ces fictions existe dans le cœur humain. Les diverses productions de l'esprit ont été mille fois imitées par tous ceux qui, se faisant un revenu du plaisir que produisaient leurs chants de chevalerie, s'assuraient ainsi l'avantage de paraître neufs. Sans doute, ces bardes errans profitaient avec avidité de l'arrivée d'un voyageur, d'un pèlerin, ou peut-être de leurs rapports avec les autres ménestrels des nations, pour orner leurs récits d'images inconnues encore et dans le boudoir et dans la grande salle. Les romans ressemblent donc à une combinaison de métaux tirés de mines diverses, et où l'un de ces métaux se trouve dans une proportion dominante. Envisagés sous ce point de vue, les travaux ingénieux de tant de savans antiquaires, qui se sont attachés à chercher leur origine dans une seule de ces diverses sources, en excluant toutes les autres, sont aussi téméraires que l'entreprise de ces voyageurs qui s'empressent de vouloir fixer les principales branches qui donnent naissance au Nil, tandis que l'on reconnaît que toutes sont nécessaires à la majesté de son cours.

ROMANS EN PROSE.

Comme la mode en tout est changeante, il vint un temps où les romans en vers ne furent plus estimés, sans doute à cause de la dégradation de ceux qui les chantaient. La tradition, a dit Ritson, ressemble à l'alchimie, qui change l'or en plomb; on ne peut douter en effet que, avec le cours des années, les plus célèbres romans en vers finirent par s'altérer considérablement, soit par le défaut de mémoire de ceux qui essayèrent de les retenir, soit par les interpolations. Il n'est pas permis de croire que la plupart des ménestrels purent avoir communication du petit nombre de manuscrits qui existent encore; et même il était assez rare, dans les temps les plus reculés comme dans les temps modernes, que les bardes récitassent des poëmes tout-à-fait nouveaux. La composition des romans en vers fut enfin abandonnée à des ménestrels d'une classe inférieure, et l'art très-facile de rassembler dans un cadre de ce genre quelques aventures sans suite ni liaison entre elles devint bientôt assez répandu pour faire voir qu'il suffisait d'un talent médiocre pour y réussir. Les habitudes licencieuses de ceux qui, sous les noms de *ménestrels*, *hommes joyeux*, et autres dénominations, parcouraient en si grand nombre les campagnes et vivaient de leur métier, ne tardèrent pas à jeter beaucoup de défaveur et de mépris sur l'art du ménestrel; et progressivement ces longs récits, exclusivement affectés jusqu'alors aux fêtes des seigneurs, furent peu à peu abandonnés aux divertissemens des vilains.

Mais, quoique leur forme ait changé suivant le caprice du jour, le goût de ces mêmes fictions restait toujours aussi vif, et les romans en prose qui vinrent ensuite, et qui firent même presque oublier le premier de ces deux genres de composition, finirent par atteindre un très-grand degré de popularité. Ce fut sans doute l'art de l'imprimerie, cette invention qui a eu tant d'influence sur les destinées du monde, qui produisit ce changement. Les romans en vers, quoiqu'ils aient souvent été imprimés, n'avaient pas une forme très-favorable à la publication. Ces longues amplifications qui pouvaient passer encore dans le cours d'un récit déclamé d'une manière supportable ne purent être tolérées à la lecture. Le goût du public devint plus difficile à mesure que le langage se perfectionna, à mesure que les mœurs devinrent plus délicates ; on commença à demander de la grace dans le style et de la variété dans les pensées, au lieu d'un récit nu et sans ornemens. Alors on vit les auteurs de romans en prose chercher tous les moyens de satisfaire ce goût nouveau et exigeant. Ils puisaient, il est vrai, aux mêmes sources où leurs devanciers avaient puisé; la chevalerie, Charlemagne, et Arthur, reparaissent aussi souvent dans les romans en prose que dans les anciens romans en vers. Mais les nouveaux ménestrels prétendirent avoir profité des nouveaux trésors de connaissances authentiques que leurs prédécesseurs n'avaient pu connaître. Ils s'appuient toujours sur des originaux grecs et latins, qui certainement n'existèrent jamais; et on a lieu de penser que les noms des prétendus auteurs furent inventés, ainsi que les ouvrages originaux. Le fait suivant, de la découverte de *la très-élégante, délicieuse, melliflue, et très-plaisante Histoire du très-noble roi Perceforest* (imprimée à Paris, en 1528, par Galliot du Pré), peut servir à faire voir que les auteurs modernes n'ont pas été les premiers qui aient eu l'idée d'offrir leur ouvrage au public comme un manuscrit ancien récemment découvert. Dans le court espace qui nous est accordé, nous ne pouvons que donner une très-légère esquisse du récit dans lequel l'auteur de ce livre raconte sa merveilleuse découverte, et qui forme le parfait modèle d'un mensonge bien circonstancié. Dans l'année 1286, le comte Guillaume de Hainaut avait passé la mer, à ce que l'auteur assure, pour assister aux noces d'Édouard; dans le cours d'une tournée dans la Grande-Bretagne, on lui donna gracieusement l'hospitalité dans une abbaye, sur les bords de l'Humber, et appelée, à ce qu'il prétend, *Burtimer*, parce qu'elle avait été fondée par un certain *Burtimeris*, monarque dont l'histoire ne fait aucune mention, mais qui remporta sur cet emplacement même une bataille contre les païens d'Allemagne. C'est là qu'une cassette, qui avait été cachée dans un lieu sûr, fut découverte dans le massif du mur d'une ancienne tourelle, et l'on vit qu'elle renfermait un manuscrit grec avec une couronne royale. L'abbé envoya la couronne au roi Édouard, et le comte de Hainaut obtint à grand'peine le manuscrit: il le fit traduire du grec en latin, par un moine de l'abbaye de Saint-Landelin, et c'est de cette dernière langue que le manuscrit est traduit en français, par l'auteur, qui le consacre à la gloire de la vierge Marie, et à l'édification de la chevalerie et de la noblesse.

C'est par des fictions de ce genre, que les auteurs des

romans en prose essayaient de garantir à leurs récits un degré d'authenticité que les romans en vers n'avaient pu atteindre! mais par là, ils ruinèrent leurs prédécesseurs, que pour ainsi dire ils tuèrent pour les voler ensuite impunément. Toutefois, ces ombres d'histoires véritables qu'on peut deviner à travers les fictions répétées pendant des siècles peuvent se distinguer encore dans des légendes en vers. Suivant les principes que nous avons posés, plus le poëme, par la date de sa composition, se rapproche du temps où l'histoire qu'il raconte arriva, plus nous pouvons espérer d'y retrouver quelques traditions encore récentes et qui offrent quelque certitude historique. Mais ces poètes qui écrivaient sous les noms supposés de Rusticien de Pise, de Robert de Borron, et autres, se contentaient, la plupart du temps, d'exploiter l'ouvrage de quelque vieux ménestrel; ils refaisaient son récit suivant leur propre goût; ils y introduisaient de nouveaux personnages et de nouveaux incidens; et enfin ils faisaient disparaître jusqu'aux dernières traces de la tradition véritable. On voit donc que les romanciers en prose n'étaient que des amplificateurs. Une fois qu'ils s'étaient établis dans un sujet, ils ne l'abandonnaient qu'après y avoir épuisé leur génie inventif. Les romans en vers, quelquefois très-longs, ne le furent jamais autant que ces folles compositions en prose. Peut-être les auteurs de ces derniers faisaient-ils cette réflexion assez juste, que le lecteur peut toujours quitter le livre quand il commence à s'ennuyer, tandis que sans doute il ne devait être rien moins que facile d'arrêter le ménestrel dans le cours de sa déclamation poétique.

Mais on est naturellement porté à se demander quels furent les auteurs véritables de ces compositions prolixes, qui, se cachant sous des noms pseudonymes, ne recueillaient presque aucune renommée dans leurs travaux, même quand ils avaient un grand succès. Certainement, dans l'enfance où était alors l'imprimerie, ils ne retiraient aucun profit de leurs laborieuses compositions. On ne peut répondre d'une manière tout-à-fait satisfaisante à cette question : mais il est permis de penser que souvent les habitans des monastères consacraient les loisirs des cloîtres à de pareilles entreprises. Ce qui donne quelque poids à cette conjecture, c'est que souvent on trouve dans ces ouvrages des événemens et des détails qui se rapportent spécialement à l'histoire sainte et aux traditions de l'Église. Ainsi, dans le roman curieux de *Huon de Bordeaux*, on a ajouté à cette charmante histoire une seconde partie, dans laquelle le héros visite le Paradis terrestre, rencontre Caïn, le premier homicide, au milieu de sa pénitence ; et beaucoup d'autres détails du même genre, qui probablement ne se fussent pas présentés à l'imagination d'un laïque ; d'ailleurs les laïques de ce temps étaient beaucoup trop grossiers et ignorans pour se mêler d'écrire. Il est probable que la partie mystique du roman de la *Table ronde* provient d'une source semblable. D'un autre côté, il faut ajouter que les assertions audacieuses, et quelquefois même blasphématoires, par lesquelles les auteurs de ces fictions osaient les assimiler pour l'autorité même à celle des livres saints devaient s'offrir assez naturellement à l'esprit de ces moines, qui en disaient autant pour rendre authentiques les contes absurdes de leur légende. Un exemple presque incroyable de cette sorte de mensonge sacrilège se trouve dans l'histoire du *saint Greal*, mélange singulier de mysticisme et de chevalerie, que son au-

5.

teur ne craint pas d'attribuer à la seconde personne de la Trinité chrétienne.

Cependant les hommes d'église ne furent pas les seuls auteurs de ces légendes, quoique les *clercs*, comme on les appelait alors, qui rédigeaient habituellement les chroniques du temps où ils vivaient, fussent ordinairement revêtus des ordres sacrés; ce furent ces derniers surtout qui recevaient de la part des souverains, leurs maîtres, l'ordre de composer de nouveaux romans avec les vieilles chroniques traduites de la langue classique, ou rassemblées de toute autre manière du milieu des débris de l'antiquité. A mesure que l'éducation se perfectionna, et que la science s'accrut et se répandit, plusieurs laïques, souvent d'un rang distingué, sentirent le besoin, si on peut s'exprimer ainsi, de donner une forme durable à ces riches et abondantes fictions qui s'offrent à l'imagination des hommes de génie. Sir Thomas Malony, qui compila la *Morte d'Arthur* dans des originaux français, fut un homme de distinction et de mérite. Lord Berners, le judicieux traducteur de Froissard, auteur d'un roman appelé *le Chevalier du Cygne*, nous offre l'exemple d'un seigneur qui ne croyait pas perdre son temps en l'employant à de tels travaux. Il est évident dès lors que ces recherches procuraient quelque gloire littéraire, et il est possible même que dans des temps postérieurs, des auteurs moins distingués s'en soient fait une occupation lucrative. Le traducteur de *Perceforest*, dont nous avons déjà parlé, qui paraît avoir été un Anglais ou un Flamand, loue la noblesse valeureuse et invincible de la France, en lui parlant le langage d'un auteur qui se propose bien d'autres avantages encore, outre ceux de plaire et d'exprimer sa gratitude pour le favorable accueil qu'on voulut bien faire à ses autres productions. Il est possible alors que les libraires, *ces lions de la littérature*, eussent déjà commencé à admettre les auteurs à une part des bénéfices. D'autres imprimeurs, comme le vénérable Caxton, compilaient eux-mêmes leurs matériaux pour la presse, ou traduisaient les romans des autres langues, réunissant ainsi en une seule personne les trois qualités distinctes de l'imprimeur, de l'auteur et du libraire.

Le roman en prose, dans son plan général, ne s'éloignait pas beaucoup du roman en vers; on y rencontrait aussi digression sur digression, sans le moindre respect pour le fil du récit; le premier était, en un mot, également insipide ou affecté, et même il l'était davantage, car il était plus long. Dans la traduction des vers en prose, et dans l'amplification qu'on leur faisait subir, un grand nombre de traits énergiques de l'auteur original se trouvaient perdus ou affaiblis : et le lecteur y cherche en vain ces éclairs de poésie qui, dans les romans précédens, rachètent quelquefois plusieurs centaines de mauvais vers sans force et sans couleur. Mais d'un autre côté, les romans en prose furent composés pour un état de société plus avancé, et par des auteurs dont le langage était plus riche, et dont l'éducation était en général supérieure à celle des anciens ménestrels. On était las d'entendre sans cesse parler de terribles combats et d'effroyables blessures. On commençait à exiger un certain talent pour peindre la nature ou du moins les mœurs : on voulait quelques descriptions, et on demandait au romancier qu'il eût plus d'égards pour la vraisemblance, soit dans les personnages, soit dans les aventures. Dès lors les poètes s'efforcèrent, autant qu'il était en eux, de complaire au public ; ils commencèrent à varier leur récit en introduisant de nouveaux personnages, et à les peindre par des dialogues caractéristiques. Les amans conversent entre eux, et se disent des galanteries dans ce style métaphysique qui était alors d'usage. Enfin le roman, au lieu d'être une véritable rapsodie toute militaire, commença de revêtir la forme plus noble d'un tableau de mœurs. C'est dans les romans in-folios de Lancelot du Lac, de Perceforest, et autres, que les antiquaires ont pu trouver les récits les plus exacts et les plus détaillés de combats, de tournois, de fêtes et autres tableaux de la pompe chevaleresque. Comme ils descendirent souvent à des détails que les historiens du temps eussent jugés indignes de leur mention, celui qui veut connaitre les mœurs de ce temps peut les consulter avec avantage. Ce n'est cependant pas là tout leur mérite. Ces anciennes compositions, parmi tant de pages remplies de répétitions et écrites du style le moins attachant, malgré l'ennui d'une histoire confuse, longue et triviale, nous offrent cependant de temps à autre des passages d'un grand intérêt, des situations neuves et belles, et parfois un style énergique et plein de vie. Le lecteur qui redoute le travail de séparer ces passages remarquables du milieu du fatras où ils se trouvent çà et là disséminés, peut acquérir une excellente idée des beautés et des défauts de ces romans, en consultant le *Corps d'extraits de romans de Chevalerie*, par Tressan, les *Specimens of early English poetry*, par Ellis, et l'*Histoire de la Fiction*, de M. Dunlop.

Les ouvrages dont nous venons de parler continuèrent de faire les délices des cours les plus polies de l'Europe, tant que les mœurs et les habitudes de la chevalerie les animèrent. La judicieuse Marie de Médicis pensait que le roman de *Perceforest* était le meilleur livre qu'on pût choisir pour former les manières d'un jeune roi et pour amuser ses loisirs, puisqu'elle recommandait à Charles IX de le lire avec soin : mais progressivement, la naissance des nouvelles idées religieuses, l'influence d'un code de morale plus sévère, et surtout les discussions importantes que l'invention de la presse commençait à répandre de tous côtés, réussirent à distraire l'attention publique de ces légendes surannées. Les protestans anglais se réunirent aux huguenots de France pour proscrire les livres de chevalerie, avec d'autant plus de zèle que ces ouvrages avaient été protégés par les catholiques, dans le but peut-être de détourner les esprits de sujets plus graves. Le savant Ascham s'exprime ainsi dans son vieux langage, en parlant du roman de *la Morte d'Arthur*, et ses paroles nous prouvent que la mode en était passée : « Autrefois, quand le papisme, comme une eau stagnante, recouvrait et inondait toute l'Angleterre, bien peu de livres étaient lus en notre langage, sauf certains livres de chevalerie composés, pour divertir et amuser, par des moines fainéans, ou des chanoines libertins : *la Morte d'Arthur*, par exemple, dont tout l'intérêt consiste en deux choses principales, homicide et libertinage. Dans ce livre, sont estimés les plus nobles chevaliers ceux qui tuent le plus grand nombre d'hommes sans provocation aucune et qui commettent les plus abominables adultères par les artifices les plus adroits, comme sir *Lancelot* avec la femme du roi Arthur, son maître ; sir *Tristram*, avec la femme du roi *Marc*, son oncle ; sir *Limerock*, avec la femme du roi *Lot*, qui était sa propre tante. Sont-ce là des choses dont les hommes sages puissent rire, ou dont les honnêtes gens puissent prendre du contentement? et cependant, je sais un temps où quand la *Bible* de Dieu était bannie de la cour, *la Morte d'Arthur* était reçue dans la chambre du prince (1). »

Le vaillant et pieux La Noue n'est pas mieux disposé pour ces livres que le savant Ascham; car il attribue, sans hésiter, à l'influence des romans et au goût pour ces compositions, la décadence des mœurs chez la noblesse française. « Les anciennes fables qui nous restent encore, telles que *Lancelot Du Lac*, *Perceforest*, *Tristan* et *Giron le Courtois*, et tant d'autres, nourrirent pendant cinq cents ans l'esprit de nos pères, jusqu'à ce que notre langage plus poli, et notre goût plus délicat, obligeassent les auteurs à inventer quelque nouveauté pour nous plaire. Ce fut alors que parut le livre d'*Amadis*; mais, à dire vrai, c'est l'Espagne qui l'a produit, et la France l'a revêtu d'une forme plus gaie. Ce fut sous Henri II que ces fables eurent le plus d'empire; et je crois que si un homme eût essayé de les blâmer, il aurait été honni, parce qu'elles faisaient le passe-temps et la vie d'un grand nombre de personnes, et après les avoir lues, beaucoup voulurent les réaliser (2). »

Le vaillant maréchal se donne ensuite beaucoup de peine pour réfuter les argumens de ceux qui prétendent que ces livres ont été écrits pour servir d'aiguillon à la pratique des armes et des exercices honorables parmi les jeunes chevaliers, s'efforçant de démontrer au contraire que leur influence est dangereuse

---

(1) OEuvres de Roger Ascham, pag. 254, tom. IV.

(2) *Discours politiques et militaires du seigneur de La Nowe*, tom. IV, pag. 87. Londres, 1587.

et à la guerre et en amour. On ne peut s'empêcher de sourire en voyant un auteur comme La Noue dénoncer les enchantemens, les sortilèges et les prestiges de ces livres, non parce que de pareilles histoires sont absurdes et sans vérité, mais parce que des enchanteurs humains et bienfaisans tels qu'Alquife et la fée Urgande peuvent servir d'excuse à ceux qui trafiquent avec les pouvoirs des ténèbres, et de plus, parce que ceux qui lisent des histoires de sorciers et d'enchantemens deviennent, pour ainsi dire, familiarisés avec ces mystères du diable et peuvent être tentés de faire sa connaissance plus intime. Cependant les romans de chevalerie ne périrent pas sous les coups des pieux puritains ou des moralistes sévères, mais ils furent abandonnés dès que la chevalerie elle-même commença à perdre faveur. Dès lors les livres écrits sous sa dictée, et inspirés par elle, ne firent plus aucune impression sur l'esprit du public, et bientôt, totalement négligés pour des ouvrages d'un genre supérieur, et enfin accablés par les railleries de Cervantès, ils tombèrent dans un mépris complet.

D'autres ouvrages du même genre vinrent tenir la place des romans de chevalerie proprement dits. Nous en parlerons plus tard. Nous terminons ici ce que nous avions à dire sur les romans en général, et nous allons examiner rapidement ceux qui ont servi a caractériser ce genre chez les diverses nations de l'Europe.

ROMANS DE DIVERS PAYS DE L'EUROPE.

II. Nous ne pouvons ici qu'indiquer fort rapidement un sujet fort curieux et plein d'intérêt, l'examen du caractère particulier que les romans de chevalerie ont reçu des mœurs des nations au milieu desquelles ils furent écrits : nous examinerons aussi la question de savoir jusqu'à quel point chaque nation a emprunté aux autres les sujets des chants de ses ménestrels, ou s'est servie des matériaux répandus chez les divers peuples.

ROMANS DU NORD.

La Scandinavie, comme on pense bien, peut être regardée comme la nation la plus riche de l'Europe en histoires du genre des romans, composées pour la plupart en vers, ou en récit rhythmé, ou en prose, et, plus fréquemment encore, offrant un mélange de prose et de vers. Les scaldes ou bardes formaient une classe très-considérée dans les assemblées et dans les cours du Nord. Un poète le cédait à peine en dignité à un vaillant chevalier, et plus d'un fameux champion tenta de réunir les deux caractères. Les *sagas*, ou récits primitifs des Scandinaves, se rapprochent beaucoup de la véritable histoire, et, sans aucun doute, ils furent écrits dans ce but; seulement l'amour du merveilleux y fit entrer de bonne heure ces *speciosa miracula* qui caractérisent les annales d'un peuple au berceau. Cependant, la majeure partie des *sagas*, de ceux du moins que nous connaissons aujourd'hui, doivent être regardés moins comme des morceaux d'histoire que comme de véritables fictions; et, sous ce rapport, ils rentrent dans notre sujet. Le *Omeyinger saga*, le *Heicaskringla*, le *saga* de Olof Triggwason, le *Eirbyggia saga*, et plusieurs autres, sont évidemment historiques, tandis que les nombreux récits de l'histoire de *Nibelung* et du *Volsungia* sont des romans aussi imaginaires que ceux du roi Arthur ou de Charlemagne. Ces compositions bizarres, d'un style étrange et concis, remplies de comparaisons extraordinaires, et même extravagantes, contiennent beaucoup de passages descriptifs, écrits avec chaleur et vivacité, et avec une physionomie qui leur est propre. Ils semblent faits pour nous rappeler combien le courage indomptable et l'héroïque constance des Scandinaves, l'effroi et l'honneur de l'Europe, s'éloignaient de cette manière doucereuse et de ce style fastidieux des ménestrels qui leur succédèrent en Angleterre ou en France. Au milieu des pins du Nord et des montagnes glacées de ces régions, on conservait encore avec les débris du paganisme expirant une foule de traditions d'un caractère infiniment plus terrible et plus sauvage que les créations de la superstition classique. L'imagination sombre des Scaldes fit renaître ces idées dans leurs récits. L'esprit d'investigation qui, dans ces derniers temps, a fait tant de progrès en Allemagne, a déjà jeté un grand jour sur cette partie long-temps négligée de l'étude des traditions romanesques, qui est digne de beaucoup plus d'attention qu'on ne semble lui en avoir accordé en Angleterre. Remarquons toutefois que, bien que les nations du Nord aient eu leurs chevaliers et leurs romans nationaux, inconnus aux contrées du Sud, les habitans de ces pays reculés empruntèrent cependant aux ménestrels français plusieurs de leurs sujets favoris. Voilà pourquoi nous y rencontrons des *sagas* sur le sujet de sir *Tristrem*, sir *Percival*, sir *Iwain*, et autres héros célèbres dans les romans français. Ils n'inspirent pas le même intérêt et ne sont pas d'une date aussi ancienne que les productions originales du génie septentrional. Ritson s'est appuyé, il est vrai, de leur existence pour contester aux nations du nord des poëmes antiques de leur propre composition ; mais il en est de ces *poëmes* comme du *Norman Kiempe-Detun*, grand in-folio imprimé à Stockholm en 1737. Cet auteur aurait pu se convaincre que de cette énorme collection de légendes sur les exploits des champions goths, la majeure partie est d'origine *norse*. Quoiqu'elles aient plus d'un trait de ressemblance avec les romans méridionaux, elles diffèrent sous plusieurs rapports de ce dernier genre de fictions.

ROMANS ALLEMANDS.

L'Allemagne, qui touche à la France, avec laquelle elle fut si long-temps en rapport, soit par un commerce pacifique, soit par des entreprises militaires, dut nécessairement participer de bonne heure aux fictions qui naquirent dans ce séjour favori des traditions romanesques. Les *minnesingers* du saint Empire ne furent pas moins chéris et respectés que les troubadours de la Provence, ou les ménestrels de la Normandie. Ils ne furent pas moins industrieux dans l'art de réunir les traditions du pays, ou d'y mêler des traditions étrangères, pour ajouter à la variété de leurs fictions. Godefroi de Strasbourg composa plusieurs milliers de vers sur le thême populaire de sir Tristan. D'autres ne furent pas moins actifs, soit comme traducteurs, soit comme inventeurs, pour composer des romans empruntés à ceux de la France. Mais l'Allemagne possédait elle-même des matériaux en partie empruntés à la Scandinavie, en partie à son histoire traditionnelle et à celle de l'empire romain, dont elle fit sortir une famille de héros, aussi célèbres dans les chants teutoniques que les champions d'Arthur et de la cour de Charlemagne le devinrent en France.

Comme cela est toujours arrivé dans l'histoire, un conquérant dont l'existence était certaine et dont les exploits survivaient encore par la renommée et la tradition, devenait le point central autour duquel se groupaient une foule de champions dont les exploits se mêlaient à son histoire et aux aventures où il avait figuré. Théodoric, roi des Goths, appelé dans ces légendes romanesques Diderick de Bern (c'est-à-dire, de Vérone), fut le conquérant qu'adoptèrent ainsi les *minnesingers* allemands. Parmi les principaux personnages figurent *Ezzel*, roi des Huns, qui n'est autre que le fameux Attila; et Gunter, roi de Bourgogne, est confondu avec un certain Gutacher, personnage historique qui en effet occupa ce trône. Le loyal chevalier Wolfranc d'Eschenback paraît avoir été le premier qui rassembla les traditions éparses, et les fictions des ménestrels concernant ces souverains, en un gros volume de vers allemands, intitulé *Hilden-Buc*, Livre des Héros. En l'écrivant, il est clair que l'auteur s'est donné toutes les libertés d'un romancier, et qu'il a mêlé à l'histoire de Diderick et de ses chevaliers un certain nombre de légendes détachées, qui certainement furent écrites à part. Par exemple, tel est l'effet que produit *Sigurd the Horny*, *Sigurde le Cornu*, qui semble avoir été dans l'origine un *saga* du Nord. M. Weber a donné l'analyse de cette étrange composition dans son ouvrage des *Illustrations des Antiquités septentrionales, tirées des anciens romans scandinaves et teutons ;* et cette question a été tout-à-fait éclaircie par les recherches du savant Von der Hagen, en Allemagne, et ceux de l'honorable William Heber en Angleterre.

Il suffit d'observer ici que ce Théodoric, qui possède cependant une force et un courage dignes de Charlemagne et d'Arthur, est représenté dans ce roman comme trouvant sa principale gloire moins dans ses exploits personnels que dans ceux de ses frères chevaliers, qui forment sa cour. Ses principaux compagnons ont tous un caractère distinctif. Maître Hildebrand, le *Nestor* de la troupe, comme le Maugis (*Merlin*) des paladins de Charlemagne, est en même temps magicien et chevalier. Hogan ou Hagan, né des amours d'un mortel et d'un démon de l'Océan, est le bouillant Achille de la confédération. C'est l'usage général des romanciers de finir par une catastrophe terrible, qui engloutit toute la bande des chevaliers dont ils ont raconté les exploits. La destinée qui vint fondre à Roncevaux sur les paladins de Charlemagne, et la bataille de Canelan, si funeste aux chevaliers de la table ronde, se reproduisent pour les compagnons de Diderick, par la fureur perfide de Crimhelda, épouse d'Ezzel, qui, pour venger le trépas de son premier mari, et pour assouvir son envie de devenir maîtresse des richesses de Niflunga ou des Bourguignons, attira par ses artifices la destruction sur la tête de tous ces héros. Weber remarque à ce sujet que ces fictions allemandes diffèrent de celles de la France, en ce que les héros germains sont plus féroces et ont des manières bien moins polies, et surtout en ce que ces premiers romans emploient souvent la féerie des *duergarf* ou *nains*, sorte de peuple souterrain auquel le *Hilden-Buch* attribue beaucoup de science, d'adresse, et de connaissances en magie : ce peuple pourrait bien avoir été le prédécesseur de nos fées écossaises.

ROMANS ITALIENS.

L'Italie, si long-temps le siège des connaissances classiques, cette contrée célèbre par la renaissance des lettres, paraît ne jamais avoir eu beaucoup de goût pour les romans gothiques. Les Italiens connurent, il est vrai, les formes et les institutions de la chevalerie, mais restèrent jusqu'à un certain point étrangers à son esprit, et ne furent pas grands admirateurs de sa littérature. Il existe, il est vrai, un ancien roman en Italie, appelé *Guérin le Malheureux*, mais nous doutons que celui-ci même soit d'origine nationale. Quand le peuple italien reçut des Français quelques notions sur les histoires si répandues alors de Charlemagne et de ses paladins, elles ne fixèrent l'attention des savans qu'après que Boiardo, Berni, Pulci, et surtout le divin Arioste, les eurent prises pour base de leurs célèbres poëmes romanesques : ainsi on vit ces mêmes fictions, qui d'abord avaient été écrites en vers, qui ensuite avaient été mises en prose, rétablies enfin dans tous les honneurs de la versification. Les poètes de l'Italie ne dédaignèrent pas d'imiter quelquefois le style diffus, long et épisodique des vieux romanciers. Ainsi l'Arioste tourmente le lecteur par ses innombrables digressions, et nous étonne ensuite par le talent inconcevable qu'il met à renouer les fils interrompus de son histoire, pour en former un seul et riche tissu. Mais les qualités et les fautes de la poésie romanesque formeraient à elles seules le sujet d'un long travail, et si nous en avons fait mention dans cet essai, c'est uniquement comme d'une branche sortie des romans, qu'elle surpassa bientôt par la pureté du goût et du style.

ROMANS ESPAGNOLS.

L'idée de roman paraît être essentiellement liée au nom de l'Espagne. Quand on songe à l'immortel ouvrage de Cervantès, on ne peut s'empêcher de penser que la patrie de Don Quichotte a dû être le véritable berceau de toutes les fictions. Cependant, si nous nous arrêtons à l'ordre des temps, l'Espagne fut un des pays de l'Europe où les romans furent reproduits le plus tard. Il était impossible que chez un peuple dont la langue était aussi poétique et aussi riche, chez un peuple aussi belliqueux et occupé de guerres qui réclamaient tout son génie et toute sa valeur, il n'existât pas de nombreux romans traditionnels sur les combats contre les Maures. Mais les écrivains nationaux paraissent s'être trop occupés ou de l'histoire de leur temps ou de l'histoire qui le précéda, et ils n'eurent pas le loisir de se placer sur le terrain des fictions proprement dites. Cela est tellement vrai, que nous n'avons pu trouver un seul roman espagnol, excepté les poëmes sur les aventures du Cid, qui appartienne au genre des compositions romanesques. La Péninsule donna cependant naissance à un genre de romans qui finit par atteindre un degré de popularité égal à tout ce qui avait précédé. *Amadis de Gaule*, composé, à ce qu'il paraît, par un chevalier portugais du quatorzième siècle, donna une impulsion toute nouvelle aux histoires chevaleresques, et fit même oublier les romans français en prose qui avaient eu le plus de succès en Europe. L'auteur d'*Amadis*, peut-être dans le but d'exécuter plus facilement les autres innovations qu'il méditait, et pour ne pas paraître contrarier trop ouvertement les idées reçues, renonça aux traditions usées d'Arthur et de Charlemagne, et se créa une autre dynastie de héros et de rois, auxquels il attribua des mœurs plus raffinées et des sentimens plus artificiels que n'étaient les mœurs et les sentimens célébrés par les auteurs de *Perceval*, ou *Perceforest*. Lobeira eut assez de tact pour voir que le vieux roman gagnerait beaucoup, si l'on pouvait y introduire une sorte d'unité. Il abandonna le cadre des anciens romans, où les aventures se suivent sans liaison d'un bout à l'autre du livre, et se terminent enfin, non pas suivant la volonté de l'auteur, mais parce que sa facilité d'invention ou la patience de l'imprimeur se trouvaient épuisées. Le romancier portugais, au contraire, se propose un certain but, et tous les incidens tendent à en presser ou à en ralentir l'accomplissement. C'est ainsi qu'il imagine le mariage d'*Amadis* et d'*Oriana*, contre lequel toutes les puissances infernales, ennemies de la chevalerie, conspirent tour à tour; des géants, des enchanteurs sont éternellement suscités contre cette union; mais tous ces obstacles cèdent à la valeur du héros et à la constance de sa dame, protégés, il est vrai, par ces magiciens philanthropes, ces sorciers bienfaisans qui déplaisent si fort au scrupuleux La Noue. Lobeira ne négligea pas non plus l'art des contrastes, et pour faire ressortir le caractère d'Amadis, il met en scène celui de don Galaor, son frère, prince libertin dont les aventures sont en opposition directe avec celles de son frère, plus sérieux. L'*Amadis* prouve que son auteur attachait une grande importance à des convenances de langage, qui nous paraîtraient maintenant l'excès même du ridicule, mais qui étaient regardées alors comme le dernier degré de l'élégance. C'est ici que nous voyons pour la première fois ces complimens hyperboliques, cette construction compliquée et difficile des phrases, qui donne au sens l'air d'être caché sous un masque.

L'*Amadis*, dans l'origine, formait quatre livres, et, réduit à cette dimension limitée, on peut dire que c'est un roman assez bien conduit; bientôt on y fit des additions qui en portèrent le nombre à vingt-quatre, renfermant l'histoire d'Amadis après que sa dame se fut montrée sensible, ce qui advint après sa mort, et enfin la chronique de ses mémorables descendans. Le sujet n'était pas épuisé encore. De même que les anciens ménestrels choisissaient pour héros de chaque nouvel ouvrage un nouveau chevalier d'Arthur ou de Charlemagne, de même leurs successeurs adoptèrent un nouveau descendant de la famille des Amadis, dont la généalogie grossissait ainsi à volonté. Si le lecteur veut apprendre les aventures d'*Esplandian*, de *Florimond de la Grèce*, et de *Palmérin d'Angleterre*, il peut avoir recours aux écrits de M. Southey, qui a abrégé *Amadis* et *Palmérin* en mettant le plus grand soin à respecter la manière et le style des originaux. Les livres d'Amadis devinrent bientôt si populaires, qu'ils firent oublier presque entièrement les anciens romans, quand ils parurent à la cour d'Angleterre, où ils furent introduits sous Henri II. Ce fut surtout contre l'extravagance de la fiction et l'étrange afféterie du style d'*Amadis* que Cervantès dirigea ses mordantes railleries. La bibliothèque presque entière de Don Quichotte est composée d'ouvrages de cette école, et sans doute les aventures du héros de la Manche contribuèrent puissamment à les faire passer de mode.

ROMANS FRANÇAIS.

La France fut le pays où fleurirent par excellence les romans et la chevalerie. Les originaux de presque tous les anciens romans, soit qu'ils se rapportent à l'histoire d'Arthur ou à celle de Charlemagne, existent en langue française, tandis que les autres nations ne possèdent que des traductions. On cessera de s'étonner de ce fait, si l'on se rappelle que ces anciens romans s'adressaient non-seulement aux Français, mais aussi aux Anglais, chez lesquels la langue française devint usuelle pendant les règnes des monarques anglo-normands. Il y a plus, on a prétendu, non sans quelque apparence de raison, que les ménestrels anglais adoptèrent pour sujet général de leurs poëmes, le roi Arthur, pour flatter les rois qui occupaient le trône de ce personnage imaginaire; tandis que de leur côté les ménestrels français choisirent Charlemagne et ses douze pairs, afin de faire leur cour aux souverains français qui avaient hérité de sa couronne. Cependant on cite comme une objection assez forte contre cette opinion, qu'avant la bataille de Hastings, ce fut le chant de guerre de Roland, neveu de Charlemagne, que fit entendre le ménestrel guerrier. Il paraîtrait ainsi que le duc de Normandie avait introduit en Angleterre, dès son invasion, ces mêmes romances, et on ne peut supposer alors que des ménestrels français les firent renaître beaucoup plus tard pour flatter l'orgueil national.

Il sera peut-être toujours impossible de savoir comment les ménestrels français reçurent les traditions d'Arthur et de Merlin, dont ils firent un si fréquent usage. Il n'est pas probable qu'ils les tinrent des Saxons.

Car c'était précisément contre les Saxons que le roi Arthur dégaina sa bonne épée *Excaliber*, en supposant qu'il ait existé jamais un tel roi et une telle épée. Nous savons, il est vrai, que les Bretons, comme toutes les autres races celtiques, aimaient passionnément la musique et la poésie, ce que démontrent les restes de l'ancienne poésie du pays de Galles, de l'Irlande, et des montagnes d'Écosse. Les aventures d'Arthur, nom célèbre parmi eux, ainsi que la tradition obscure de Merlin, peuvent avoir été répétées vaguement dans l'Armorique, chez les demi-Bretons de la frontière de l'Écosse, ou dans le Cumberland : et, ainsi conservées, ces notions auraient été recueillies par les ménestrels normands, dans le territoire que leur nation venait de conquérir, ou dans leur patrie même. Des légendes de ce genre, une fois découvertes et rendues populaires par le goût du public, donnèrent naissance à une foule d'imitations. Ces imitations furent bientôt mêlées à une foule de fictions, qui, embellies par l'imagination des ménestrels, prirent, avec le temps, les formes et les proportions d'un système complet d'histoire fabuleuse, comme l'on voit les vapeurs du matin, sous l'influence du soleil, revêtir l'aspect de villes et de forteresses. Nous savons que l'histoire de sir Tristan, mise en vers, dans l'origine, par Thomas le Rimeur d'Erceildoune, était fondée sur des traditions galloises, quoique écrite par un poète saxon : on peut supposer que les ménestrels de ce temps s'occupaient plutôt d'acquérir de la gloire en donnant un caractère de nouveauté à leurs ouvrages, que de rechercher scrupuleusement s'ils avaient le droit d'emprunter leurs récits à leurs voisins. Quand une fois la première pierre fut posée, chaque ménestrel y apporta la sienne pour achever l'édifice. L'idée d'une association de chevaliers se réunissant autour d'un seul roi avait quelque chose de si flatteur pour l'orgueil royal, que tous les princes de l'Europe voulurent se mettre à la tête d'une institution de ce genre : mais souvent l'origine historique de ces institutions s'est totalement perdue. M. Sharon Turner a prouvé que l'examen de la question ferait plutôt admettre que rejeter l'existence du roi Arthur; car les noms de Gawain, son neveu, de Génevra, sa chaste épouse, de Mordred et de Merlin, ont été conservés dans la tradition galloise. Les amours de Tristan et d'Isolde dérivent peut-être d'une source semblable, et cette histoire, quoique formant un récit séparé, aura été confondue, par la suite, avec les aventures du roi Arthur. Mais il n'est pas douteux que, à l'exception des noms, tout le reste de l'histoire n'ait pris naissance dans l'imagination des romanciers.

On pourrait croire que les romans qui célèbrent les hauts faits de Charlemagne devraient présenter plus de réalité que ceux du roi Arthur, puisque ces derniers se rapportent à un monarque dont l'existence même n'est pas prouvée, tandis que les premiers ont trait à l'histoire certaine d'un conquérant fameux. Mais ces deux sortes de romans sont également fabuleux. Il est très-vrai que Charles eut un officier de ses armées qui se nommait Roland, qui fut tué avec d'autres seigneurs dans le défilé de Roncevaux, en combattant, non pas les Sarrasins ou les Espagnols, mais bien les Gascons. Voilà peut-être le seul point où l'histoire réelle de Charlemagne s'accorde avec celle de ses romanciers. Roland était préfet de la Bretagne, et sa mémoire fut long-temps conservée dans le chant de guerre qui porte son nom. Un chroniqueur, appelé Turpin, composa, dans le douzième siècle, une histoire romanesque de Charlemagne. On ne sait pas si Turpin a su profiter des fictions que les anciens romanciers avaient inventées avant lui; mais Turpin, de son côté, a fourni, par sa chronique, aux poètes qui vinrent après son époque, la matière de nouvelles amplifications. Le caractère personnel de Charlemagne a été beaucoup altéré dans les écrits des auteurs romanciers, bien qu'ils aient quelquefois exagéré sa puissance et ses victoires. Ils lui ont donné un caractère irritable, avide de flatterie, ingrat envers ses plus fameux paladins, et continuellement dupé par les artifices du comte Gan, ou Ganelon de Mayence, ce renégat à qui les romans attribuent la journée funeste de Roncevaux et tous les malheurs de Charlemagne. Ce tableau défavorable du caractère de ce prince conserve sans doute encore quelques-uns de ses traits; mais on ne peut admettre qu'il nous offre l'image fidèle du vainqueur des Lombards et des Saxons, encore moins qu'il ait été imaginé pour flatter les princes de la maison de Valois, en leur montrant le portrait infidèle de leur illustre prédécesseur.

Cependant le fait que Roland était gouverneur de la Bretagne, et la certitude où nous sommes que Marie a trouvé dans ce pays les sujets d'où elle a tiré ses poésies, paraît fortifier l'opinion de ceux qui pensent que les ménestrels français tirèrent aussi leurs plus précieuses conceptions de la Bretagne, et que, malgré tout ce qui a été dit et répété sur cette question, l'histoire d'Arthur leur parvint peut-être par cette même voie.

Ce sont les auteurs latins du moyen âge qui ont fourni aux romanciers les sujets de leurs chants sur des sujets empruntés à l'antiquité classique.

ROMANS ANGLAIS.

L'Angleterre, tant de fois soumise, et destinée, pour ainsi dire, à puiser de nouvelles forces dans chaque invasion nouvelle, ne peut se vanter d'une bien ancienne littérature. Sous ce rapport, elle est tout-à-fait inférieure à la France. Sans doute, les Saxons avaient aussi leurs romans (en prenant ce mot dans toute son extension), et Turner, aux recherches duquel nous sommes si redevables, a donné l'abrégé d'un de ces romans appelé *Caedman*, dans lequel le héros, après beaucoup d'aventures, qui sont racontées assez généralement dans le style des *norse sagas*, rencontre, attaque et enfin tue un monstre malfaisant appelé Grendel, qui, s'il n'avait été soumis à la puissance de la mort, paraîtrait avoir été un être surnaturel. La littérature saxonne fut bouleversée par les victoires de Guillaume-le-Conquérant, et les barons et chevaliers normands se faisaient réciter pour leur plaisir, non les complaintes des vaincus, mais les chants de leur patrie. Sous ce point de vue, l'Angleterre a droit de réclamer une foule de romans français qui furent composés en français, non pour la France, mais pour le roi et les barons de l'Angleterre, qui tous venaient de la France et en parlaient le langage. Quand les deux langues furent confondues et formèrent ce dialecte qu'on appela anglo-normand, il est clair que ce dialecte lui-même fut consacré aussi à des fictions romanesques qu'on récitait devant les barons vainqueurs.

Robert de Brunne composa son Histoire d'Angleterre à peu près dans ce temps.

Si l'éditeur du roman de *Sir Tristan* a raison, il en

résulte que, du temps de Robert de Brunne, les ménestrels ou poètes, auteurs de la vieille poésie anglaise, celle qu'on destinait à être chantée devant les grands, se servaient d'une sorte de mesure ou de *stance*, d'une composition difficile et sujette à être tronquée dans le débit. Le style de *Sir Tristan*, comme nous le connaissons aujourd'hui, suffit pour faire voir qu'il y avait beaucoup d'art dans l'arrangement de la strophe, que l'expression en est souvent travaillée et prétentieuse, et qu'elle se rapproche davantage de la méthode saxonne que de la manière plus concise et plus hardie des ménestrels de France. Outre *Sir Tristan*, nous avons encore deux exemples de *gestes* composés en *estrange et singulier anglais*, d'une style fort soigné, écrites d'après des règles de versification compliquées et difficiles, et dont l'effet général n'est pas agréable. Toutes deux sont d'origine écossaise, ce qui s'explique en effet très-bien par le fait que dans les provinces saxonnes de l'Écosse, comme à la cour de ce royaume, jamais on ne parla français. Il est donc probable alors, qu'en Écosse on se servait plus souvent de la langue anglaise, et qu'on la cultivait davantage que dans le pays voisin, où, pendant long-temps, elle fut étouffée par le dialecte de la conquête. Ces romans, dont les titres sont *Sir Gawain*, *Sir Gologras*, et *Sir Galeran de Galloway*, ont une physionomie tout-à-fait originale, et montrent un véritable talent poétique. Mais l'usage barbare de faire entrer forcément dans le texte des mots étranges, pris dans des sens divers et détournés, rend la construction du style très-dure et très-difficile à saisir.

Le règne des ménestrels et de leurs compositions paraît avoir fini du temps de Henri VIII. Il nous reste un tableau de leur situation misérable, qui se rapporte à Richard Sheale, et qu'on ne peut lire sans pitié, surtout si on se rappelle que ce fut à lui que nous devons d'avoir sauvé de l'oubli, peut-être même d'avoir composé la célèbre ballade héroïque de *Chevy Chace*, qui faisait battre le cœur de sir Philip Sidney comme le son d'une trompette. Ce pauvre ménestrel fut attaqué et dévalisé sur la bruyère de Dunmore, et, chose honteuse, il ne put jamais faire entendre au public qu'un nourrisson des muses ait pu posséder en poche la somme de vingt louis, qu'il se plaignait qu'on lui eût enlevée. La description qu'il donne de l'influence de cette aventure malheureuse sur son caractère est assez triste, mais en même temps elle a quelque chose de plaisant.

Enfin, l'ordre des ménestrels fut complètement aboli par le statut de la trente-neuvième année d'Élisabeth, qui les mit sur la ligne des mendians et des vagabonds, et, dans cette honteuse fraternité, les ménestrels ne figuraient qu'en qualité de joueurs d'instrumens, pour accompagner la voix. On voit un personnage de ce genre dans la pièce de *M. Thomas*, sous la figure « du vieux joueur de violon et chansonnier. » Les romances qu'ils chantaient perdirent aussi leur réputation, quoique cependant il s'en soit conservé plusieurs des plus célèbres et des plus populaires dans les livres qu'on appelait *chaps books*, cruellement raccourcies et altérées. Il y a environ soixante ans, on donna le sobriquet de *Rosewal and Lilian* à un individu qui se l'était attiré en chantant cette romance dans les rues d'Édimbourg, et ce fut le dernier des ménestrels.

Si les romans en vers de l'Angleterre tout-à-fait originaux sont en fort petit nombre, les romans en prose sont moins nombreux encore. Sir Thomas Malory a fabriqué, avec divers matériaux français, son roman de *la Morte d'Arthur*, incontestablement le meilleur roman de ce genre que possède notre langue. Il existe aussi un Arthur de la Petite Bretagne, et lord Berners est l'auteur de la compilation des *Chevaliers du Cygne*. Les livres d'Amadis furent aussi traduits en anglais. Mais on peut révoquer en doute que notre nation ait jamais mis à la lecture de ces souvenirs d'amour et d'honneur chevaleresques ce degré d'intérêt qu'on lui accordait en France. Ils étaient en petit nombre, et les grandes questions politiques qui agitèrent cette contrée ont détourné l'attention publique de ces ouvrages, source de tant de plaisir sous le système féodal, auquel ils n'ont pas survécu.

Ce serait maintenant le lieu de dire quelque chose de ces genres si variés de romans, qui ont succédé aux romans de chevalerie; mais nous ne pouvons ici que faire une mention de quelques-uns de ces ouvrages qui, depuis long-temps, sont oubliés, et dont il faut bien se garder de troubler le repos.

ROMAN PASTORAL.

Même du temps de Cervantès, le roman pastoral, qui date de la Diane de George de Monte Mayor, était assez répandu pour qu'il le jugeât digne de ses traits sarcastiques. Ce genre choquait encore plus le bon sens et la vérité que les romans de chevalerie. Les idées des chevaliers, tout exagérées et fausses qu'elles aient été, n'en ont pas moins exercé une influence réelle sur les hommes, et quelquefois elles décidèrent du sort des empires. Sans doute *Amadis de Gaule* est un personnage d'imagination : mais le *chevalier Bayart* a bien réellement existé.

Dès lors, rien dans ce monde de plus absurde, de plus complètement intolérable, que d'inventer une *Arcadie*, région toute pastorale, peuplée d'une espèce de gens amoureux en permanence, ne songeant jamais à autre chose qu'à la reine de leur cœur ; et, ce qu'il y a de plus singulier, habitée par des bergers qui, tout en prenant soin de leurs troupeaux, jouent de la flûte et font des sonnets du matin au soir.

ROMANS HÉROÏQUES.

Il existe une autre classe de romans, une des plus populaires autrefois, celle qui portait le nom de romans héroïques du dix-septième siècle. Si l'ancien roman de chevalerie doit être regardé comme le père de toutes ces fictions séduisantes et délicieuses que le génie des poètes de l'Italie a si bien retracées, un autre de ses descendans, le roman héroïque, constitue, à peu d'exceptions près, le genre le plus plat et le plus ennuyeux qui ait jamais été de mode. Le vieux roman de *Théagènes et Cariclée* a servi de modèle. Mais ce genre a emprunté ses formes les plus caractéristiques aux romans de chevalerie. Un homme d'une imagination fantasque, Honoré d'Urfé, ouvrit la carrière. Comme il avait le projet de faire l'histoire de quelques intrigues amoureuses fort compliquées qui s'étaient passées dans sa famille, et dont ses amis avaient été les acteurs, il se créa à lui-même une sorte d'Arcadie, sur les rivages du Lignon, où, suivant lui, on vivait d'amour et pour l'amour seul. Il existe ainsi deux histoires principales, qu'on dit être la description de la famille d'Urfé et de celle de son frère, avec la bagatelle de trente épisodes, qui ne sont autre chose que le récit des intrigues galantes de la cour de Henri IV, sous des noms supposés. Mais tout ceci n'est encore qu'un seul exemple du roman pastoral. Bientôt il devint si populaire, que trois autres auteurs français, Gonberville, La Calprenède, et madame Scudéri, se mirent à en composer, et bientôt ces écrivains publièrent une foule de formidables in-folios sur le modèle de ce roman pastoral. Dans ces insipides ouvrages, des caractères entièrement conventionnels, et un certain air de famille dans les mœurs et les manières, sont appliqués à une galerie de personnages de siècles et de pays tout différens. Les héroïnes, sans aucune exception, sont toutes des modèles de beauté. Elles sont armées d'une telle vertu, que le téméraire qui les aborde avec la plus timide déclaration est à l'instant banni sans rémission de leur chaste présence. Heureusement, dans la majorité des cas, on a le soin de prévenir l'audacieux qu'on lui permet de vivre, ou plutôt qu'on le lui commande, car, pour ces fades soupirans, l'absence et la mort sont choses synonymes. De l'autre côté, les héros de ces romans, quelques royaumes qu'ils puissent avoir à gouverner, ou quelques autres devoirs de ce monde qu'ils aient à remplir, vivent pendant la durée de plusieurs in-folios, uniquement pour aimer, et les plus étranges révolutions qui agitent le monde ne proviennent jamais que de l'effet incroyable des charmes de Statira ou de Mandane sur le cœur de leurs fades adorateurs. Rien de plus glacial que le style de leurs extravagantes déclarations, ou, pour parler leur langage, rien de plus rampant que le vol de leur passion, rien de plus froid que leur feu. Et cependant toute cette galanterie métaphysique eut son règne, et un règne fort long en Angleterre comme en France. Dans notre pays, ce style amusait encore nos grand'mères pendant l'âge d'or de notre littérature, lorsque brillaient l'esprit critique d'Adisson et l'imagination de Pope. Il ne disparut complètement que vers le règne de George I*er*, et plus tard encore mistress Lennox, la protégée de Johnson, composa une excellente imitation de Cervantès, sous le titre de Don Quichotte femelle. Ces fictions sentimentales sont complètement oubliées aujourd'hui.

Le roman moderne, ennobli par les productions de tant de grands maîtres, exige à lui seul un examen plus étendu.

BIOGRAPHIE LITTÉRAIRE

DES

ROMANCIERS CÉLÈBRES.

AVERTISSEMENT DE L'AUTEUR.

Ces esquisses biographiques et critiques (car elles ne méritent pas un nom plus important) furent composées pour servir de préface à une collection appelée la *Bibliothèque des romanciers de Ballantyne*; ouvrage entrepris par M. John Ballantyne, libraire d'Edimbourg, qu'il était difficile de connaître sans désirer lui être agréable. Elle fut continuée après sa mort, par MM. Hurst et Robinson de Londres, en quelque sorte au profit de mistress Ballantyne : on a cru pouvoir depuis faire une chose utile en publiant ces notices préliminaires en un corps d'ouvrage : il est nécessaire de faire observer que l'auteur n'a pas la prétention d'avoir fait beaucoup de recherches, ayant eu recours aux matériaux les plus accessibles. Sous le rapport de la critique, les réflexions qui suivent la partie biographique sont telles qu'elles se sont présentées sans étude profonde à un écrivain qui n'a peut-être passé qu'une trop grande partie de son temps dans ces délicieux pays de féerie.

Abbotsford, 1er septembre 1825.

NOTICE

BIOGRAPHIQUE ET LITTÉRAIRE

SUR

ALAIN-RENÉ LESAGE.

En commençant l'esquisse biographique de Lesage, nous sommes forcés, ainsi que nous l'avons fait dans plus d'une occasion, d'exprimer le vain regret de n'avoir que peu de détails sur un auteur aussi remarquable. Les hommes d'un génie supérieur, que notre admiration voudrait pour ainsi dire canoniser après leur mort, ont le sort de ces saints personnages qui, ayant passé leurs jours dans l'obscurité, la pauvreté et les macérations; méprisés et souvent persécutés, obtiennent, dès qu'ils ne sont plus, des châsses précieuses pour la conservation de leurs moindres reliques. La vie de Lesage, comme celle de tant d'autres auteurs qui ont libéralement contribué aux récréations innocentes de leurs semblables, fut laborieuse, ignorée, et à peine si ses travaux littéraires suffirent pour la soutenir.

Alain-René LESAGE naquit dans un village voisin de la ville de Vannes en Bretagne (1), le 8 mai 1668. On ne sait pas au juste quelle était la profession de son père; mais, comme il laissa quelque fortune à son fils, on peut conjecturer qu'il n'était pas dans les derniers rangs de la société (2). Malheureusement, orphelin de bonne heure, Lesage tomba sous la tutelle d'un oncle si indifférent pour un des devoirs les plus sacrés de la société, qu'il négligea en même temps la fortune et l'éducation de son pupille. Ce dernier désavantage fut réparé en grande partie par l'affection du père Bochard, jésuite et principal du collège de Vannes. Les talens que montrait le jeune Lesage l'intéressèrent en sa faveur, et il prit plaisir à cultiver son goût pour la littérature. Il paraît cependant que Lesage n'eut que fort tard l'occasion de mériter la bienveillante attention du père Bochard, puisque lorsqu'il vint à Paris, en 1693, dans sa vingt-cinquième année, le grand objet de son voyage était de continuer ses études en philosophie, sans qu'on sache quelles étaient d'ailleurs ses vues pour l'avenir.

Doué d'une humeur douce et gaie, jeune, et favorisé, dit-on, de tous les avantages extérieurs, Lesage ne tarda pas à ressentir l'influence de l'atmosphère de Paris. Il fut bientôt répandu dans le monde, et se distingua par une intrigue avec une femme d'un rang élevé, qui, nous disent ses biographes, partagea avec lui son cœur et sa fortune. On ne nous dit pas comment se termina

---

(1) A Sarzeau, dans la presqu'île de Rhuys, fameuse surtout par l'abbaye de Saint-Gildas, dont Abailard fut prieur. — ÉD.

(2) Claude Lesage était avocat, notaire, et de plus greffier à la cour royale de Rhuys. Sa femme s'appelait Jeanne Brenugat de son nom de fille. — ÉD.

cette aventure, à laquelle succéda un engagement plus noble et plus sérieux. Lesage devint amoureux d'une jeune personne fort agréable, fille d'un menuisier de la rue de la Mortellerie (1), l'épousa, et depuis cette époque chercha le bonheur, et le trouva dans les affections domestiques. Il eut de cette union trois fils dont nous aurons à nous occuper par la suite, et une fille dont la piété filiale fut constamment et uniquement occupée à contribuer au bonheur que son père goûtait dans le sein de sa famille.

Lesage, après son mariage, continua à fréquenter les cercles de Paris où les littérateurs étaient admis comme des hôtes bienvenus; il paraît qu'il sut s'attacher des amis sincères et zélés. L'abbé de Lyonne (2), entre autres, s'est acquis des titres non-seulement à la reconnaissance personnelle de l'auteur, mais encore à celle de la postérité. Il fit don à Lesage d'une pension de six cents livres, et lui fit en outre plusieurs présens d'une valeur considérable. Mais il lui rendit un service bien plus essentiel, en appelant son attention vers la littérature espagnole, que Lesage devait dans la suite allier si heureusement à celle de la France.

Les événemens politiques de l'Espagne avaient imprimé à sa littérature un cachet d'originalité. La proximité de tant de petits royaumes si fréquemment agités

(1) Quelques biographes de nos jours ont découvert que le beau-père de Lesage n'était pas un menuisier, mais un bourgeois nommé Huyard. Ce bourgeois, peu riche, avait pu exercer un métier auparavant et s'être *retiré*. — Éd.

(2) L'abbé Jules-Paul de Lyonne, fils aîné de Hugues de Lyonne, ministre des affaires étrangères et secrétaire d'état. Il avait été abbé de Marmoutiers, et mourut à Paris le 5 juin 1721, prieur de Saint-Martin-des-Champs. — Éd.

par des guerres intestines donnait lieu à beaucoup d'aventures individuelles, qui n'auraient pu arriver sous la loi d'un seul gouvernement régulièrement établi. L'héroïsme romanesque de la chevalerie, si chère aux Espagnols, le voisinage des Maures, qui avaient apporté avec eux les fables brillantes et la bizarre mais riche imagination de l'Arabie-Heureuse, la violence toute particulière de l'amour et de la vengeance dans les cœurs espagnols, leur passion de l'honneur, leur implacable cruauté, mettaient tous les matériaux du roman sous la main de celui qui voulait y avoir recours. Si ses personnages paraissaient quelquefois gigantesques ou forcés, l'écrivain trouvait son apologie dans le caractère de la nation chez laquelle il choisissait le lieu de la scène. Si les incidens étaient extravagans ou improbables, un pays dans lequel Castillans et Aragonnais, Espagnols et Maures, musulmans et chrétiens, avaient été en guerre pendant tant de siècles, pouvait fournir à l'histoire elle-même des événemens réels, qui autorisaient dans le roman les inventions les plus hardies. Et il est impossible de ne pas faire observer ici que les Français, le peuple le plus gai de l'Europe, ont fondé leur théâtre d'après les formes d'une éloquence déclamatoire, dénoncée comme intolérable par toutes les autres nations, pendant que les Espagnols, graves, sérieux et compassés, ont été les premiers à introduire sur la scène tout le mouvement des intrigues les plus compliquées, les enlèvemens, le masque et l'échelle de soie, les cabinets secrets, la lanterne sourde, les trappes, et enfin tous les élémens d'une action précipitée. Leur inépuisable imagination les a si bien servis en cela, que leur théâtre est à lui seul une mine que les auteurs dramatiques de tous les pays ont exploitée sans cesse depuis des siècles, et qu'ils exploitent encore sans beaucoup courir le risque d'être découverts.

Lesage ne tarda pas à essayer de mettre à profit sa connaissance des pièces espagnoles. Il traduisit de l'original de don Francisco de Rojas *le Traître puni* (1), ouvrage qui ne fut point représenté, mais imprimé en 1700. Il emprunta aussi à Lope de Véga (2) un autre drame intitulé *Don Félix de Mendoce*, qui ne fut pas joué non plus, ni imprimé, jusqu'à ce que Lesage publiât lui-même son *Théâtre* en 1739.

Le Point d'Honneur (3), traduit aussi de l'espagnol, fut représenté au Théâtre-Français en 1702, et sans succès. C'était une satire contre les règles pédantesques et vétilleuses auxquelles était soumise anciennement la discussion de ce qu'on appelle des *dépendances* personnelles ; alors qu'on se querellait selon les principes, et qu'on arrangeait un duel d'après les lois de la logique. Déjà dans le siècle des Shakspeare et des Beaumont

---

(1) *La Traicion busca el castigo* (La trahison cherche le châtiment). Don Francisco de Rojas, poëte dramatique, rival de Calderon dans les pièces d'intrigue, écrivait vers le milieu du dix-septième siècle. — ÉD.

(2) Lope de Vega Carpio, le Shakspeare de l'Espagne, et l'auteur le plus fécond, sans contredit, de tous les auteurs connus. On compte seulement dix-huit cents pièces de lui, sans parler des poëmes, etc. — ÉD.

(3) *No hay amigo para amigo* (il n'y a pas d'ami pour ami), de Francisco de Rojas, sujet déjà traité par Scarron dans *Jodelet duelliste*, et qui a fourni aussi une scène plaisante à Shakspeare, dans le dernier acte de sa comédie *As you like it* (Comme il vous plaira), où il fait allusion au livre très-connu publié en 1594 par un certain Vincentio Saviolo, et intitulé *de l'Honneur et des querelles honorables*, in-4°. — ÉD.

et Fletcher (1), le théâtre anglais avait fait justice de cette fantasque manie; mais c'était alors un ridicule presque oublié sans doute à Paris, et dont la satire ne pouvait produire son effet sur la scène au commencement du dix-huitième siècle. *Le Point d'honneur* n'eut que deux représentations.

En 1707, *Don César Ursin* (2), comédie tirée de l'espagnol de Calderon, et traduite par Lesage, fut jouée et sifflée sur le Théâtre-Français. Pour dédommager l'auteur, l'amusante farce (3) de *Crispin rival de son maître*, que Garrick a introduite sur la scène anglaise sous le titre de *Neck or nothing* (4), fut accueillie par le même auditoire avec les applaudissemens les plus bruyans. Il est assez extraordinaire pour un auteur dramatique d'être applaudi et sifflé le même jour pour deux pièces différentes; mais la destinée de Lesage fut encore plus singulière. *Don César*, comme nous l'avons dit, tomba à la ville, et *Crispin* fut applaudi. A la cour le jugement fut renversé, on applaudit la comédie, et l'on siffla la farce sans miséricorde. Le temps a confirmé la décision des Parisiens et annulé celle de Versailles.

(1) Auteurs qu'on pourrait appeler l'Oreste et le Pilade des poètes dramatiques. — ÉD.

(2) *Peor esta que estava* (de mal en pis). Don Pedro Calderon de la Barca, presque aussi fécond que Lope de Vega, a les mêmes défauts et le même genre de beauté. Corneille lui doit *Héraclius*.
ÉD.

(3) La cour l'appela ainsi. Sir Walter Scott aurait employé un terme plus noble pour parler de cette comédie; mais le terme de *farce* en anglais est moins trivial que chez nous, et s'applique souvent aux petites pièces qu'on joue à la fin d'une représentation. — ÉD.

(4) *Neck or Nothing* ne fut jouée que six ou sept fois, puis oubliée. — ÉD.

Lesage fit encore une autre tentative dans la comédie régulière. Il traça dans son *Turcaret* le portrait comique, quoique odieux, d'un financier qui s'est élevé du rang le plus bas de la société à force d'usure et de fourberies, prodigue de ses richesses toutes récentes pour une maîtresse de qualité qui le dupe, et refusant d'accorder le moindre secours à l'extrême indigence de sa femme et de ses plus proches parens. Les financiers, comme hommes d'affaires, et à cause de leur richesse même, ont toujours eu beaucoup d'influence à la cour. Il paraît qu'ils firent usage de ce crédit pour empêcher, pendant quelque temps, qu'on ne mît sous les yeux du public une personnification aussi odieuse de leur corps. La défense fut levée par un ordre de Monseigneur (1), en date du 13 octobre 1708. Pendant que la pièce était encore dans son portefeuille, Lesage eut l'occasion de montrer combien il était peu courtisan. On l'avait pressé de lire sa comédie manuscrite à l'hôtel de Bouillon. La lecture devait commencer à midi; mais au jour convenu le jugement d'un procès qui était d'une grande importance pour lui l'empêcha de s'y rendre avant deux heures. Lorsqu'il parut à la fin il voulut s'excuser; mais la duchesse de Bouillon le reçut froidement, et lui fit observer avec hauteur que la société avait perdu deux heures à l'attendre : — « Madame, vous avez perdu deux heures, dit Lesage : il est bien facile de vous les faire regagner, et pour cela je ne lirai point ma comédie. »

Il sortit de l'hôtel, et depuis on ne put jamais le persuader d'y remettre les pieds. *Turcaret* fut joué et réussit, en dépit de la cabale formée contre la pièce par tous ceux qui tenaient à la finance. L'auteur, à l'imitation

---

(1) Le grand dauphin, fils de Louis XIV.

de Molière, y ajouta une sorte de critique dramatique, dans laquelle il défend son ouvrage contre les censures dont il avait été l'objet. Les interlocuteurs de cet intermède étaient don Cléofas et le Diable boiteux. Il les fit paraître sur le théâtre comme témoins invisibles de la représentation de *Turcaret*, pour parler dans les entr'actes, comme le font les spectateurs supposés dans la comédie de Ben-Jonson, *Every man out of his humour* (1). Le but de ce dialogue était de célébrer le triomphe de l'auteur, et de tourner en ridicule la cabale vaincue. Nous voyons dans le cours de cette conversation qu'outre les amis de l'auteur et les amis de ses amis, on fut obligé d'établir un piquet de la police pour contenir la colère des commis et des autres subalternes du département de la finance (2). Asmodée soutient parfaitement son caractère satirique, et fait observer à don Cléofas, à propos d'une dispute violente entre les amis de la pièce et ses adversaires, qu'à mesure que la querelle s'échauffe, un parti dit de la comédie beaucoup plus de mal qu'il n'en pense, et que l'autre en pense beaucoup moins de bien qu'il n'en dit.

Il paraît que *Turcaret* fut la seule pièce originale que Lesage composa d'après les règles de la comédie française; et, quoiqu'elle offre une satire très-piquante, le principal personnage sur lequel tout repose est rendu trop vil et trop méchant pour être ridicule ou vraiment comique. *Turcaret* est effectivement rendu si odieux, qu'on a dit que la vengeance avait broyé les couleurs

---

(1) *Chacun hors de son caractère.*

(2) Nous avons vu de nos jours les Calicots s'insurger contre la pièce intitulée : *le Combat des montagnes*. — Éd.

du portrait. Il courut même dans le temps le bruit, sans preuves, que Lesage, privé par un traitant d'une place dans les fermes, avait composé cette satire dramatique pour se venger de tout le corps des *maltotiers*. Il est probable que Lesage reçut en effet des offres d'avancement, car il répétait souvent à ses fils qu'il avait refusé des emplois où beaucoup de gens faisaient leur fortune, mais dans lesquels sa conscience ne lui aurait pas permis de s'enrichir. Ces expressions sont trop vagues pour qu'un biographe puisse en rien conclure. Cependant elles semblent devoir rendre très-peu vraisemblable que Lesage ait jamais été le secrétaire d'un fermier général.

Ses rapports avec le Théâtre-Français, le seul où il fût possible de faire jouer des pièces régulières du genre de *Turcaret*, furent rompus peu de temps après. Lesage avait présenté en 1708 une petite pièce en un acte intitulée *la Tontine* (1); elle ne fut jouée qu'en 1732; quoique la cause de ce retard ne soit pas bien connue, il est certain que l'auteur en fut très-piqué. Lesage était de plus indigné des airs de supériorité que les acteurs prenaient vis-à-vis des hommes de lettres; et il s'en est amplement vengé dans ses romans, en peignant la profession théâtrale sous des couleurs peu flatteuses.

Il est plus probable que ses premiers essais dramatiques furent malheureux, parce que, par les incidens et les situations, ils étaient fondés sur les plans d'intrigue du théâtre espagnol, que les Parisiens ne pouvaient goûter, accoutumés comme ils l'étaient, grace

---

(1) Lesage, dit-on, fit jouer *la Tontine* à la foire de Saint-Laurent, sous le titre d'*Arlequin colonel*. Elle a été reproduite depuis au théâtre des Variétés sous un troisième titre. — Éd.

au divin Molière, à des comédies de caractères et de sentimens naturels. *Turcaret*, mieux adapté au goût du jour, fut aussi mieux accueilli; mais les scènes sont si faiblement liées entre elles, et l'intrigue est d'un si mince intérêt, qu'on peut le regarder comme une satire dramatique plutôt que comme une comédie proprement dite. Après tout, ceux qui auront la patience de lire les pièces de Lesage ne seront pas surpris qu'il ait échoué comme poète dramatique. Pour plus d'ordre et de clarté, nous allons suivre jusqu'au bout la carrière dramatique de Lesage ; et nous pouvons d'autant mieux nous borner à un aperçu rapide, qu'il n'y a plus guère de ses pièces qui méritent de nous arrêter long-temps.

En abandonnant le théâtre national, Lesage offrit sa plume aux théâtres secondaires, appelés théâtres de la foire. N'ayant ni la prétention ni le droit de donner au public des drames réguliers, ils se contentaient de jouer des vaudevilles et des intermèdes chantés, dont la musique devait être le principal attrait.

Ces théâtres secondaires étaient une espèce de perfectionnement des théâtres de marionnettes, et autres spectacles des deux grandes foires de Saint-Laurent et de Saint-Germain. C'était même sous ce prétexte que le directeur et les acteurs de la foire essayaient d'éluder le monopole dont jouissait le Théâtre-Français, étant tour à tour libres ou restreints dans leurs priviléges, selon les protections qu'ils pouvaient se procurer à la cour. On finit par donner le nom d'opéra-comique à ces pièces représentées sur le théâtre de la foire; Lesage en était l'ame; il composa seul, ou avec le secours de ses amis Dominique et Fuselier, plus de cent de ces intermèdes, farces, et petites pièces qui coûtaient si peu d'efforts à un génie aussi inventif que le sien. Le caprice populaire décidait de leur chute ou de leur succès, mais les auteurs ne perdaient jamais une occasion de parodier et de tourner en ridicule les *Romains*, car c'est ainsi qu'on appelait en style de la foire les acteurs des théâtres réguliers. Ces pièces devinrent si lucratives, que Lesage, alors père de famille, en joignant à ce qu'elles lui rapportaient le produit de ses autres publications, put désormais vivre dans une honnête aisance, et indépendant.

En 1721, l'opéra-comique de la foire fut supprimé pendant un temps. On fit plusieurs tentatives pour continuer cette entreprise et éluder la défense sous divers prétextes. D'abord, Francisque le directeur, pour qui Lesage avait long-temps travaillé, fit représenter sur son théâtre des pièces en monologues, où un seul acteur paraissait à la fois. Lesage et Fuselier, naguère ses associés, eurent recours à une autre invention; ils jouèrent comme par le passé leurs pièces dialoguées et en musique, mais en se servant de marionnettes au lieu d'acteurs, idée qui depuis vint aussi à Fielding. Ces théâtres rivaux poursuivirent leurs entreprises séparées, en dépit des comédiens français et de leurs attaques mutuelles, car il y eut entre eux quelques escarmouches.

Dans *Arlequin Deucalion*, pièce en monologue écrite par le célèbre Piron, Lesage et son camarade Fuselier sont tournés en ridicule par le jeu de mots qui suit: on demande à Polichinelle « pourquoi *le fou* ne dirait-il pas de temps en temps de bonnes choses, puisque *Lesage* de temps en temps en dit de si mauvaises? » — Dans la même pièce Arlequin jette une paire de pistolets dans la mer, souhaitant qu'on n'entende plus parler de pistolets, de fusil, ni de Fuselier (*fusilier*). De pareilles plaisanteries ne tuent certes personne, et il est probable qu'elles ne furent pas plus capables de troubler la bonne humeur de notre auteur, que de faire tort à sa réputation. Dans l'espace de deux années la prohibition de l'opéra-comique fut rapportée, et Lesage reprit le cours de ses travaux littéraires en faveur de ce théâtre, auquel il resta attaché jusqu'en 1738. Ce fut dans cette année qu'il produisit trois pièces, qui furent probablement ses dernières compositions dramatiques, car il avait alors atteint l'âge de soixante-dix ans.

On a dit de Lesage qu'il n'est point d'auteur dont les écrits soient plus généralement connus et admirés que ceux qu'on cite de lui, comme il n'y en a point d'aussi complètement inconnus ou oubliés que ceux qui ont été reçus avec indifférence. Dans cette dernière classe il faut ranger toutes ces pièces légères dont nous avons parlé, et qui forment cependant une partie si essentielle des travaux de toute sa vie. La plupart n'ont jamais été imprimées, et de celles qui le furent il en est très-peu qu'on lise maintenant. Rien de plus léger que le fond de ces ouvrages. Le caprice du jour, un accident remarquable, un ouvrage qui faisait sensation, lui fournissaient son canevas. Les airs, de même que ceux de l'*opéra du Gueux* (1), sont empruntés aux ponts-neufs et aux vaudevilles les plus populaires. En même temps on y rencontre des traits d'esprit, de naturel et de comique, car pouvait-il en être autrement, même dans les ouvrages les plus médiocres de Lesage? Les critiques français, qui sont incontestablement les meilleurs juges

(1) *Beggar's opera* (de Gay), qui s'est maintenu aux théâtres de Londres. — Éd.

en cette matière, ont pensé qu'à en juger par *Turcaret*, Lesage serait arrivé à la perfection de l'art, s'il eût continué à cultiver la comédie régulière, au lieu de s'abaisser à d'éphémères frivolités qu'il méprisait, et que probablement il jugeait indignes du moindre travail. Don Cléofas, dans la critique de *Turcaret*, dit à Asmodée, en parcourant des yeux l'auditoire du Théâtre-Français : — « La belle assemblée! que de dames ! — Asmodée. Il y en aurait encore davantage sans le spectacle de la foire. La plupart des femmes y courent avec fureur. Je suis ravi de les voir dans le goût de leurs cochers et de leurs laquais. »

Telle est l'opinion que Lesage manifestait dans le principe sur la dignité des travaux qui devaient occuper sa vie entière ; et l'indifférence avec laquelle il se contenta de suivre sa vocation prouve qu'elle ne changea point avec le temps. Dans des circonstances presque semblables, Goldoni créa un théâtre national, en Italie, et sut en faire apprécier la beauté ; mais Lesage devait acquérir une réputation immortelle par des ouvrages d'un genre différent.

Nous cessons volontiers de nous occuper de ces productions éphémères, destinées au théâtre de la foire, qui n'ont pu survivre à l'intérêt du moment, pour parler des ouvrages qui conserveront leur intérêt et leur charme tant que la nature humaine ne changera pas. Le premier, par ordre de date, est le *Diable boiteux*, publié par Lesage en 1707. Le titre et le plan de ce roman sont tirés de la nouvelle espagnole de don Luiz Velez de Guevara (1), *el Diablo cojuelo*, et des satires du même genre

---

(1) Auteur dramatique, né en 1574 et mort en 1646. Son *Diablo cojuelo* est écrit d'un style prétentieux ; mais Lesage reconnaît

qui avaient été publiées depuis long-temps en Espagne par Cervantès et autres. Mais l'imagination, la grace, le sel, l'esprit et la vivacité, appartinrent exclusivement à la plume magique de l'ingénieux Français. Le plan est par lui-même intéressant au plus haut degré; et la couleur, à la fois romanesque et mystérieuse de la fable originale, suffit pour plaire et attacher par son propre mérite, autant que par les anecdotes amusantes, et les observations fines sur la vie humaine dont elle est pour ainsi dire le canevas et le cadre. Les mystères des cabalistes fournissaient aussi des bases plausibles à une nouvelle qui, toute singulière qu'elle est en effet, ne devait pas, dans le temps où elle fut publiée, dépasser trop les bornes de la fiction vraisemblable. Les interlocuteurs sont si heureusement adaptés au sujet de leurs conversations, que tout ce qu'ils font ou disent est d'un naturel parfait.

On ne saurait imaginer un être plus propre par sa nature à gloser sur les vices, et à tourner en ridicule les travers de l'humanité, qu'un esprit follet tel qu'Asmodée, qui est une création de génie aussi remarquable dans son genre que celle d'Ariel et de Caliban (1). Sans avoir la terrible puissance ni les noirs penchans d'un ange déchu, il préside aux vices et aux folies de l'espèce humaine; il est malin plutôt que méchant; son plaisir est de railler, de rire et de contrarier plutôt que de tourmenter. C'est un soldat de l'infanterie légère de Satan; et ses attributions sont de jeter un moment le

---

lui-même, dans la dédicace, tout ce qu'il lui doit. On a retraduit le *Diable boiteux* en espagnol d'après le français. — ÉD.

(1) Voir *la Tempête* de Shakspeare. Pour sentir tout le prix d'un tel éloge, il faut se rappeler l'adoration aveugle des Anglais pour toutes les créations de Shakspeare. — ÉD.

trouble et le désordre dans le cours ordinaire de la société, mais non de la bouleverser entièrement et de la détruire. Ce caractère est soutenu d'un bout à l'autre dans tout ce que fait et dit Asmodée, avec tant de verve, d'esprit et de malicieuse gaieté, que nous ne perdons jamais de vue le démon lui-même dans les momens où en nous occupant des autres il devient presque aussi aimable qu'amusant.

Don Cléofas, auquel il fait toutes ses divertissantes communications, est un jeune Espagnol ardent, fier, altier, vindicatif, et tout juste assez libertin pour être digne de la société d'Asmodée. Il nous intéresse à lui personnellement par sa bravoure et sa générosité; nous éprouvons un sentiment de plaisir en voyant son bonheur futur assuré par le démon reconnaissant. Ni l'un ni l'autre de ces deux personnages n'est original dans le sens rigoureux de ce mot. Mais le *Diable* de Guevara n'est autre chose, comme l'indique d'ailleurs le titre de l'ouvrage, qu'une espèce de sorcier. Il amuse l'étudiant par des tours d'escamotage, qu'il assaisonne de traits satiriques, dont quelques-uns sont assez piquans, quoiqu'ils soient encore très-loin, sous ce rapport, de ceux de Lesage. Quant à don Cléofas, c'est une copie presque littérale du don Cléofas de l'auteur espagnol.

Il n'existe aucun livre au monde qui contienne tant de vues profondes sur le caractère de l'homme, et tracées dans un style aussi précis, que celui du *Diable boiteux*. Chaque page, chaque ligne porte la marque de ce tact si infaillible, de cette analyse si exacte des faiblesses humaines, que nous nous imaginerions volontiers entendre une intelligence supérieure lisant dans nos cœurs, pénétrant nos secrets motifs, et trouvant un malin plaisir à déchirer le voile que nous nous efforçons d'étendre sur nos actions. La critique de Lesage est aussi vive que piquante. Ses bons mots ne sont jamais émoussés par une découverte anticipée; le trait frappe le but avant que nous ayons pu nous apercevoir que l'arc a été tendu; pour le prouver on pourrait citer tout l'ouvrage. Aussi jamais auteur n'a fourni un si grand nombre de passages généralement cités comme apophtegmes, ou comme observations vraies sur la nature de l'homme et sur ses actions; pourrait-on en être surpris, puisque souvent la matière de plusieurs pages est resserrée dans moins de mots qu'il n'aurait fallu de phrases à un autre écrivain pour l'exprimer? Nous nous contenterons de rapporter le premier exemple qui se présentera. Les démons de la chicane et du libertinage se disputent la possession et la direction d'un jeune Parisien; Pillardoc voudrait en faire un commis, et Asmodée un débauché. Pour remplir à la fois cette double destination, le conclave infernal fait du jeune homme un *moine*, et amène une réconciliation entre les deux contendans : « Nous nous embrassâmes, ajoute Asmodée, et depuis cette époque nous sommes ennemis mortels. »

Le dernier éditeur des œuvres de Lesage remarque avec raison à ce sujet que les traits de ce genre dont le *Diable boiteux* abonde lui donnaient bien plus de droit au titre de *Grenier à sel*, que n'en avaient les scènes italiennes de Gherardi, auxquelles la sanction de Boileau prêta aussi ce surnom. On dit cependant que ce grand poète était loin de partager cette opinion. Trouvant un jour son valet occupé à lire le *Diable boiteux*, il le menaça de lui donner son congé. Peut-être ne faut-il voir dans ce jugement que la mauvaise humeur, résultat d'une indisposition dont Boileau souffrait en 1707?

Peut-être aussi regardait-il comme une science dangereuse pour un domestique cette connaissance parfaite du cœur humain et de ses contradictions que peut donner l'ouvrage de Lesage. Qui sait enfin s'il n'avait pas des motifs personnels et particuliers pour condamner le livre et l'auteur? Mais cette anecdote est un nouvel exemple de la disposition injuste qui porte trop souvent les hommes de génie à rabaisser leurs contemporains (1).

Outre tout ce qu'il y a d'esprit et de malice dans le *Diable boiteux*, on y remarque aussi des passages où l'auteur prend un ton plus sérieux et plus moral; il est quelquefois pathétique, et s'élève même jusqu'au sublime. Tel est le passage de la personnification de la Mort; mais l'humeur satirique de l'écrivain éclate de nouveau lorsque, après nous avoir peint sur une des ailes de cet effroyable fantôme la guerre, la peste, la famine et les naufrages, il décore l'autre d'une assemblée de jeunes médecins prenant leurs grades.

Pour éviter le reproche d'uniformité que le lecteur aurait pu faire aux descriptions rapides et courtes de ce qui n'est qu'immédiatement visible, Lesage a introduit plusieurs épisodes dans le goût espagnol, tels que l'histoire du *comte Belflor*, et la nouvelle intitulée *la Force de l'amitié*. Cervantès avait donné l'exemple de varier un long récit par de semblables nouvelles ou historiettes. Scarron et d'autres suivirent cet usage, mais avec moins de bonheur et de discernement que Lesage; puisqu'il faut convenir que, dans un ouvrage comme le *Diable*

(1) Sir Walter Scott mérite bien que nous rappelions ici ce que lord Byron disait de lui : « Jamais auteur ne fut moins jaloux de ses rivaux : il a la conscience de sa supériorité. » — ÉD.

9.

boiteux, dont les différentes parties sont si légèrement liées entre elles, ces digressions sont bien mieux à leur place que lorsqu'elles ne servent qu'à interrompre maladroitement le cours de l'histoire principale (1).

La popularité que le *Diable boiteux* obtint dès son apparition s'accrut encore quand l'opinion générale prétendit que Lesage, lancé dans le monde et réputé pour être un observateur clairvoyant de tout ce qui se passait autour de lui, avait, sous des noms espagnols et des circonstances de son invention, raconté beaucoup d'anecdotes parisiennes, et tracé les portraits de maints personnages de la cour et de la ville. On alla même jusqu'à donner les noms à plusieurs d'entre eux. Le dissipateur Dufresny (qu'on supposait descendu de Henri IV par sa grand'mère, connue sous le nom de la Belle jardinière d'Anet) fut reconnu pour le vieux garçon d'une haute naissance qui épouse sa blanchisseuse afin d'acquitter sa dette envers elle. L'histoire de la baronne allemande, qui enveloppait les boucles de ses cheveux dans les morceaux d'une promesse de mariage que lui avait souscrite un amant généreux mais imprudent, fait allusion à un trait pareil de la célèbre Ninon de Lenclos. Baron, le fameux acteur, est le héros théâtral qui rêve que les dieux lui décernent une apothéose en le transformant en décoration scénique. On supposa que le savant Helvétius avait été le modèle du sage Sangrado (2). Et sans doute on retrouva aussi les portraits d'autres membres de la faculté que Lesage, comme Molière,

(1) On sait combien dans ses romans historiques sir Walter Scott s'est montré sobre de ces digressions épisodiques. — Éd.

(2) On peut réclamer pour le médecin Hecquet l'idée de ce personnage. — Éd.

harcelait de ses railleries. Ces deux auteurs probablement donnaient ainsi carrière à leur satire d'autant plus volontiers, qu'ils jouissaient tous deux d'une bonne santé qui leur permettait de braver la robe doctorale. Il ne faut pas oublier non plus que le salaire des médecins sur le continent était assez mesquin pour avilir leur caractère dans la société, et les exposer au ridicule qui depuis les vers de Juvénal s'est attaché à la science en haillons (1).

Outre les allusions personnelles que nous avons fait remarquer, il y en avait sans doute un grand nombre d'autres dans ce roman qui devaient être alors aisément trouvées. Vraisemblablement aussi le plaisir de médire s'en mêla, et divers passages furent appliqués à des personnes vivantes et à des événemens auxquels l'auteur n'avait jamais pensé.

Si le succès du *Diable boiteux* fut immense dès sa première apparition, il n'a rien perdu depuis de sa popularité. Pour prouver toute l'ardeur avec laquelle il fut recherché on cite l'anecdote suivante. Deux jeunes gens, entrés en même temps dans la boutique d'un libraire auquel il n'en restait plus qu'un exemplaire, s'en disputèrent la possession, se battirent sur la place même, et le vainqueur, ayant blessé son adversaire, emporta le volume comme gage de sa victoire. Certainement cette anecdote authentique, qui prouve toute la passion qu'excitait Asmodée, méritait d'être rapportée par le démon lui-même. Un certain Dancourt, auteur dramatique qui suppléait à ce qui lui manquait en génie et en invention par sa promptitude à s'emparer de tout ce

---

(1) Sir Walter Scott compte dans sa famille maternelle un médecin, le docteur Rutherford, cité dans *Redgauntlet*. — Éd.

qui pouvait exciter l'intérêt du moment, arrangea pour le théâtre le sujet du *Diable boiteux* en deux parties. La première eut trente-cinq représentations de suite, et la seconde soixante-douze.

Pour terminer ce qui nous reste à dire sur cette célèbre satire morale, ajoutons que, dix-neuf ans après avoir été publiée en un seul volume, elle reparut avec des augmentations formant un volume de plus ; cette addition eut le sort ordinaire des continuations, et ne fut pas alors considérée comme égale en mérite à la publication première ; mais il serait maintenant très-difficile pour nous d'apercevoir cette différence. Les dialogues des cheminées de Madrid, qui furent joints pour la première fois au *Diable boiteux* dans la nouvelle édition que nous venons de citer, furent plus justement critiqués comme inférieurs à cet excellent ouvrage. Cette personnification n'est pas heureuse, et offre un singulier contraste avec le moyen inimitable à l'aide duquel don Cléofas pénètre non-seulement dans l'intérieur des maisons, mais encore dans le cœur des hommes.

Les trois premiers volumes de *Gil Blas de Santillane*, qui comprennent la vie de ce héros amusant jusques à sa première retraite à Lirias, portèrent le nom de Lesage au plus haut degré de célébrité.

De tous ceux qui connaissent ce charmant ouvrage, qui aiment à se rappeler, comme une des occupations les plus agréables de leur vie, le temps où ils l'ont dévoré pour la première fois, il est peu de lecteurs qui ne reviennent de temps en temps à ce livre immortel avec toute l'ardeur et la vive émotion qu'éveille le souvenir d'un premier amour. Peu importe l'époque où nous nous sommes trouvés pour la première fois sous le charme, que ce soit dans l'enfance, où nous étions surtout amusés par la caverne des voleurs et les autres aventures romanesques de Gil Blas, que ce soit plus tard dans l'adolescence, alors que notre ignorance du monde nous empêchait encore de sentir la satire fine et amère cachée dans tant de passages, ou enfin que ce soit lorsque nous étions déjà assez instruits pour comprendre toutes les diverses allusions à l'histoire et aux affaires publiques, ou assez ignorans pour ne point chercher à voir dans le récit autre chose que ce qu'il découvre directement, l'enchanteur n'en exerça pas moins sur nous un pouvoir absolu dans toutes ces circonstances. Si Gray a deviné juste en prétendant que rester nonchalamment étendu sur un sopha et lire des romans nouveaux lui donnait une assez bonne idée des joies du paradis, combien cette béatitude ne serait-elle pas encore augmentée, si le génie de l'homme pouvait enfanter un second Gil Blas !

Le titre d'auteur original de ce délicieux ouvrage a été sottement, je dirais presque avec ingratitude, contesté à Lesage par ces demi-critiques qui s'imaginent découvrir un plagiat dès qu'ils peuvent apercevoir une espèce de ressemblance entre le plan général d'un bon ouvrage et celui d'un autre de même nature, qui a été traité plus anciennement par un écrivain inférieur. Un des passe-temps favoris de la sottise laborieuse consiste à découvrir de pareilles coïncidences ; car elles semblent rabaisser un génie supérieur à l'échelle ordinaire de l'humanité, et par conséquent mettre l'auteur de niveau avec ses critiques. Ce n'est point le simple cadre d'une histoire, ni même l'adoption de certains détails mis en œuvre par un auteur antérieur, qui constituent le crime littéraire de plagiat(1). Le propriétaire du terrain d'où Chantrey tire son argile pourrait aussi bien prétendre à la propriété des figures qu'il pétrit sous ses doigts créateurs ; et c'est la même question dans les deux cas ; peu importe d'où vient la matière première et sans forme ; mais à qui doit-elle ce qui fait son mérite et son excellence (2)?

Ainsi, quoique depuis long-temps le genre de fiction auquel on peut dire que Gil Blas appartient sous quelques rapports fût connu dans d'autres pays et particulièrement en Espagne, cette circonstance ne peut diminuer en rien la gloire de Lesage. On a vu naître chez tous les peuples cette espèce de roman bourgeois ou comique qui est au roman sérieux ou héroïque, ce que la farce est à la tragédie. Les lecteurs de tous les pays ne sont pas plus vivement émus, si même ils le sont autant, par l'histoire des hauts faits d'armes de la chevalerie, que par les exploits de quelque brigand déterminé qui poursuit à l'aide de la violence sa carrière illicite, ou par les aventures de quelque fameux fripon, qui vit aux dépens de la société par son adresse et ses stratagèmes. Le caractère bas de tels hommes et les vils objets de leurs passions n'empêchent pas que leurs dangers, leurs succès, leurs méprises et leur destinée ultérieure, ne deviennent extrêmement intéressans, non-seulement pour le vulgaire, mais encore pour tous ceux qui aiment à étudier le grand livre de la nature. Et c'est ici que nous pouvons appliquer le vers si souvent cité de Térence, et avouer que le récit

(1) Voyez sur le délit du plagiat l'ingénieux et souvent éloquent ouvrage de M. Charles Nodier, intitulé *Questions de littérature légale*, véritable code pénal de la littérature. — Éd.

(2) Voyez une longue note à la suite de cette notice. — Éd.

nous attache profondément, parce que nous sommes *hommes*, et que les événemens sont ceux de *l'humanité* (1).

Chez les Espagnols, plusieurs hommes de génie ont pris plaisir à étudier la nature dans les derniers rangs de la société; c'est ainsi que leur Murillo a choisi pour les sujets favoris de ses pinceaux le bohémien brûlé par le soleil, les bergers et les muletiers. Le caractère du *Picaro* (2) ou aventurier était déjà depuis long-temps un objet de prédilection pour la muse espagnole. *Lazarillo de Tormes* avait été composé par don Juan de Luna (3); l'histoire de *Paul le fripon* avait été écrite par le célèbre Quevedo (4). Cervantès lui-même avait effleuré ce caractère dans la nouvelle de *Riconete et Cartadillo* (5), où plusieurs scènes de la vie commune sont tracées avec toute la vigueur de son talent; mais *Guzman d'Alfarache* (6) était l'ouvrage de ce genre le plus universellement connu, et il avait été traduit depuis long-temps dans presque toutes les langues de l'Europe. Si l'histoire de *Gil Blas* a eu un premier modèle dans

(1) Homo sum, et humani nihil a me alienum puto.

(2) *Picaro* en espagnol signifie fripon, chevalier d'industrie. Il y a plusieurs degrés de *picaros*, depuis le filou fieffé jusqu'à celui qui est *tout juste assez honnête homme pour n'être pas pendu*. — Éd.

(3) Don Henry de Luna, et non don Juan, n'a été que le continuateur de don Diégo Hurtado de Mendoza, à qui on attribue généralement la première partie des *Aventures de Lazarille de Tormes*. — Éd.

(4) Poète et romancier moraliste. — Éd.

(5) Nouvelle satirique dirigée contre les habitans de la ville où l'auteur de *Don Quichote* avait habité quelque temps. — Éd.

(6) Ce roman, qui précéda *Don Quichote*, est de Mathieu Aleman, financier, qui finit par se retirer dans la solitude. — Éd.

ces romans espagnols, c'est probablement dans *Guzman* qu'il a été choisi. On peut découvrir quelque ressemblance entre certains incidens ; par exemple, Guzman est à la veille d'épouser la fille d'un riche Génois, comme don Raphael celle de Pedro de Moyadas. De même ce digne personnage s'affuble de la robe d'un ermite mort, et c'est ce qu'avait fait avant lui Lazarillo de Tormes dans la seconde partie de son histoire. Il est probable qu'on pourrait trouver beaucoup d'autres analogies, ou, si le lecteur aime mieux, de plagiats de même nature ; car Lesage, qui souvent composait ses pièces dramatiques aux dépens des auteurs espagnols, ne devait pas se faire un scrupule d'emprunter à leurs romans ce qui lui paraissait à sa convenance.

Il est vrai que, selon une autre histoire sans aucune authenticité, Lesage aurait acquis quelques manuscrits de Cervantès, dont il se serait servi, largement et sans en rien dire, dans la composition de son *Gil Blas*. Une traduction espagnole des romans de Lesage a été imprimée avec une forfanterie ridicule dans le titre, qui dit que cette traduction a « restitué ces ouvrages à la « langue dans laquelle ils furent originairement écrits. » Mais le style de Cervantès et celui de Lesage ont entre eux des différences si essentielles, quoique chacun soit également supérieur dans son genre, qu'à défaut de preuves positives, on croirait tout aussi aisément que *don Quichotte* fut l'ouvrage de l'auteur français que *Gil Blas* celui de l'auteur espagnol. Si Lesage a emprunté à l'Espagne quelque chose de plus que des données générales, comme celles que nous avons signalées, ce ne peut être que quelques nouvelles liées avec le fond du sujet, comme dans le *Diable boiteux*, quoique avec moins de bonheur que dans ce premier ouvrage, où elles n'interrompent le fil d'aucun récit principal. D'un autre côté, il est sans doute très-extraordinaire que, par le secours unique de sa profonde connaissance de la littérature espagnole, Lesage se soit suffisamment familiarisé avec les coutumes, les mœurs et les usages de la Péninsule (ce qui est admis et reconnu par tout le monde), pour pouvoir conduire heureusement ses lecteurs à travers quatre volumes, sans trahir une seule fois le secret de la patrie de l'auteur. En effet, c'est principalement sur cette merveilleuse observation du costume et des mœurs nationales que le traducteur espagnol appuie ses prétentions, et revendique *Gil Blas* comme appartenant originairement à l'Espagne. Du reste, si la facilité que Lesage possédait de s'identifier avec l'enfant de son imagination, dans des circonstances étrangères à toute sa vie, est un avantage extrêmement rare ; elle n'est pas cependant sans exemple. De Foe, l'auteur de *Robinson Crusoe*, jouissait de cette faculté au degré le plus éminent : on peut encore ajouter que cette exactitude et cette fidélité minutieuse se bornent à tout ce qui n'est que les simples dehors du personnage principal. Gil Blas, quoique portant le *golillo* (1), la cape et l'épée des Espagnols, avec toute la grace castillane, pense et agit avec toute la vivacité française, et trahit en beaucoup d'occasions les sentimens caractéristiques d'un Français.

Le dernier éditeur français des œuvres de Lesage pense que Gil Blas peut avoir trouvé son modèle dans l'histoire spirituelle, mais graveleuse de Francion, écrite

(1) *Golillo* ou plutôt *golilla*, espèce de collet à l'espagnole.
ÉD.

par le sieur Moulinet-du-Parc (1). J'avoue que je ne puis découvrir entre l'histoire de *Gil Blas* et cet ouvrage aucune ressemblance essentielle, si ce n'est que la scène des deux romans se passe principalement dans la sphère de la vie commune, ce qui peut se dire aussi du *Roman comique* de Scarron. Toute la composition de Gil Blas, d'un bout à l'autre, me paraît, dans ce qui constitue l'essence d'une œuvre littéraire, tout aussi originale que la lecture en est délicieuse.

Le héros qui raconte lui-même son histoire avec ses propres réflexions est une conception qui n'a pas encore été égalée dans aucune fable romanesque ; et cependant Gil Blas se montre un personnage si réel que nous ne pouvons nous dépouiller de l'idée que nous lisons le récit de quelqu'un qui a véritablement joué un rôle dans les scènes dont il nous entretient. Gil Blas a toutes les faiblesses et les inconséquences inhérentes à notre nature, et que nous reconnaissons chaque jour en nous ou dans nos amis. Il n'est point un hardi fripon, tel que ceux que les Espagnols ont peints sous les traits de Paolo ou de Guzman, et tel que celui que Lesage a créé dans Scipion. Gil Blas au contraire est naturellement porté à la vertu ; mais son esprit est par malheur trop facilement séduit par les tentations du mauvais exemple ou de l'occasion. Il est timide par tempérament, et cependant capable d'une action courageuse ; rusé et intelligent, mais souvent dupe de sa vanité. Il a assez d'esprit pour nous faire rire avec lui des sottises d'autrui, et assez de faiblesses pour que la

---

(1) On a prétendu que ce n'était qu'un nom supposé, et qu'il fallait attribuer *Francion* à Sorel de Souvigny. C'est un roman d'une gaieté folle, mais quelquefois trop libre. — Éd.

plaisanterie retombe souvent sur lui-même. Généreux, bon et humain, il a assez de vertus pour nous forcer à l'aimer; et, quant au respect, c'est la dernière chose qu'il demande à son lecteur. Gil Blas enfin est le principal acteur d'un théâtre où, quoique remplissant souvent un rôle secondaire, tout ce qu'il nous met sous les yeux reçoit l'empreinte de ses opinions, de ses remarques et de ses sentimens. Nous reconnaissons *l'individualité* de Gil Blas dans la caverne des voleurs aussi-bien que dans le palais de l'archevêque de Grenade, dans les bureaux du ministre, et dans toutes les autres scènes à travers lesquelles il sait nous conduire d'une manière si agréable; généralement parlant, ses différentes aventures n'ont entre elles qu'une liaison très-légère, ou plutôt elles n'ont qu'un seul rapport, celui d'être arrivées à la même personne. Sous ce point de vue, on peut dire que c'est plutôt un roman de caractère que de situation; mais, quoiqu'il n'y ait point à proprement parler d'action principale, il y a tant d'intérêt et de vie dans les récits épisodiques, que l'ouvrage ne languit pas un seul instant.

Le fils de l'écuyer des Asturies possède aussi la baguette magique du *Diable boiteux*, et avec toute la causticité d'Asmodée lui-même, il sait dépouiller les actions humaines du vernis doré qui les recouvre. Cependant, malgré toute sa verve de satire, le moraliste a tant de bonhomie et de gaieté, qu'on peut dire de lui comme d'Horace, *circum præcordia ludit*. Tout dans *Gil Blas* respire la bonne humeur et la plus ingénieuse philosophie. Même dans la caverne des voleurs on voit briller les éclairs de cet esprit dont Lesage sait animer toute son histoire. Cet ouvrage laisse le lecteur content de lui-même et du genre humain; les fautes de l'homme y paraissent plutôt des faiblesses que des vices, et ses malheurs ont toujours un côté si plaisant, que nous ne pouvons nous empêcher de rire au moment où ils excitent notre sympathie. Tout est rendu divertissant, même les actions coupables et la juste rétribution qui les suit. Ainsi, par exemple, Gil Blas, au temps de sa prospérité, néglige sa famille et manque indignement à la reconnaissance sacrée qu'un fils doit à ses parens. Cependant nous sentons que l'intervention de maître Moncade l'épicier, qui vient irriter l'orgueil du *parvenu*, devait si naturellement donner lieu aux conséquences qu'elle produit, que nous continuons à rire avec Gil Blas de lui-même dans la seule circonstance où il donne des marques d'une vraie dépravation de cœur. Ensuite la lapidation qu'il essuie à Oviedo et le désappointement de son ambitieuse espérance d'exciter l'admiration des habitans de sa ville natale, deviennent comme une expiation proportionnée à l'offense. Enfin l'histoire de Gil Blas est conçue et racontée de façon à amuser sans cesse; mais l'ouvrage eût gagné peut-être si l'auteur y avait parfois introduit une morale plus mâle et plus sévère.

Nous ne devons pas non plus oublier que Lesage, tout en considérant, ainsi que Cervantes, l'homme lui-même comme l'objet principal de son travail, ne manque pas de doubler l'effet du tableau, quand l'occasion s'en présente, en y mêlant des paysages délicieux, légèrement esquissés à la vérité, mais admirablement assortis à l'action elle-même. La description de la grotte du vieil ermite peut être citée comme un exemple de ce dont nous voulons parler.

Dans l'*Histoire de Gil Blas* on trouve encore l'art de fixer l'attention du lecteur, et de créer pour ainsi dire une réalité au sein de la fiction, non-seulement par l'exacte observation du costume et des localités, mais encore par une fidélité et en même temps par une couleur animée de détails qui rappellent un grand nombre de circonstances insignifiantes en elles-mêmes, et dont personne autre qu'un témoin oculaire ne pourrait garder le souvenir. C'est par ces petites circonstances que Lesage nous fait connaître les quatre pavillons et le corps de logis de Lirias, aussi parfaitement que si nous y avions dîné nous-mêmes avec Gil Blas ou son serviteur Scipion. La tapisserie, si bien conservée, quoique aussi ancienne que le royaume maure de Valence, les fauteuils de damas à l'antique; ces meubles d'une si mince valeur, et qui dans leur place convenable avaient cependant isolément un air si respectable, le dîner, la sieste; tout concourt à donner à cette scène finale du troisième volume un tel air de réalité, et à nous laisser si persuadés du repos et du bonheur de notre amusant compagnon, que les derniers chapitres, où le héros va jouir, après ses travaux et ses dangers, du repos et du bonheur, ces chapitres, dis-je, qui dans les autres romans sont passés par les lecteurs comme jetés dans le moule commun, sont peut-être ceux qui intéressent le plus vivement dans les aventures de Gil Blas. Il ne reste pas dans l'esprit des lecteurs le plus léger doute sur la continuation de la félicité champêtre de notre héros, à moins qu'ils n'aient, comme nous, quelque peine à croire que le nouveau cuisinier de Valence puisse soutenir la comparaison avec son fameux prédécesseur maître Joachim, surtout pour ce qui regarde l'olla podrida ou les oreilles de porc en marinade. — En effet, disons-le à sa gloire, Lesage, qui excelle dans les descriptions de tous les genres, donne un tel relief à celles qui intéressent plus spécialement les gastronomes, qu'un épicurien de notre connaissance avait coutume de lire quelques-uns de ses chapitres dans l'intention de se procurer un appétit semblable à celui du licencié Sedillo; autant que ses amis en pouvaient juger, cette recette avait toujours un plein succès.

C'est à cette heureuse conclusion que se terminaient dans le principe les aventures de Gil Blas. Mais la popularité toujours croissante de l'ouvrage engagea Lesage à y ajouter un quatrième volume dans lequel on voit Gil Blas sortir de sa retraite pour affronter de nouveau les écueils de la vie des cours. Dans cette suite l'auteur se répète jusqu'à un certain point, car l'emploi de Gil Blas sous le comte d'Olivarez est exactement la contre-partie de sa position chez le duc de Lerme; et d'ailleurs cette continuation a le défaut ordinaire de toutes les suites, elles est maladroitement liée à la première partie et écrite évidemment avec moins de vigueur et d'originalité. L'accueil qu'elle reçut du public, au dire d'un critique français, ressemble à l'admiration qu'excite une beauté déjà sur le retour, et dont les traits sont encore les mêmes quoique le temps en ait fané la fraîcheur et l'éclat.

Même après la mort de Lesage, il sembla que son chef-d'œuvre dût faire naître autant de continuations qu'en a produites l'*Histoire d'Amadis*. Une *Histoire apocryphe de don Alphonse Blas de Lirias, fils de Gil Blas de Santillane* (1), qu'on prétendit faire passer pour un ouvrage posthume de l'auteur original, fut publiée à Amsterdam et a été réimprimée depuis.

En 1717, Lesage fit paraître une traduction ou

(1) Par un anonyme. — ÉD.

plutôt une faible imitation du *Roland amoureux* de Boyardo (1), poëme d'une riche imagination que l'auteur de *Gil Blas* réduisit à n'être plus qu'un simple conte de fées, en le dépouillant de tout le coloris magique dont l'avait revêtu l'auteur original. Lesage avait l'intention de ne pas respecter davantage l'Arioste; heureusement cette tentative téméraire n'eut pas lieu. Non-seulement l'ingénieux Français n'avait pas le génie poétique du Toscan, mais encore la langue dans laquelle il a écrit ne serait guère propice à rendre les beautés de l'original italien (2).

Lesage trouva à employer ses loisirs d'une manière plus d'accord avec son vrai talent, dans la compilation des *Aventures du chevalier de Beauchêne*, brave officier de marine, ou plutôt corsaire, le Paul Jones (3) de cette époque dans les mers des Antilles. Il disait avoir obtenu les matériaux de cet ouvrage, qui ne fut jamais terminé, de la veuve même du chevalier, qui résidait à Tours. Lesage a très-bien soutenu le caractère franc et à demi civilisé du marin aventurier; mais il trouva probablement sa tâche pénible, si nous en jugeons par le grand nombre d'épisodes qu'il a entés sur le récit principal. Il est à présumer que *l'Histoire du chevalier de Beauchêne* ne fut pas accueillie avec beaucoup d'empres-

(1) L'auteur de l'*Orlando innamorato* vivait à la cour de Ferrare, et mourut gouverneur de Reggio en 1494. Le *Roland furieux* de l'Arioste n'est que la continuation du poëme de Boyardo. — Éd.

(2) Nous ne pouvons malheureusement réfuter cette assertion de sir Walter Scott qu'en citant deux épopées comiques qui sont un outrage aux bonnes mœurs et à la religion, celle de Voltaire et celle de Parny.

(3) Héros transfuge de la guerre de l'indépendance américaine, qui a fourni le sujet du *Pilote*, par M. Cooper. — Éd.

sement, car la continuation que l'auteur promettait n'a jamais paru. *Le Chevalier de Beauchêne* fut mis au jour en 1732, et la même année Lesage publia une traduction ou plutôt un abrégé des *Aventures de Gusman d'Alfarache*, le plus célèbre des romans espagnols *à la picaresque* (1).

En 1734, Lesage traduisit l'histoire de *Vanillo Gonzales, appelé le Garçon de bonne humeur*, de l'espagnol de Vincentio Espinel (2).

Apparemment ces travaux secondaires renouvelèrent le goût de l'auteur pour les compositions originales. *Le Bachelier de Salamanque* fut son dernier roman; et quoique l'on puisse aisément découvrir les faibles efforts qui révèlent les ravages de la vieillesse, et le déclin d'une verve appauvrie dans les scènes d'observation et dans le style, cependant de temps en temps nous y retrouvons des passages qui nous rappellent le génie dont la maturité produisit *Gil Blas* et *le Diable boiteux*. *Le Bachelier de Salamanque*, comparé à ces deux ouvrages, est une véritable chute; mais Lesage seul pouvait en faire une semblable, et plusieurs morceaux, avons-nous dit, sont dignes de ses plus heureuses productions. La scène, par exemple, où il nous montre Carambola employé à endormir par sa lecture un membre du conseil des Indes qui s'éveille impitoyablement toutes les fois que le lecteur s'arrête un instant pour se rafraîchir, ne déparerait point les récits d'Asmodée lui-même. Il faut avouer que les scènes qui se passent au Mexique n'ont aucune sorte de mérite. Lesage n'avait pas des mœurs de la Nouvelle-Espagne la

---

(1) *Picaresco, picaresca,* adjectif de *picaro.*
(2) C'est plutôt une imitation de l'*Estivanillero* d'Espinel. — Éd.

connaissance approfondie qu'il avait acquise de celles de la métropole. Aussi son Bachelier est comparativement un insignifiant personnage. S'il est vrai que Lesage, jaloux comme d'autres écrivains des premières productions de son génie, ait préféré cet ouvrage, l'enfant de ses vieux jours, à son *Diable boiteux* et à *Gil Blas*, nous ne pourrons nous empêcher de dire que la décadence visible de son talent avait sans doute affecté son goût dans la même proportion, et que certainement il n'avait pas invoqué Asmodée lorsqu'il conçut cette opinion.

Après *le Bachelier de Salamanque*, Lesage fit paraître en 1740 son dernier ouvrage original, *la Valise trouvée*, qui fut imprimé dans le courant de cette année sans nom d'auteur. Ses derniers travaux se rapprochèrent ainsi du genre de ceux par lesquels il avait débuté, car *la Valise trouvée* consiste en une collection mélangée de lettres sur divers sujets, semblables à celles d'Aristénète, traduites par notre auteur en 1695.

Une compilation intéressante d'anecdotes et de bons mots, publiée en 1748, termina les longs travaux de l'auteur de *Gil Blas*. Ces anecdotes sont racontées avec toute la vivacité qui caractérise son genre d'esprit, et on peut supposer qu'elles avaient été recueillies dans son porte-feuille pour être destinées à former quelque ouvrage régulier. Mais elles furent livrées au public dans l'état où elles se trouvaient lorsque la vieillesse engagea Lesage, alors dans sa soixante-quinzième année, à abandonner sa plume.

En parcourant ainsi rapidement les différens travaux de Lesage, nous avons par le fait terminé à peu près l'histoire de sa vie. Il paraît qu'elle se passa tout entière au sein de sa famille, sans avoir été diversifiée par aucun événement qui n'eût pas rapport à ses engagemens dramatiques ou littéraires. Son goût pour la solitude fut peut-être augmenté par la surdité à laquelle il devint sujet depuis 1709, car il y fait allusion dans le prologue critique de *Turcaret*. Sur le déclin de sa vie, il en souffrait au point d'être obligé de se servir constamment d'un cornet. Néanmoins sa conversation était si agréable, que lorsqu'il se rendait à son café favori dans la rue Saint-Jacques, les assistans formaient cercle autour de lui; quelques-uns même montaient sur les tables et sur les sièges, afin de recueillir les remarques et les anecdotes que ce grand observateur de la nature humaine savait raconter avec la même force qu'il le faisait dans ses ouvrages.

La fortune de Lesage, quoique médiocre, semble avoir été toujours suffisante pour ses besoins, et sa vie privée fut tranquille et heureuse. Le cours de ce bonheur fut cependant un peu troublé par le penchant qui entraîna sur le théâtre l'aîné et le plus jeune de ses fils. Les fils d'un auteur dramatique devaient naturellement se sentir portés de prédilection pour l'art théâtral; mais Lesage, qui avait manifesté le plus grand mépris et la plus invincible aversion contre une profession qu'il avait toujours peinte sous un jour odieux ou ridicule, ressentit un vif chagrin de voir ses enfans embrasser une semblable carrière. Ce chagrin ne fut probablement pas diminué lorsque l'aîné obtint une place honorable parmi ces mêmes Romains du Théâtre Français contre lesquels son père avait soutenu pendant si long-temps une guerre satirique. Ce fils aîné de Lesage était un jeune homme de grandes espérances, et du caractère le plus aimable. Il avait été destiné au barreau. Lorsqu'il embrassa la profession de comédien, il prit le nom de Montmenil, sous lequel il devint fameux dans les rôles de valets, de paysans, et autres personnages du bas comique. Il ne fut pas moins remarquable par l'excellence de son caractère privé et ses qualités sociales; et ayant obtenu un rang honorable au Théâtre Français, il fut accueilli dans la meilleure société. Cependant de long-temps son père ne put entendre parler des talens de Montmenil dans sa profession, ou même de ses vertus privées et de la considération générale dont il jouissait, sans montrer des signes évidens d'une violente et pénible émotion. A la fin on effectua entre Montmenil et son père un eréconciliation. Lesage, passant tout d'un coup de son vif ressentiment à toute la chaleur de la tendresse paternelle, ne pouvait supporter de se séparer pour quelques jours d'un fils dont peu de temps auparavant il permettait à peine de prononcer le nom devant lui. La mort de Montmenil, qui arriva le 8 septembre 1743, à la suite d'un rhume qu'il avait gagné dans une partie de chasse, fut un coup si funeste pour son père déjà avancé en âge, qu'il se détermina sur-le-champ à renoncer à Paris et au monde. Le troisième fils de Lesage devint aussi comédien, sous le nom de Pittenec; on dit même qu'il composa quelques pièces dramatiques, mais il ne paraît pas qu'il se soit distingué ni dans l'une ni dans l'autre de ces deux carrières.

D'un autre côté, le second fils Lesage montra un caractère plus docile que ses deux frères; il étudia la théologie et prit les ordres. Par la protection de la reine (femme de Louis XV), il fut nommé chanoine de la cathédrale de Boulogne, et reçut le brevet d'une pension. La modeste indépendance qu'il s'était procurée lui donna les moyens de recueillir dans sa maison son père, sa mère et sa sœur, lorsque la mort de Montmenil eut entièrement abattu le courage de son père, et il pourvut à leurs besoins pendant le reste de leurs vieux jours. Sa sœur (dont nous n'avons point encore fait mention) se distingua par sa tendresse filiale, et consacra sa vie au bien-être de ses parens.

Ce fut après sa retraite à Boulogne, et pendant la résidence de Lesage chez son fils le chanoine, qu'il fut visité par le comte de Tressan, auquel les anciens romans français doivent une popularité semblable à celle que l'ingénieux Georges Ellis (1) a rendue à nos ouvrages de ce genre. Nous trouvons dans la correspondance du comte de Tressan des particularités remarquables sur l'auteur de *Gil Blas*, alors extrêmement avancé en âge, et que le lecteur nous saura gré, sans doute, de lui communiquer dans les propres termes du comte lui-même.

Paris, 20 janvier 1780.

A MONSIEUR ***

Monsieur,

« Vous m'avez prié de vous donner quelques notions sur les les derniers jours du célèbre auteur de *Gil Blas* et de plusieurs ouvrages estimés : voici, monsieur, les seules que je puise vous donner :

« Après la bataille de Fontenoy, à la fin de 1745, le feu roi n'ayant nommé personne pour servir sous les ordres de M. le maréchal de Richelieu, les événemens

(1) M. Ellis a publié un choix de romans anciens : *Specimens of early english romances* — Éd

et de nouveaux ordres m'arrêtèrent à Boulogne-sur-Mer, où je restai commandant en Boulonnais, Ponthieu et Picardie.

« Ayant su que M. Lesage, âgé d'environ quatre-vingts ans, et son épouse à peu près du même âge, habitaient à Boulogne, un de mes premiers soins fut de les aller voir, et de m'assurer par moi-même de leur état présent. Je les trouvai logés chez leur fils, chanoine de la cathédrale de Boulogne, et jamais la piété filiale ne s'est occupée avec plus d'amour à soigner et embellir les derniers jours d'un père et d'une mère qui n'avaient presque aucune autre ressource que les médiocres revenus de ce fils.

« M. l'abbé Lesage jouissai à Boulogne d'une haute considération. Son esprit, ses vertus, son dévouement à servir ses proches, le rendirent cher à monseigneur de Pressy, son digne évêque, à ses confrères et à la société.

« J'ai vu peu de ressemblances aussi frappantes que celle de l'abbé Lesage avec le sieur Montmenil son frère, il avait même une partie de ses talens et de ses dons les plus aimables ; personne ne lisait des vers avec plus d'agrément ; il possédait l'art si rare de ces tons variés, de ces courts repos qui, sans être une déclamation, impriment aux auditeurs le sentiment et les beautés qui caractérisent un ouvrage.

« Je regrettais et j'avais connu le sieur Montmenil ; je me pris d'estime et d'amitié pour son frère ; et la feue reine, sur le compte que j'eus l'honneur de lui rendre de sa position et de son peu de fortune, lui fit accorder une pension sur un bénéfice.

« On m'avait averti de n'aller voir M. Lesage que vers le milieu du jour ; et ce vieillard me donna l'occasion d'observer, pour la seconde fois, l'effet que l'état actuel de l'atmosphère peut faire sur nos organes dans les tristes jours de la caducité.

« M. Lesage s'éveillant le matin, dès que le soleil paraissait élevé de quelques degrés sur l'horizon, s'animait et prenait du sentiment et de la force à mesure que cet astre approchait du méridien; mais lorsqu'il commençait à pencher vers son déclin, la sensibilité du vieillard, la lumière de son esprit, et l'activité de ses sens, diminuaient en proportion; et dès que le soleil paraissait plongé de quelques degrés sous l'horizon, M. Lesage tombait dans une sorte de léthargie dont on n'essayait pas même de le tirer.

« J'eus l'attention de ne l'aller voir que dans les temps de la journée où son intelligence était la plus lucide, et c'était à l'heure qui succédait à son dîner; je ne pouvois voir sans attendrissement ce vieillard estimable qui conservait la gaieté, l'urbanité de ses beaux ans, quelquefois même l'imagination de l'auteur du *Diable boiteux* et de *Turcaret*, mais un jour, étant arrivé plus tard qu'à l'ordinaire, je vis avec douleur que la conversation commençait à ressembler à la dernière homélie de l'archevêque de Grenade, et je me retirai.

« M. Lesage était devenu très-sourd; je le trouvais toujours assis près d'une table où reposait un grand cornet; saisi quelquefois par la main avec vivacité, il demeurait immobile sur sa table lorsque l'espèce de visite qu'il recevait ne lui donnait pas l'espérance d'une conversation agréable: comme commandant dans la province, j'eus le plaisir de le voir s'en servir toujours avec moi; et cette leçon me préparait à soutenir bientôt la pétulante activité du cornet de mon cher et illustre confrère et ami M. de la Condamine.

« M. Lesage mourut dans l'hiver de 1746 à 1747. Je me fis un honneur et un devoir d'assister à ses obsèques avec les principaux officiers sous mes ordres. Sa veuve lui survécut peu de temps. L'abbé Lesage fut regretté quelques années après par son chapitre et la société éclairée dont il avait fait l'admiration par ses vertus.

« J'ai l'honneur d'être, avec toute l'estime possible,

« Monsieur,

« Votre très-humble et très-obéissant serviteur.

« Le comte de TRESSAN,

« Lieutenant-général des armées du roi, de l'Académie française, et de celle des Sciences. »

L'intéressante lettre du comte de Tressan nous ayant conduit au cercueil de Lesage, il ne nous reste rien à ajouter, sinon qu'une épitaphe placée sur son tombeau rappelle en vers assez plats une honorable vérité, qu'il fut plutôt l'ami de la vertu (1) que celui de la fortune. En effet, après les orages de sa jeunesse, sa conduite paraît avoir été irréprochable; et si dans ses ouvrages il a attaqué les vices plutôt avec les armes du ridicule qu'avec celles de l'indignation, s'il a décrit quelques scènes de plaisir et même de licence, sa muse a su éviter toute souillure, même quand elle suivait un sentier fangeux. Enfin, une louange bien précieuse à donner à Lesage, c'est de remarquer que, s'écartant sur ce point de beaucoup de ses compatriotes qui ont parcouru la

---

(1) Sous ce tombeau gît Lesage abattu
Par le ciseau de la Parque importune ;
S'il ne fut pas ami de la Fortune,
Il fut toujours ami de la Vertu.

même carrière, il ne s'est jamais abaissé faire sa cour au vice par des peintures indécentes. Si Voltaire, comme on le dit, estimait peu les talens de Lesage, ce jugement tranchant était surtout injuste à l'égard d'un auteur qui, sans éveiller une mauvaise pensée, savait par le charme de ses fictions créer un intérêt plus vif et plus honorable que n'a pu faire le spirituel seigneur de Ferney lui-même avec le secours d'Asmodée, quand ce malicieux esprit lui a prêté toute son inspiration dans les contes de *Candide* et de *Zadig* (1).

Abbotsford, 20 septembre 1822.

---

(1) PRÉCIS *de la querelle littéraire sur la propriété nationale de* Gil Blas.

Qu'oserions-nous ajouter à l'appréciation précédente de *Gil Blas* et de Lesage par le premier romancier de nos jours? La notice de sir Walter Scott satisfait plus l'amour-propre national que ne pourrait le faire l'éloge le plus pompeux composé par un de nos compatriotes. Espérons qu'elle dissipera quelques préventions plus ou moins fondées qui s'étaient élevées parmi nous sur la *partialité anglaise* du barde d'Écosse. Nous tâcherons de prouver ailleurs que ces préventions ont souvent été trop exigeantes contre un auteur qui, après tout, ne saurait renoncer pour notre plaisir à tous les préjugés de sa nation envers la nôtre. Mais dans une question aussi délicate que celle de la *propriété* de *Gil Blas*, nous devons savoir gré à sir Walter Scott de s'être prononcé franchement en faveur de la France, quand il aurait eu pour lui non-seulement toute l'Espagne, mais encore quelques Français parmi lesquels le grand nom de Voltaire se trouve compromis. Heureusement les argumens de Voltaire lui-même sont les plus faciles à renverser. Ce grand écrivain, qui avait toutes les petites faiblesses des petits auteurs, ennemi de Lesage et dépité sans doute de n'avoir pu arrêter le succès de *Gil Blas* en glissant légèrement sur le mérite de cet ouvrage dans sa première édition du *Siècle de Louis XIV*, imagina dans les éditions subséquentes d'accuser Lesage de plagiat ; il se contenta dans ce but d'énoncer que *Gil Blas* était pris *entièrement* d'un livre espagnol intitulé : *la Vidad de lo escudero don Marco Obregon*. Heureusement la vie de l'écuyer Obregon existait, et ce qui rend presque inexplicable la légèreté avec laquelle Voltaire osa risquer une telle assertion, c'est qu'il avait paru une nouvelle traduction française du roman de Vincent Espinel depuis le règne de Louis XIV. Quelques adeptes, accoutumés à croire Voltaire sur parole, répandirent la découverte du prétendu plagiat jusqu'en Espagne, où l'on ne savait pas que Cervantes avait un rival de sa propre nation sous un nom français. Mais on ne découvrit dans *Marco Obregon* que quelques idées premières et deux ou trois scènes comiques dont Lesage avait évidemment fait son profit. Les plagiats de Voltaire ont été de temps à autre plus considérables.

N'importe, l'éveil avait été donné aux critiques de la Péninsule ; et un père Isla, jésuite, se chargea en 1787 de revendiquer *Gil Blas* sur de nouveaux titres. Il en composa une traduction très-inégale, souvent même inexacte, et avec une audace toute jésuitique il osa la publier et l'intituler : — *Gil Blas de Sentillana vuelto à su patria*, etc. etc. — *Gil Blas de Sentillane, restitué à sa patrie par un Espagnol zélé, qui ne souffre pas qu'on se moque d'elle.*

Cette conquête valait bien la peine que l'*Espagnol zélé* y attachât son nom ; mais le disciple de Loyola, par un reste de conscience, ne se crut pas tellement sûr de son fait qu'il ne jugeât nécessaire de publier d'abord sa méchante *retraduction* sous les noms supposés de *Don Joaquin Frederico Issalpo*. Qu'on n'objecte pas sa robe comme le prétexte respectable de cet incognito ; le jésuite, qui était homme d'esprit et même de goût, avait déjà publié entre autres ouvrages le roman satirique de *Frère Gérondif* contre les mauvais prédicateurs de son pays. Les motifs de *la restitution* sont exposés dans un long prologue où il n'oublie pas de dire, pour son propre compte, que les romans sont d'excellens livres, parce que le Saint-Esprit en a composé lui-même dans l'Écriture ; car, ajoute le disciple d'Escobar, les paraboles de la Bible sont de petits romans, les romans sont donc de longues paraboles. A ce compte, le paradis rêvé par Gray, dont parle sir Walter Scott dans la notice sur Lesage, ne serait pas une conception si profane. Quant au roman de *Gil Blas*, le jésuite, après avoir prouvé son excellence, ce qui était la partie la plus facile de sa tâche, prétend que Lesage passa plusieurs années en Espagne, (fait dont la fausseté est avérée), et qu'un ami lui confia le manuscrit de *Gil Blas*, pour le traduire et l'imprimer à Paris; parce que cette satire politique *eût coûté la vie* à tout imprimeur, prote et compositeur espagnols qui se seraient avisés de la publier. Ravi de cette petite invention, et triomphant comme son héros Gérondif après un de ses plus beaux sermons, le père Isla s'écrie: *Che si non sia vero, al meno è ben trovato!* Cette revendication bouffonne a fait quelque temps fortune, et un académicien commentateur de Lesage a pris la peine de la traduire et de la réfuter longuement. Par malheur ce savant académicien n'entend qu'imparfaitement la langue du père Isla. Quelques-uns de ses contresens inévitables ont donné beau jeu à un troisième *Espagnol zélé* qui n'aime pas non plus qu'on se moque impunément de sa nation; celui-ci est l'auteur un peu lourd de l'*Histoire de l'inquisition*, J. Llorente, qui adresse à la *générosité française* trois cent six pages de *démentis* contre M. le comte de Neufchâteau. Ce factum nous offre la même histoire du manuscrit de *Gil Blas*, apporté cette fois en France par le père de l'abbé Jules de Lyonne, qui le légua à Lesage, avec d'autres dépouilles opimes de la littérature espagnole. Il paraît prouvé au seigneur don Llorente que ce roman avait été composé originairement, pendant le règne de Philippe IV, sous le titre du *Bachelier de Salamanque*, et que Gil Blas n'est autre chose que le bachelier *démembré* à plusieurs reprises, et grossi de *nouvelles* pillées à d'autres romanciers ou auteurs dramatiques espagnols. Les *Aventures de Gil Blas* une *olla podrida* de plagiats partiels! Et nous qui en admirons le plan autant que les détails, l'enchaînement autant que la variété des anecdotes, et cette invention si féconde de Lesage de conduire son héros par toutes les épreuves et les conditions de la vie! Et ce malheureux *Bachelier de Salamanque*, qui ainsi torturé, mutilé, démembré, fournit encore un roman tout entier en trois volumes publié par le spoliateur avec son titre primitif! Nous apprenons enfin le nom de l'auteur véritable: c'est Antonio de Solis y Ribadeneira. Et comment a-t-il été désigné à M. Llorente? il l'a reconnu parmi trente-huit écrivains *remarquables*, ses contemporains, *comme le plus propre à composer Gil Blas par la tournure particulière de son esprit.* Si le patriotisme inspire de pareilles illusions, elles ont encore un côté respectable; mais, pour cette histoire du moins, vous ne pourrez pas dire, M. Llorente, comme votre compatriote le jésuite: *Si non sia vero, è ben trovato.* Nous n'abuserons pas de la bonhomie de M. Llorente pour analyser les divers chapitres de son factum, où il soutient sa thèse contre Lesage en démontrant comment il sait tantôt trop bien l'espagnol pour un Français, et tantôt pas assez bien pour un traducteur. Selon lui, gêné par les difficultés de son texte, Lesage *n'a pas dans Gil Blas toute la grace et l'aisance de son style;* de plus, il avait quelque peine à déchiffrer son manuscrit espagnol; car il a écorché plusieurs noms propres! A la bonne heure, M. Llorente, attaquez Lesage sur l'orthographe espagnole; mais quant à son style, permettez-nous de croire que nous sommes seuls juges compétens. Or, si l'Espagne parvenait à prouver que *Gil Blas* n'est qu'une traduction, cette traduction n'en resterait pas moins un modèle du style naturel, et le plus riche trésor de toutes les locutions nobles et familières de la langue française. M. Llorente veut enfin démontrer mathématiquement que Lesage pourrait réclamer tout au plus comme siennes, sinon *pillées* dans des manuscrits inconnus, six cents pages de son *Gil Blas.* La partie historique lui est surtout disputée comme volée aux *Mémoires contemporains* et aux *Dictionnaires biographiques;* quelque jour nous verrons également attribuer la moitié du roman épique d'*Ivanhoe* à l'excellente histoire des Anglo-Saxons par M. Sharon-Turner, les trois quarts des *Puritains d'Écosse* aux *Mémoires sur les guerres civiles d'Angleterre,* etc., etc.

Le dernier champion des prétentions de l'Espagne au sujet de *Gil Blas* est un rédacteur de la *Biographie universelle,* M. Bocous, qui oubliant à dessein Vincent Espinel et Antonio de Solis, nous déclare qu'il *paraît certain qu'on voit encore à l'Escurial le manuscrit original de Gil Blas, qui par la date, le style, et même l'écriture de* 1640, *ne peut être une traduction du roman de Lesage, publié plus d'un siècle après cette époque.*

Certes, fiers de nos richesses littéraires, nous avons eu le tort d'adopter trop long-temps la fausse assertion de Montesquieu, quand il a dit que l'Espagne n'avait qu'un bon livre, celui qui se moquait de tous les autres. Nous avons même des obligations très-précieuses à la littérature espagnole; le grand Corneille et Molière lui-même démentiraient Montesquieu au besoin. Comme Corneille et Molière, Lesage s'est inspiré de l'esprit du théâtre des Espagnols, de l'esprit de leurs romanciers, et leur a ravi des scènes et des nouvelles entières ; mais l'ensemble de *Gil Blas* lui appartient légitimement ; ou si l'Espagne avait entre les mains le moyen de revendiquer la propriété d'un tel livre, sa littérature serait-elle plus riche que la nôtre, elle ne dédaignerait pas de faire valoir clairement tous ses droits sur ce chef-d'œuvre des romans de mœurs. Jusqu'à ce jour, le procès est jugé en notre faveur ; que l'Espagne en appelle quand elle pourra. — Éd.

NOTICE

BIOGRAPHIQUE ET LITTÉRAIRE

SUR

SAMUEL RICHARDSON.

Une dame dont le nom sera cher long-temps aux amis de la littérature, mistress Barbault, a déjà écrit avec esprit et avec une élégante simplicité la vie de Richardson, qui fut excellent homme autant qu'écrivain ingénieux. Les principales circonstances de notre notice sont, comme on doit le présumer, extraites de cet ouvrage, auquel nous ne pourrions rien ajouter d'important, et qu'on trouve en tête de la correspondance de Richardson, publiée en 1804, par Philips, en six volumes.

Samuel RICHARDSON naquit dans le comté de Derby, en 1689. Son grand-père avait eu plusieurs fils : sa famille appartenait à la classe moyenne de la société; et sa fortune avait été tellement réduite que ses enfans furent élevés pour être artisans. La mère de Richardson descendait aussi de parens honnêtes ; mais la mort de son père et de sa mère, qui ne survécurent l'un à l'autre qu'une demi-heure dans la peste qui désola l'Angleterre en 1663, l'avait laissée orpheline dans un très-bas âge : on ne dit point quel était son nom. Le père de Samuel était menuisier, et avait été employé en cette qualité par le malheureux duc de Monmouth (1). Craignant peut-être le même sort que College, son compagnon, et bien connu dans ce temps-là sous le nom du menuisier protestant (2), il se retira à Shrewsbury.

Ayant essuyé des pertes considérables dans son état, Richardson le père ne put donner à son fils Samuel qu'une éducation très-ordinaire; et Samuel, qui devait parvenir à un rang si éminent dans la littérature anglaise, ne connaissait d'autre langue que la sienne. Malgré ces désavantages, et peut-être à cause de ces désavantages même, le jeune Richardson se livra de très-bonne heure, par une sorte d'instinct, au genre de talent qui devait rendre son nom immortel. Nous allons transcrire ses propres expressions, car on ne peut rien y changer.

« Je me souviens que l'on me remarquait dès mon
« jeune âge comme doué d'invention. Je n'aimais point
« à jouer comme les autres écoliers; mes camarades
« m'appelaient *le Sérieux* et *M. Gravité* : il y en avait cinq

---

(1) Le duc de Monmouth avait conspiré contre Jacques II. Il était le fils naturel de Charles II. C'est le même qui joue un rôle dans le roman d'*Old mortality* (les Puritains). Voyez aussi l'*Histoire de la révolution de 1688 en Angleterre*, par M. Mazure. Paris, 1825. — Éd.

(2) Voyez le procès de College dans le 3e vol. des *Causes célèbres étrangères*. — Éd.

« qui se plaisaient particulièrement à sortir seuls avec
« moi, soit pour faire une promenade, soit pour me
« mener chez leurs pères ou pour venir chez le mien,
« et se faire conter mes histoires, comme ils disaient.
« Je leur en contais quelques-unes que j'avais lues;
« je leur en disais d'autres que j'inventais, qu'ils ai-
« maient beaucoup, et qui souvent les touchaient. L'un
« d'eux entre autres, je me rappelle, voulait que j'é-
« crivisse une histoire, c'est ainsi qu'il l'appelait, sur
« le modèle de *Tommy Pots* (1) : j'ai oublié maintenant
« ce que c'était; je me souviens seulement que le héros
« était un domestique à qui une jeune et belle demoi-
« selle donnait la préférence (à cause de son bon na-
« turel) sur un jeune lord qui était un libertin. Toutes
« mes histoires, je suis fier de le dire, avaient une
« excellente morale (2). »

Mais Richardson trouva dans l'autre sexe un auditoire dont l'âme avait encore plus d'affinité avec son
jeune talent. Une vieille dame, il est vrai, paraît avoir
reçu assez mal une lettre dans laquelle le futur moraliste, dans un avis amical, faisait contraster les prétentions de ladite dame à la piété, avec le plaisir qu'elle
trouvait à médire des gens en leur absence; mais il
était bien accueilli des jeunes personnes sentimentales.

« Timide et réservé, dit-il, j'étais recherché par
« toutes les jeunes personnes de goût dans le voisinage
« et qui avaient quelque instruction. Cinq à six de ces
« jeunes demoiselles, quand elles se réunissaient pour
« coudre, qu'elles avaient un livre qui leur plaisait et
« qu'elles croyaient de nature à me plaire aussi, *m'em-*

---

(1) Conte d'enfant. — Éd.
(2) *Vie de Richardson*, vol. I, p. 36, 37.

« *pruntaient* pour leur en faire la lecture : leurs mères
« y assistaient quelquefois ; et les mères et les filles
« goûtaient fort les remarques qu'elles m'excitaient à
« faire. Je n'avais que treize ans, lorsque trois de
« ces jeunes personnes, ayant une haute opinion
« de ma taciturnité, me révélèrent, à l'insu les unes
« des autres, leurs secrets amoureux, pour m'enga-
« ger à leur donner des copies de lettres, ou à corri-
« ger les réponses aux lettres de leurs amans ; aucune
« d'elles n'a jamais su que j'étais le secrétaire des au-
« tres. On me chargeait de gronder, de rebuter même
« quand on se fâchait ; mais quand on avait été offensée,
« ou qu'on se plaignait, le cœur de celle qui voulait
« gronder ou rebuter le coupable se montrait à moi
« plein d'estime et d'affection, et craignant d'être prise
« au mot, on me disait d'adoucir ce terme-ci, de chan-
« ger ce mot-là. Une de ces jeunes personnes, enchantée
« de l'ardeur de son amant, de ses sermens d'un amour
« éternel, et à qui je demandai ce qu'il fallait écrire,
« me dit : — Je ne saurais trop vous le dire ; mais (le
« cœur sur les lèvres) vous ne pouvez lui écrire avec
» trop de douceur. — Toute sa crainte était de s'ex-
« poser à encourir le dédain par sa bonté (1). »

Le père de Richardson avait eu l'ambition de faire de son fils un ecclésiastique ; mais sa fortune ne lui permettant pas de lui donner l'éducation qu'exige ce ministère, Samuel fut destiné à une profession liée de près à la littérature, et il fut mis en apprentissage en 1706 chez M. Wilde, imprimeur. Industrieux, intelligent, réglé dans ses habitudes, et attentif à ses devoirs, dont aucune passion ne le détournait, Richardson fit des progrès rapides dans la profession d'imprimeur.

(1) *Vie de Richardson*, vol. I, p. 39, 40.

« Je fis mes sept années d'apprentissage, dit-il, sous
« un maître qui m'enviait toutes les heures qui ne tour-
« naient pas à son profit, même les momens de loisir
« et de récréation que mes camarades, moins dociles,
« le *forçaient* de leur accorder, et dont les apprentis
« jouissaient chez les autres maîtres. Je prenais sur mes
« heures de repos le temps que j'employais à lire pour
« cultiver mon esprit; et j'entretenais une correspon-
« dance avec un *gentleman* très-riche, d'un état bien
« au-dessus du mien; et qui, s'il eût vécu, avait l'in-
« tention de faire beaucoup pour moi : voilà les seules
« occasions que j'eusse de profiter de mes dispositions
« naturelles. Un petit incident que je puis faire con-
« naître, c'est que j'avais soin d'acheter ma chandelle,
« afin que mon maître, qui m'appelait la colonne de sa
« maison, ne pût se plaindre de la moindre négligence;
« je ne me fatiguais pas en veillant trop tard, afin
« que mes occupations de la journée n'en souffrissent
« pas (1). »

La correspondance entre Richardson et le *gentleman* qui avait si judicieusement choisi l'objet de son patronage était volumineuse; mais, à la mort prématurée de cet ami, elle fut, d'après ses intentions, livrée aux flammes.

Richardson passa encore plusieurs années dans les obscures occupations de l'imprimerie, avant de prendre ses lettres de citoyen de Londres et de s'établir maître imprimeur. On découvrit bientôt ses talens pour la littérature, et il écrivit, pour rendre service aux libraires, des préfaces, des épîtres dédicatoires, et autres articles du même genre. Il imprima plusieurs des jour-

(1) *Vie de Richardson*, vol. I, p. 41, 42.

naux périodiques recherchés à cette époque, et M. Onslow, orateur de la chambre des communes, obtint pour lui l'impression lucrative des journaux de la chambre; quoique Richardson ait eu à se plaindre de quelques retards dans les paiemens, il dut retirer de grands avantages de cette entreprise.

Ponctuel à remplir ses engagemens, surveillant soigneusement ses affaires, Richardson se trouva sur le chemin de la fortune, et jouit de la considération qui l'accompagne. En 1754, il fut élu maître de la corporation des *Stationers* (1); en 1760, il acheta une moitié de la patente d'imprimeur du roi, et par-là augmenta considérablement son revenu. Il était fort à son aise, et, indépendamment de sa maison dans *Salisbury-Court*, il prit une maison de campagne, d'abord à North-End, près de Hammersmith, et ensuite à Parsons-Green (2).

Richardson a été marié deux fois : d'abord à Allington Wilde, fille de l'imprimeur chez lequel il avait fait son apprentissage, et ensuite, en 1731, à la sœur de James Leake, libraire : cette seconde femme survécut à son mari. Voici le tableau touchant de ses malheurs de famille tel qu'il est tracé dans une lettre à lady Bradshaigh.

« Je vous ai dit, madame, que j'ai été marié deux
« fois; et j'ai été heureux dans ces deux mariages; vous
« le croirez quant au premier, lorsque je vous dirai
« que je chéris encore la mémoire de la femme que j'ai
« perdue; quant au second, lorsque je vous assurerai
« que je puis la chérir sans rien diminuer du mérite de

---

(1) *Stationers*, marchands papetiers, qui font aussi en petit le commerce de la librairie. — Éd.

(2) Village de la banlieue de Londres. — Éd.

« ma femme actuelle, et sans qu'elle s'en plaigne, car
« elle en parle en toute occasion avec autant d'affection
« et d'estime que moi-même.

« J'ai eu de ma première femme cinq fils et une
« fille; quelques-uns eussent été d'aimables petits ba-
« billards; ils avaient l'air de jouir d'une bonne santé,
« avaient une figure spirituelle, et annonçaient des dis-
« positions heureuses. La mort de l'un d'eux a, je crois,
« accéléré celle de sa mère, qui n'a jamais pu se con-
« soler de l'avoir perdu. J'ai eu de ma femme actuelle
« cinq filles et un fils; ce fils, qui donnait de grandes
« espérances, est mort; j'ai perdu une fille; il m'en
« reste quatre qui sont d'excellentes filles, et leur mère
« est tendre et d'un très-bon exemple pour elles.

« Ainsi, pour répondre à votre question, j'ai perdu
« six fils (tous mes fils) et deux filles, dont je ne me
« suis séparé qu'avec le plus grand regret. J'ai été aussi
« privé de parens très-proches et qui m'étaient bien
« chers; ces pertes m'ont profondément affligé. Je suis,
« je puis dire, très-susceptible d'impressions de cette
« nature. J'ai perdu un père, un père honnête, un bon
« père, par accident : il se cassa la cuisse en voulant
« faire un effort pour ne pas tomber après avoir glissé
« en traversant sa cour. J'ai long-temps pleuré mon
« père, que je n'ai point quitté dans sa dernière ma-
« ladie. J'ai perdu hors d'Angleterre deux frères que
« j'aimais tendrement. Un ami, plus précieux que beau-
« coup de frères, m'a été enlevé. Enfin onze morts m'ont
« affligé dans le cours de deux années! Mes nerfs furent
« si affectés par ces coups redoublés, que j'ai été obligé,
« après avoir consulté bien des médecins et essayé de
« tous les remèdes, de me mettre à un régime, non
« comme moyen de guérison, mais comme palliatif.

« Depuis sept ans, je m'abstiens de vin, de viande et de
« poisson : en ce moment je suis en deuil d'une sœur,
« dont je n'aurais jamais voulu me séparer si cela eût
« dépendu de moi. Après tant de malheurs, ne me per-
« mettrez-vous pas, madame, de rappeler à un monde
« frivole, plongé dans les plaisirs, ce que c'est que cette
« vie à laquelle on attache tant de prix, et d'engager
« mes semblables à s'armer contre ses vicissitudes (1) ? »

Mais cet aimable et excellent homme, malgré tant de pertes dans sa famille, n'était pas privé de tous les objets sur lesquels ses affections pouvaient s'exercer. Quatre filles lui restaient pour remplir les devoirs que l'ame sensible de leur père lui rendait si chers. Mary épousa, du vivant de son père, M. Ditcher, chirurgien estimé à Bath. Martha, qui avait été le principal secrétaire de son père, épousa après sa mort Edward Bridgen; et Sarah épousa M. Crowther, chirurgien dans Boswell-Court. Anne, d'un caractère aimable, mais dont la santé délicate avait souvent alarmé ses parens, survécut à toutes ses sœurs et à sa mère. Un neveu de Richardson lui rendit dans ses dernières années les soins d'un fils tendre, et l'aida à conduire ses affaires. Ici se termine tout ce qu'il est nécessaire de dire sur la famille et la postérité de cet auteur célèbre.

La vie privée de Richardson n'offre rien qui puisse exiger de longs détails. Nous avons parlé des occasions successives qui, prudemment et habilement saisies, l'élevèrent au premier rang dans une profession très-estimable. Toujours très-laborieux, il ne se livra à aucune spéculation, et ne se hâta point de vouloir jouir de la fortune qui lui souriait. Son industrie lui procura l'in-

---

(1) *Vie de Richardson*, vol. I, p 48, 49, 50.

dépendance et enfin la richesse. Cette fortune, acquise légitimement, fut administrée avec prudence, et dépensée libéralement. Maître bon et généreux, il savait encourager ses ouvriers à persévérer dans cette assiduité de travail à laquelle il devait d'avoir fait sa fortune : on dit qu'il avait coutume de cacher un petit écu parmi les caractères pour récompenser le compositeur qui arrivait le premier le matin à l'imprimerie. Sa judicieuse hospitalité ne connaissait point de bornes. Un de ses correspondans le peint assis à sa porte comme un vieux patriarche, invitant tous ceux qui passaient à entrer pour se rafraîchir, « et cela, dit mistress Barbauld, soit « qu'ils apportassent avec eux de quoi amuser leur hôte, « soit qu'ils vinssent seulement réclamer son attention et « celle de sa famille. »

Il était généreux, bienveillant envers les auteurs sans fortune, classe d'hommes avec laquelle sa profession le mettait en rapport : il vint plus d'une fois au secours du docteur Johnson, lorsque celui-ci était pauvre, et l'aida à se faire connaître. Les révolutions de sa vie domestique, quand on a déjà parlé des pertes qu'il éprouva dans sa famille, se bornent à deux grands événemens. Il changea sa maison de campagne à North-End, où, comme tous les gens riches de la Cité, il allait souvent, pour en prendre une à Parsons-Green (1), et il transporta son imprimerie d'un côté de Salisbury-Court à l'autre : il se plaint quelque part que mistress Richardson n'approuvait pas ce dernier changement. Si on examine de plus près la vie privée de Richardson (et qui n'aime pas à connaître les plus petits détails relatifs à un homme d'un si beau génie?) on trouve tant à

(1) Parsons-Green est à un mille de North-End. — Éd.

louer et si peu à censurer, que l'on croit lire l'analyse d'un de ces aimables caractères qu'il a tracés dans ses ouvrages. L'amour de l'espèce humaine, le désir de faire des heureux, ou d'être le témoin de leur bonheur, un calme que ne troublèrent jamais les passions; des plaisirs bornés à une conversation élégante, à une hospitalité sans bornes, et à un échange continuel de tout ce qu'il y a de douceur dans le commerce de la vie, voilà ce qui caractérise sa bonté et sa simplicité naturelles. Il aimait les enfans, et avait l'art de s'en faire aimer; car à cet égard les enfans ont la sagacité de la race canine; on ne les trompe point par des attentions qui ne sont pas sincères.

Une dame qui avait été reçue chez Richardson, et qui fait une description intéressante des habitudes et de l'intérieur de sa vertueuse famille, se souvient d'avoir resté assise des heures entières à ses genoux, attentive à ses moindres paroles. « Lorsque l'heure d'aller me coucher arrivait, dit-elle, je demandais la grace de rester encore un peu, et je me rappelle avec quelle bonté il appuyait ma pétition, et se rendait garant que je me passerais de la servante pour me mettre au lit et éteindre la lumière. » Quelque insignifians que puissent paraître ces souvenirs, ils prouvent que l'auteur de *Clarisse* était dans son intérieur cet homme doux et bon que nous aimons à nous figurer en pensant à lui.

Le défaut dominant de Richardson paraît avoir été la vanité. Cette vanité devait naturellement être excitée par la réputation dont il jouissait en Angleterre et chez l'étranger, et par l'admiration continuelle du cercle dans lequel il vivait. La vanité est une faiblesse qui s'enracine facilement dans l'esprit de tout homme qui a été loué aussi généralement que Richardson, mais il

nourrit et laissa fortifier ce penchant qu'un homme d'un caractère plus ferme aurait combattu et surmonté. La coupe de Circé changeait les hommes en bêtes; la coupe de la louange, vidée à longs traits et avidement, manque rarement de rendre les sages fous jusqu'à un certain point. Il semble que le défaut de fermeté dans le caractère de Richardson, joint à la sensibilité naturelle de son cœur, lui fit préférer la société des femmes, qui, par la vivacité de leurs sentimens et leur désir naturel de plaire, admirent toujours, ou plutôt idolâtrent le génie, et le flattent volontiers. Richardson voyait tous les jours des personnes de ce sexe, conversait tous les jours avec elles, ou leur écrivait; or ses ouvrages étaient, à ce qu'il paraît, le sujet inépuisable de ses conversations et de sa correspondance. Le docteur Johnson, d'un orgueil plus élevé, ne pouvait lui pardonner une vanité si puérile; voilà sans doute le motif du jugement de ce redoutable critique, rapporté par Boswell. Après avoir rendu à Richardson le tribut d'éloges qu'il ne pouvait refuser à son talent, Johnson ajoute : « L'étude continuelle de Richardson était d'é-
« viter de petits inconvéniens, et de se procurer de pe-
« tits plaisirs; tel était son désir de primer, qu'il avait
« soin d'être toujours entouré de femmes qui l'écou-
« taient sans oser contredire ses opinions, et il portait
« si loin la manie de paraître distingué partout et tou-
« jours, qu'il était dans l'usage de donner des étrennes
« considérables aux gens de l'orateur (1) Onslow, afin
« qu'ils le traitassent avec respect (2). »

(1) Le président de la chambre (*Speaker*). — Éd.

(2) *Vie de Richardson*, vol. I, p. 171, 172. Johnson parla en ces termes de Richardson chez un vénérable juge écossais, qui

Boswell raconte une anecdote qui tend à confirmer le jugement de Johnson, et qu'il tenait d'une dame présente à la conversation citée par lui.

Une personne, revenant de Paris, se trouva chez Richardson à sa maison de campagne à North-End, où il y avait une société nombreuse, et crut faire plaisir au maître de la maison en lui disant qu'elle avait vu sa *Clarisse* sur la table du frère du roi. Richardson, remarquant qu'une partie de la compagnie causait à part, affecta de n'avoir pas entendu, et profita du premier moment de silence général pour dire au voyageur : « Je crois, Monsieur, que vous disiez quelque chose sur... » Il s'arrêta dans l'espérance que le conteur allait recommencer ; mais celui-ci déçut son attente, et répondit : « Oh! rien qui vaille la peine d'être répété (1) ! »

Le fait est que Richardson, naturellement réservé et d'une constitution nerveuse, ayant reçu une éducation fort ordinaire, ne se souciait point de rencontrer les esprits plus âpres de son temps, dont la critique pou-

---

admirait tellement *Sir Charles Grandisson*, que l'on assure qu'il le relisait tous les ans en entier. — Éd.

(1) L'orgueil de Johnson lui-même fut très-flatté de trouver son dictionnaire dans le cabinet de toilette de lord Scarsdale, et il le montra de la main à son ami en citant la phrase classique, *Quæ terra nostri non plena laboris?* Mais, n'en déplaise à ces deux grandes autorités, la preuve la plus certaine de renommée est de trouver un ouvrage qui a quelque célébrité, non dans les cabinets des grands, qui achètent tous les livres paraissant avec un nom, mais dans la chaumière du pauvre, qui a dû nécessairement se condamner à des privations pour l'acheter (*).

(*) Telle est la gloire de sir Walter Scott lui-même, dont les poésies nationales et les romans font en quelque sorte partie du mobilier d'un Écossais.
Éd.

vait être trop sévère. Il paraît qu'il était réservé même en présence de Johnson, qui lui avait des obligations; et, quoique ce tout-puissant Aristarque assurât dans son langage d'une franchise parfois triviale qu'il avait le talent *de le faire regimber* et de l'animer, de tous les auteurs célèbres de cette époque, le docteur Young est le seul avec lequel Richardson ait été lié, et qui ait entretenu avec lui une correspondance suivie jusqu'à ses derniers jours. Aaron Hill, qui entreprit patriotiquement de lui faire boire des vins de manufacture anglaise (1), et M. Edwards, auteur des *Canons of criticism* (*Code de critique*), quoique tous deux hommes de mérite, ne peuvent être cités comme faisant exception.

La société de Richardson se bornait à un petit cercle de personnes aimables et de talent, qu'on pourrait comparer à des astres qui se contentaient de faire leurs révolutions dans des sphères inférieures autour de l'auteur de *Clarisse*, auquel ils ne disputaient point la position centrale. Les familles de Highmore et de Duncombe ont produit plus d'un individu de cette classe; et, indépendamment de mistress Donellan, et de miss Fielding, que Richardson aimait malgré les torts de son frère envers lui, il y avait une miss Mulso, une miss Westcombe et d'autres dames, remplies de vénération pour leur bon instituteur, qui leur avait permis de l'appeler leur père adoptif. Lorsque Richardson composa *Clarisse* et *sir Charles Grandisson*, il lisait une partie de son travail tous les matins à quelques-unes de ses favorites, et recevait, comme on le supposera facilement, un ample tribut de louanges

---

(1) On appelle en Angleterre *vins de manufacture anglaise* les vins de groseilles, de fleur de sureau, etc., etc., qui se font en Angleterre. — Éd.

dans ce cercle choisi, qui se permettait peu de critiques. Miss Highmore, qui avait hérité de son père son goût de la peinture, a fait un dessin d'une de ces matinées, dans lequel Richardson, en robe de chambre et en bonnet de nuit, lit à un petit groupe d'auditeurs le manuscrit de *sir Charles Grandisson*.

Tout cela était fort aimable; mais tenait peut-être à un *goût féminin* de flatteries et d'applaudissemens; et nous sommes forcés de reconnaître que Richardson ne dédaignait pas l'encens offert par des mains moins pures que celles de sa société habituelle. Nous ne nous arrêterons point à Lætitia Pilkington (1), qui, sans doute, dut à ses besoins plutôt qu'à ses louanges exagérées les bontés de Richardson, malgré l'infamie attachée à son nom. Mais nous sommes scandalisés de voir le vieux Cibber (2), ce vétéran d'iniquités, admis dans la société du vertueux Richardson, et ce barbon libertin se rendre agréable à l'auteur de *sir Charles Grandisson* par des plaisanteries vulgaires, comme celles que nous ne pouvons nous dispenser de transcrire:

(1) Lætitia Pilkington était la fille du docteur Van Lewen, médecin de Dublin. Elle épousa le révérend Mathieu Pilkington; mais son inconduite amena une séparation entre les deux époux, et elle se rendit à Londres, où elle vécut de sa plume et des dons de quelques hommes généreux ou faciles comme Richardson. Lætitia Pilkington mourut à Dublin en 1750, âgée de trente-huit ans. Elle a écrit des pièces de théâtre et des mémoires sur sa vie. Son fils, John Carteret Pilkington, était un aventurier qui a écrit aussi ses mémoires. — Éd.

(2) Si Walter Scott parle ici tout-à-fait sérieusement, il nous semble qu'il traite avec un peu de sévérité l'auteur-comédien que Pope a fait figurer assez injustement dans la *Dunciade*. Cibber avait vécu avec les courtisans licencieux de Charles II, et conservait la tradition de leurs mœurs, comme le prouvent ses comédies.
Éd.

« Je viens d'achever la lecture des feuilles que vous
« m'avez confiées : je n'ai jamais eu de plus forte preuve
« de votre malice; pouvez-vous bien me tenir ainsi le
« bec dans l'eau jusqu'à ce que je vous revoie ? par
« Dieu (1)! je suis bien impatient de savoir ce qu'*elle*
« est devenue. Quoi, vous! je ne sais comment vous
« appeler! Ah! ah! vous pouvez rire tant qu'il vous
« plaira : comment oserez-vous me regarder en face,
« si votre héroïne n'ose plus se montrer? Dans quel in-
« fame et infernal état vous l'avez plongée! Pour l'a-
« mour de Dieu, envoyez-moi la suite, ou je ne sais que
« dire! »

Un autre passage de la lettre de ce *vieux vaurien* est
un échantillon de la plaisanterie de bon ton d'un libertin du théâtre, s'adressant à l'auteur le plus sentimental du temps, et lui parlant du caractère le plus
parfait qu'il ait tracé, et pour lequel il avait une prédilection marquée. « Le délicieux repas que j'ai fait de
« miss Byron, dimanche dernier, m'a donné de l'ap-
« pétit, et j'en voudrais une autre tranche avant que
« le public ait la pièce entière. Si vous le trouvez bon,
« nous irons, mistress Brown et moi, demain à cinq
« heures, pignocher un morceau de miss Byron ; mais
« nous vous prions d'engager mistress Richardson et
« toute votre famille à en prendre leur part (2). »

L'amour de la louange, quand on s'y livre sans réflexion, habitue un auteur à savourer les applaudissemens d'hommes méprisables, et à les préférer à la
censure des hommes sages ; mais ce qui est moins pardonnable, ils deviennent facilement portés à envier

(1) *Zounds!*
(2) *Correspondance de Richardson*, vol. II, p. 176.

aux autres la faveur dont ils jouissent dans l'opinion du public. Richardson avait un trop grand fonds de bonté et d'honnêteté pour laisser l'envie s'enraciner dans son cœur; cependant le sentiment présomptueux de son importance l'a rendu injuste envers les autres. Il était trop disposé à mal penser des auteurs auxquels on peut reprocher avec justice de n'avoir pas toujours observé, dans leurs ouvrages, les règles des convenances et de la délicatesse. Il fait dans sa correspondance un tableau de la jeunesse du docteur Swift très-injurieux à la réputation morale de ce grand écrivain, et ce tableau était d'ailleurs une calomnie comme le docteur Barrett est parvenu à le démontrer. Richardson a aussi dénoncé avec une sévérité presque sans exemple le manque de décence que l'on peut reprocher à *Tristram Shandy*, sans payer au génie de l'auteur le tribut d'éloges qui, dans tous les cas, lui était dû. Richardson s'est réuni à Aaron Hill pour répéter l'éternel refrain, que Pope avait trop écrit.

Enfin, si une insulte gratuite de Fielding justifie en quelque sorte l'éloignement que Richardson avait pour l'auteur de *Tom Jones*, il le manifeste trop souvent, quoiqu'il prenne la précaution de l'attribuer à un sentiment de charité et de candeur; et l'on est tenté de soupçonner que le succès de *Tom Jones* entrait pour le moins autant que l'immoralité prétendue de ce roman dans l'opinion défavorable que Richardson exprime si souvent de Fielding. Il eût été plus généreux de réfléchir que, tandis qu'il était en sûreté dans le port, ou poussé par le vent favorable des applaudissemens publics, son rival avait à lutter contre le courant et l'orage (1). Mais nous avons fait dans la vie de Fielding

(1) Telle n'a pas été la conduite de sir Walter Scott envers son

des remarques qui nous dispensent de nous étendre davantage sur ce sujet. De tous les tableaux de la vie des hommes de lettres, celui qui nous montre deux écrivains d'un talent supérieur occupés à se déprécier l'un l'autre est le plus humiliant pour la nature humaine, et le plus pénible à contempler pour tout lecteur honnête et éclairé. Il paraît du reste que Fielding est le seul écrivain contre lequel Richardson ait nourri de l'inimitié. Mais on regrette que dans sa correspondance on ne trouve rien qui annonce de l'attachement ou de l'admiration pour le génie de ses contemporains.

On serait tenté de penser que l'envie seule peut s'arrêter si long-temps sur cette tache pardonnable d'un caractère aussi aimable et aussi pur. Mais il n'est pas inutile de faire apercevoir que la soif de la louange et un sentiment d'émulation littéraire, faiblesses bien pardonnables en elles-mêmes, et si naturelles aux tempéramens poétiques, ont des conséquences préjudiciables à la réputation méritée de l'auteur le plus ingénieux, et de l'homme le plus estimable, comme un insecte corrompt le baume le plus précieux. Les auteurs, surtout ceux qui cultivent la littérature légère, doivent bien se pénétrer de cette grande vérité : que leur art est exposé au *non est tanti* des critiques, et que, par cette raison, ils doivent éviter, comme ils éviteraient la cour d'Alcine, cette espèce de société qui forme autour d'un écrivain de quelque réputation une atmosphère de complaisance, de condescendance et de flatterie.

En terminant ces observations, nous ne pouvons

---

rival de gloire, lord Byron. Sans partager ses opinions en morale et en politique, il a su rendre hommage loyalement, même à l'Odyssée satirique de Don Juan, au lieu de se joindre aux détracteurs hypocrites du grand poète. — ÉD.

omettre de dire que la correspondance de Richardson avec une de ses admiratrices les plus enthousiastes, et celle qui était la plus distinguée par ses talens, commença et continua pendant quelque temps d'une manière qui aurait pu former un incident agréable dans un de ses romans ; cette dame était lady Bradshaigh, épouse de sir Roger Bradshaigh, de Haigh, dans le comté de Lancastre. Les grands talens de cette dame et son goût passionné pour la littérature eurent à combattre les préjugés qui, dans ce temps-là, flétrissaient d'une sorte de ridicule la femme qui, épouse d'un homme du grand monde, riche et considéré dans sa province, aurait eu un commerce épistolaire avec un auteur de profession. Pour satisfaire le désir très-vif qu'elle avait d'entrer en correspondance avec un écrivain aussi distingué que Richardson, lady Bradshaigh eut recours à l'expédient romanesque de lui écrire sous un nom supposé, et avec toutes les précautions que l'on prend dans des intentions moins honorables.

Richardson et son inconnue s'écrivirent très-souvent, et finirent par désirer de part et d'autre de se connaître personnellement. L'auteur fut prié de se promener dans le parc de Saint-James, à une heure fixée, et d'envoyer le signalement exact de sa personne, afin que sa belle correspondante, gardant toujours l'incognito, pût le distinguer de la foule des passans vulgaires. Le portrait suivant a toute l'exactitude avec laquelle Richardson décrivait les dehors de ses personnages imaginaires : il est en même temps précieux en ce qu'il nous fait connaître un homme de génie, dont le talent d'observer la vie du monde et les mœurs se trouve joint à des habitudes d'une vie timide et retirée.

« Je traverse le parc une ou deux fois la semaine pour

« aller à ma petite solitude; mais j'y serai pendant une
« semaine tous les jours trois ou quatre heures, à vos
« ordres, jusqu'à ce que vous me disiez que vous avez
« vu une personne qui ressemble au signalement sui-
« vant : — Petit, plutôt gras que maigre, malgré ses
« infirmités; taille de cinq pieds cinq pouces environ (1);
« perruque blonde; habit de drap de couleur claire,
« tout le reste noir; le plus souvent une main dans son
« sein; l'autre tenant une canne sur laquelle il s'appuie
« sous les basques de son habit, afin qu'elle lui serve
« de soutien presque invisible quand il a des treble-
« mens et des étourdissemens auxquels il est sujet,
« mais, Dieu merci, moins qu'autrefois; regardant droit
« devant lui, à ce qu'imaginent les passans, mais obser-
« vant tout ce qui s'agite à droite ou à gauche sans re-
« muer la tête, et se tournant rarement; — teint brun-
« clair; il a encore toutes ses dents, visage assez doux;
« les joues un peu rouges; paraissant quelquefois avoir
« à peu près soixante-cinq ans, quelquefois beaucoup
« moins; un pas régulier et gagnant du terrain sans se
« presser; yeux gris, trop souvent obscurcis par des
« vertiges, rarement vifs; mais très-vifs, si l'espérance
« de voir une dame qu'il aime et qu'il honore se réalise:
« le regard toujours fixé sur les dames; si elles ont de
« grands paniers sous leur jupon (2), il se donne un air
« fier et dédaigneux, afin qu'on le prenne pour un sage,
« et peut-être n'en paraît-il que plus *simple;* quand il se
« trouve près d'une dame, jamais son œil ne se fixe
« d'abord sur son visage, mais c'est sur ses pieds, et de
« là il le relève, assez vite pour un œil qui n'est pas vif;

(1) Le pied anglais a environ onze pouces — Éd.
(2) Costume du temps. — Éd.

« on croirait (si l'on croyait qu'il valût la peine qu'on le
« remarquât) que, d'après l'air de la dame et son visage
« (qu'il regarde le dernier), on croirait, dis-je, qu'il
« juge intérieurement qu'elle est comme ceci, ou comme
« cela ; puis il passe au premier objet qu'il rencontre,
« se retournant alors seulement, s'il a été frappé en bien
« ou en mal, comme pour voir si la dame paraît être
« complètement sous un jour ou sous l'autre. Le signa-
« lement est-il assez distinct, si vous êtes déterminée à
« conserver tous les avantages que vous avez? Et pen-
« sez-vous, madame, que vous puissiez faire quelque
« chose de cette figure bizarre, grotesque? quelque
« chose qui excite votre gaieté plutôt que de l'arrêter?
« J'ai la présomption de dire (et permettez-le-moi) que
« vous aimeriez mieux voir cette figure qu'aucune de
« celles que vous ayez jamais vues, quand vous vous
« apercevriez que vous êtes plus grave que vous ne
« voudriez l'être (1). »

Lady Bradshaigh, comme toutes les femmes en semblables occasions, ne put résister à l'envie d'exercer
une petite tyrannie capricieuse. On ne fit point attention d'abord aux promenades de Richardson dans le
parc. Les deux correspondans semblèrent se plaire à y
mettre de la coquetterie, mais ils étaient prêts à prendre
de l'humeur, et des plaintes assez vives commencèrent
de la part du monsieur. La dame laissa enfin tomber le
masque, et continua sous son vrai nom la correspondance. On lui doit la justice de dire que la raison et
l'esprit avec lesquels elle défend ses opinions, alors
même qu'elles sont contraires à celles de Richardson,

---

(1) *Correspondance de Richardson*, vol. IV, p. 290, 291, 292.
Éd.

font que ses lettres sont les plus agréables du recueil, et contrastent avec celles de quelques autres dames qui se contentaient d'être les échos des opinions et des sentimens du romancier.

Lady Bradshaigh avait une sœur, lady Echlin, qui correspondait aussi avec Richardson : il paraît que c'était une excellente femme; mais il n'y a dans ses lettres ni l'esprit ni le talent que l'on remarque dans celles de lady Bradshaigh. Lady Echlin avait néanmoins ses momens d'ambition critique. — Elle essaya même de réformer Lovelace, à ce que nous apprend mistress Barbauld, et se fit aider par un certain docteur Christian, dans ce pieux dessein, qui était, sans qu'il soit besoin de le dire au lecteur, une entreprise très-morale, mais trop difficile à exécuter.

L'admiration de son siècle, les louanges de sa société, l'affection si bien méritée de ses amis et de sa famille, ne mirent point Richardson à l'abri des misères attachées à l'humanité. Cet aimable écrivain éprouva des malheurs domestiques; ainsi que nous l'avons vu, il avait une santé précaire, et le système nerveux souvent affecté. Une vie sédentaire, une grande application, avaient rendu extrêmement délicate sa constitution qui n'était pas forte naturellement; et l'on croira sans peine que le travail d'une imagination constamment dans les régions de la fiction était plus capable d'augmenter que de soulager les attaques de nerfs qu'il éprouva dès sa jeunesse. Si, comme il l'a dit quelque part, il s'identifiait avec les caractères que son imagination créait, au point de pleurer sur les malheurs de Clarisse et de Clémentine, cette sensibilité excessive, ces émotions continuelles ont dû aggraver sa maladie. Dans ses dernières années, ses nerfs étaient tellement agités, qu'il ne pouvait porter un verre de vin à sa bouche, et qu'il ne pouvait boire que dans un grand gobelet. Le principal commis de sa maison ayant l'oreille très-dure, et Richardson ne pouvant plus supporter la fatigue de parler haut, il était obligé de communiquer avec lui par écrit. Il ne dépassa pas de beaucoup le temps marqué par le psalmiste pour la durée ordinaire de la vie. Le 4 de juillet 1761, Samuel Richardson mourut à l'âge de soixante-douze ans, et fut enterré, d'après ses ordres, à côté de sa première femme, dans la nef de l'église de Sainte-Brigite. Sa mort laissa dans le deuil toutes les personnes admises dans sa société, et excita les regrets de tous ceux qui admiraient ses talens, consacrés à faire chérir la vertu. Mistress Carter, son amie, composa l'épitaphe qu'on va lire, et qui, à ce que nous croyons, n'est pas sur sa tombe.

« Si jamais la bienveillance vous fut chère, si jamais la sagesse mérite votre sincère estime, si jamais une imagination aimable séduisit votre attention, approchez-vous avec respect de cette poussière : c'est celle de Richardson.

« Quoique sa muse connue dans les régions les plus lointaines pût se passer de l'honneur de cette humble pierre, cependant son ombre aimante sera charmée du plus simple gage de l'amitié et de l'amour. Car souvent l'amour et l'amitié exilés d'un monde vénal, et souvent l'innocence au doux visage, la charité vêtue de blanc et les larmes aux yeux, visiteront le cloître où repose celui qui les célébra.

« Apprends cela, lecteur, apprends-le de celle dont une vraie douleur inspire les accens et les vers sans art. Ah! si elle pouvait moduler sur un rhythme harmonieux l'éloge d'un époux, d'un père, d'un citoyen, d'un ami, comme sa muse vanterait aussi son jugement exquis et sa verve féconde. Mais non, n'espère pas de cette pierre sculptée les louanges qui ne sont gravées que dans nos cœurs. C'est là que sa gloire trouve un sanctuaire durable; et toujours ses pages touchantes consoleront la vérité, l'honneur et l'aimable vertu, tant que le goût et la science couronneront ces îles favorisées. »

On ne saurait trop louer le caractère de Richardson comme homme, en faisant la part des circonstances et de la fragilité humaine. Nous allons le considérer comme auteur, et, pour cela, examiner sa carrière littéraire et les ouvrages qu'il a laissés.

———

Ce ne fut que par hasard que Richardson trouva le genre de composition auquel son génie était surtout propre. De tout temps il eut de la facilité pour le style épistolaire; et, dès son enfance, il avait été accoutumé, comme nous l'avons vu, à prêter sa plume et par conséquent à écrire pour des personnes dont les caractères étaient différens du sien. Employé par les jeunes personnes dont il était le secrétaire et le confident, ce talent naturel dut nécessairement se perfectionner : il n'est pas moins certain que l'exercice de ce talent devait être très-agréable à l'écrivain. Le hasard le décida à écrire pour le public. Le récit de cette circonstance sera bien plus intéressant, venant de la plume de Richardson lui-même : nous allons donc copier ce qu'il dit à ce sujet dans sa lettre à Aaron Hill, qui était, ainsi que le public, très-curieux de savoir si l'histoire de Paméla était fondée sur des réalités.

« Je vais maintenant répondre à votre question, si
« l'histoire de Paméla est fondée sur un fait.

« Il y a environ vingt-cinq ans que j'étais intimement
« lié avec un noble ami, qui, hélas! n'existe plus! »
(C'est probablement le correspondant d'un rang élevé
et riche dont nous avons parlé page 133). « Il entendit
« raconter une histoire semblable à celle de Paméla,
« dans une des excursions qu'il était dans l'habitude de
« faire pendant l'été, accompagné d'un seul domestique.
« Dans toutes les auberges où il s'arrêtait, il s'informait
« de ce qu'il y avait à voir dans le voisinage ; et il s'in-
« forma particulièrement du nom du propriétaire d'une
« belle maison près de laquelle il avait passé à deux
« milles environ de l'auberge, et dont la situation lui
« avait plu.

« C'est une belle maison, lui dit l'aubergiste. Le pro-
« priétaire, M. B..., a de belles terres dans plus d'un
« comté. Son histoire et celle de sa femme attirent l'at-
« tention de tous les voyageurs bien plus que la maison
« et les jardins, qui valent pourtant bien la peine d'être
« vus. La dame est une des plus belles femmes de l'An-
« gleterre; mais les qualités de son cœur et de son esprit
« la rendent sans égale : bienfaisante et sage, elle est
« aimée et estimée des grands et des petits. A l'âge de
« douze ans, la mère de M. B..., dame vraiment respec-
« table, la prit en qualité de femme de chambre, à cause
« de sa douceur, de sa modestie, et de son esprit au-des-
« sus de son âge. Ses parens, ruinés pour avoir cau-
« tionné des amis, étaient honnêtes et pieux ; ils avaient
« élevé leur fille dans les meilleurs principes. Quand ils
« éprouvèrent leurs premiers malheurs, ils ouvrirent
« une petite école dans leur village, où ils étaient fort
« aimés : le mari enseignait aux garçons l'écriture et les
« premières règles de l'arithmétique ; la femme ensei-
« gnait aux filles à coudre, à tricoter et à filer : mais cela

« ne leur réussit pas; et quand mistress B... prit leur
« fille à son service, le mari gagnait sa vie à travailler à
« la journée, et aux travaux les plus pénibles de l'agri-
« culture.

« La jeune fille, croissant tous les jours en beauté
« comme en modestie, et se faisant remarquer par ses
« bonnes manières et sa bonne conduite, fixa, à l'âge de
« quinze ans, l'attention du fils de la dame. C'était un
« jeune homme dont les principes n'étaient pas trop sé-
« vères; et, à la mort de sa mère, il mit en œuvre tous
« les moyens de tentation pour séduire la jeune fille.
« Elle eut recours à plusieurs stratagèmes innocens pour
« éviter les pièges tendus à sa vertu : une fois cependant
« elle était, dans son désespoir, sur le point de se noyer.
« Sa noble résistance, sa prudence et ses excellentes
« qualités, désarmèrent celui qui avait espéré la séduire,
« et il résolut d'en faire sa femme. Elle se conduisit avec
« tant de douceur, de dignité et de modestie, qu'elle se
« fit aimer de tout le monde, même des parens de son
« mari, qui la méprisèrent d'abord; elle jouit mainte-
« nant des bénédictions du pauvre, du respect des
« riches, et de l'amour de son époux.

« Celui qui me raconta cette histoire ajouta qu'il
« avait eu la curiosité de séjourner, du vendredi au
« dimanche, dans le voisinage, afin de voir ces heu-
« reux époux à l'église, où ils allaient régulièrement : il
« les vit; il y avait dans leurs personnes un mélange de
« douceur, d'aisance et de dignité; il n'avait jamais vu
« une femme plus faite pour être aimée; le mari était
« aussi un très-bel homme, et paraissait fier de l'objet de
« son choix; la femme attirait le respect des personnes
« de rang, et les bénédictions des pauvres. Mon ami me
« raconta leur histoire avec un véritable enthousiasme.

« Voilà, monsieur, le fondement de l'histoire de Pa-
« méla; mais je ne pensais pas à en faire un roman. Ce
« fut ce que je vais vous dire qui me détermina à la
« publier.

« M. Rivington et M. Osborne (1), dont vous voyez
« les noms sur la page du titre, me pressaient depuis
« long-temps de leur donner un petit livre (qu'on leur
« demandait souvent, me disaient-ils), en forme de
« lettres sur les choses utiles de la vie ordinaire. Cédant
« enfin à leur importunité, je me mis à penser aux su-
« jets qui me paraissaient les plus propres à remplir ce
« cadre, et jetai sur le papier plusieurs lettres. Dans le
« nombre, je pensai à en écrire une ou deux pour
« mettre sur leurs gardes les jeunes personnes placées
« dans la situation où Paméla se trouve. Je ne songeais
« guère à faire un volume, et encore moins deux. Mais,
« en me rappelant ce que mon ami m'avait raconté
« plusieurs années auparavant, je m'imaginai que son
« récit, écrit d'une manière facile, naturelle et con-
« forme à sa simplicité, pourrait donner l'idée d'un
« nouveau genre d'ouvrage, capable d'inspirer aux
« jeunes gens du goût pour des lectures différentes de
« celle des romans composés avec emphase et préten-
« tion, et qui, dégagé des invraisemblances et du mer-
« veilleux dont presque tous les romans abondent,
« servirait la cause de la religion et de la vertu. Je lais-
« sai donc aller ma plume, et *Paméla* devint ce qu'elle
« est aujourd'hui. Mais je comptais si peu sur le succès
« de cette production, que je n'eus pas le courage d'en-
« voyer les deux volumes à vos dames, avant que le pu-
« blic en eût jugé favorablement.

(1) Libraires-éditeurs de l'époque. — ÉD.

« Lorsque je composais *Paméla*, ma digne et respec-
« table femme et la jeune dame qui est avec nous, à
« qui j'avais lu quelques parties du roman commencé,
« mais sans les mettre dans mon secret, avaient cou-
« tume de venir tous les soirs dans mon petit cabinet.
« — Avez-vous quelque chose à nous dire de *Paméla*,
« M. Richardson ? — C'était la question ordinaire. —
« Nous venons pour apprendre s'il lui est arrivé quel-
« chose de nouveau, etc. Cela m'encouragea, et je tra-
« vaillai avec tant d'ardeur, malgré les occupations de
« mon état, que, d'après un mémorandum que je fis
« sur mon manuscrit, l'ouvrage, commencé le 10 de
« novembre 1739, était achevé le 10 janvier 1740. Dût-
« on m'accuser de vanité, et quelque opinion que l'on
« prenne du goût des deux personnes que je consultais,
« ces circonstances me rappellent souvent l'histoire de
« la servante de Molière.

« Vous serez étonné, d'après l'opinion peu favorable
» que j'avais de ce roman, de la préface que j'y ai mise.
« Voici le fait : l'approbation de mes deux juges du
« sexe féminin, et de deux autres amies qui voulurent
« bien faire des préfaces pour mon livre, mais que je
« trouvai trop longues et trop minutieuses, me décida
« à faire moi-même la préface. Encouragé par le juge-
« ment favorable de ces quatre personnes, et sachant
« que les neuf dixièmes des lecteurs jugent sur parole,
« je fis la préface que vous connaissez, et je me mis à
« couvert sous le masque d'éditeur (1). Voilà, monsieur,
« toute l'histoire. »

(1) Sous le titre emprunté d'éditeur, il louait beaucoup l'ouvrage ; quelques-uns de ses amis l'en blâmèrent.

(*Note de sir Walter Scott.*)

Paméla, dont nous connaissons maintenant l'origine, fut publiée en 1740, et fit une grande sensation. Jusqu'alors les romans étaient tous dans l'ancien goût français ; ce n'était que l'histoire des amours sans fin de princes et de princesses, racontée en style exagéré à froid, et d'une métaphysique absurde. Ces productions fastidieuses n'offraient pas la moindre expression d'un sentiment vrai. On ne cherchait pas à y peindre l'espèce humaine telle qu'elle est dans le cours ordinaire de la vie ; tout était phébus et galimatias ; l'auteur était toujours monté sur des échasses, ou avait chaussé le cothurne. Si Richardson n'avait pas d'autres titres à la gloire, il aurait du moins celle d'avoir arraché ces masques qui déguisaient tous les traits naturels de la physionomie humaine, pour nous la présenter enfin dans sa nudité, avec toutes ses nuances mobiles, et agitée par les mouvemens des passions. Les lecteurs qui ont été obligés de lire les énormes *in-folios* vides de sens dont nos ancêtres se servaient comme de potions soporifiques peuvent seuls apprécier le plaisir que fit éprouver ce retour inespéré à la nature et à la vérité.

La simplicité du roman de Richardson ajouta à la surprise. Une jeune fille dont l'innocence est exposée aux séductions d'un maître dissolu qui a recours même à la violence, et qui est obligé enfin de céder à l'empire de cette vertu qu'il n'a pu ni séduire ni vaincre ; cette jeune fille récompensée de sa persévérance par le titre d'épouse de ce maître qui, rentré dans les sentiers de l'honneur, l'élève à son rang, et met sa fortune à ses pieds : tel fut le roman simple qui vint étonner et émouvoir le lecteur.

Mistress Barbauld remarque très-judicieusement que le caracactère de Paméla est loin d'offrir le modèle d'une vertu parfaite. Elle montre à la fin de l'histoire une prudence réfléchie à laquelle on est forcé de refuser le nom de vertu. On voit qu'elle n'avait d'abord point d'amour pour M. B...; ainsi point de passion dans le cœur à combattre; point de trahison à étouffer dans la garnison quand l'ennemi était aux portes de la place. Richardson ne voulut pas donner à son roman cette couleur, parce que son but n'était pas de faire de l'effet, mais d'instruire et d'édifier; et parce que l'exemple d'une servante devenant éperdument amoureuse de son maître beau et jeune pouvait être imité par beaucoup d'autres qui n'auraient pas su se défendre comme Paméla contre l'objet d'une passion si dangereuse. D'ailleurs, Richardson avait pour principe de ne donner aux personnages qu'il voulait présenter comme modèles aucune passion exaltée; il était très-disposé à détrôner le dieu dont les romanciers avaient fait le maître des dieux et des hommes. Il faut cependant avouer que le caractère de Paméla doit nécessairement perdre dans l'esprit du lecteur par son empressement à accepter la main d'un maître cruel et tyrannique, qui ne l'offre que parce qu'il n'a pu réussir par d'autres moyens à posséder l'objet de sa passion. Il y a de la part de ce maître une ostentation de générosité; et de la part de Paméla, sa soumission reconnaissante a quelque chose de rampant qui n'était pas nécessaire. A moins que, comme la Paméla de la satire de Pope, elle ne se console avec

La voiture dorée et les jumens flamandes (1),

on est disposé à croire qu'elle eût été plus heureuse en

---

(1) *The gilt chariot and Flanders mares.*
(Pope, Satires des femmes.)
Éd.

devenant la femme du pauvre M. Williams, de l'amour honnête duquel elle se fait un moyen peut-être trop politique dans le cours des persécutions qu'elle éprouve, et qu'elle congédie froidement lorsqu'un avenir plus riant s'ouvre devant elle.

On trouvera peut-être que nous jugeons trop minutieusement la tendance générale d'un livre d'agrément. Mais nous ne pouvons admettre l'opinion des admirateurs exagérés de *Paméla*, qui disent que cet ouvrage fait plus de bien que vingt sermons. Il doit, on ne peut le contester, produire des effets salutaires sur les jeunes filles placées dans des circonstances à peu près semblables à celles de l'héroïne ; mais n'est-il pas à craindre que, dans cette classe, l'exemple ne soit tout aussi propre à encourager une malheureuse témérité qu'une vertueuse résistance ? Si Paméla devient la femme de M. B..., elle doit ce rang à la sagesse qu'elle oppose aux intentions criminelles de son maître ; mais plus d'une humble soubrette peut se dire (et l'hypothèse est très-vraisemblable) que, pour mériter la récompense qu'obtient Paméla, elle doit passer par les mêmes épreuves, et qu'il n'y a pas grand mal à ne pas rebuter tout-à-fait un riche amoureux. Il est inutile d'ajouter combien cette expérience aurait de dangers pour les deux parties.

Mais nous avons déjà eu occasion de dire ailleurs que la leçon morale d'une histoire imaginaire est d'une moindre importance aux yeux du public que la manière dont l'histoire est racontée dans ses détails. Si l'auteur présente des scènes faites pour exciter des passions condamnables, s'il familiarise l'esprit des lecteurs avec des pensées impures, ou s'il égare le jugement par de fausses idées de vertu, il ne sera pas justifié parce qu'à la fin de son livre il fera triompher la morale. De même, quoique l'on puisse douter que l'histoire de Paméla dût nécessairement produire l'effet qu'en attendait son auteur, le caractère modeste et pur de la jeune Anglaise est si bien soutenu dans tout l'ouvrage, elle supporte avec tant de douceur ses malheurs et ses afflictions, ses intervalles d'espérance ou de tranquillité se mêlent si naturellement à ses peines comme les points azurés qu'on admire dans un ciel nuageux, que l'ensemble de cette composition est édifiant. On pense peu à M. B..., à son caractère, à ses motifs; on ne s'occupe que de la destinée de l'héroïne. Nous sommes charmés de son mariage, parce qu'elle paraît elle-même heureuse de ce sort brillant. Le passage pathétique dans lequel elle décrit sa tentative pour s'échapper peut être cité, entre beaucoup d'autres, comme un exemple de la manière admirable dont l'auteur s'identifiait avec son héroïne, en pensant et s'exprimant comme elle aurait fait, si cet incident imaginaire était réellement arrivé à une personne du caractère de Paméla.

Les personnages secondaires sont tous peints avec une grande vérité, et peuvent être considéré comme un groupe de portraits historiques de cette époque. Les caractères du père et de la mère, le vieux Andrews et sa femme, sont, comme celui de Paméla, tracés parfaitement et d'une couleur vraie : l'entrevue d'Andrews avec son seigneur, quand il s'informe de ce qu'est devenue Paméla, aurait immortalisé Richardson, n'eût-il écrit que ce passage.

On peut remarquer avec raison que si l'auteur écrivait de nos jours, il aurait donné au paysan offensé l'indignation énergique que demandait son outrage (1).

(1) On trouve dans la fameuse scène du *John Bull* de Colman.

Mais du temps de Richardson, les bornes de la subordination sociale étaient plus respectées qu'actuellement, et lui-même paraît avoir eu des idées exagérées de l'importance des richesses et d'un haut rang dans le monde, ainsi que de toute espèce d'autorité domestique. M. B.... n'est point blâmé par ses voisins pour les moyens qu'il met en usage pour séduire Paméla ; notre héroïne elle-même les croit suffisamment expiés par sa condescendance à l'épouser, et consent à faire sa femme de chambre de l'infame mistress Jewkes, parce que cette vieille entremetteuse avait joué un rôle qui l'aurait conduite à la potence, pour obéir, il est vrai, aux ordres d'un maître généreux. Il y a dans cette humiliation un manque de goût ; et un peu de ressentiment n'aurait pas été de trop, même de la part de l'indulgente Paméla.

Malgré ces défauts, qu'on ne saurait dissimuler dans l'examen de l'ouvrage, un roman d'une simplicité si belle et si naturelle fut reçu avec un enthousiasme général. En vain l'esprit satirique de Fielding découvrit dans cette simplicité de morale et d'événemens une source de ridicules, et donna le jour à *Joseph Andrews*, qu'il ne dissimula pas être une parodie de la *Paméla* de Richardson. Il en fut de cet ouvrage piquant comme de *la semaine du Berger* de Gay (*Shepherd's Week*) (1); les lecteurs ne songèrent point à l'intention satirique de l'auteur, et ne jugèrent que le mérite intrinsèque

---

cette différence de mœurs. Dans le *John Bull*, le père offensé ne craint pas de s'emparer du fauteuil du magistrat qui tarde à lui rendre justice. — Éd.

(1) Les églogues de Gay sont de véritables parodies. Les lecteurs n'y virent qu'une *nature de convention* comme dans les églogues de Virgile, avec la poésie de Virgile de moins. — Éd.

de l'ouvrage. On peut regretter que Fielding ait composé son *Joseph Andrews* pour jeter du ridicule sur un homme de génie tel que Richardson ; mais comment pourrait-on regretter qu'un ouvrage sans lequel le curé Adams n'eût pas existé ait été publié?

Le succès de *Paméla* engagea quelque pauvre imitateur à continuer son histoire, et l'on publia *Paméla dans le grand monde* (1). Cette misérable production provoqua, de la part de Richardson, un ouvrage semblable, dans lequel il représente le mari de Paméla renonçant à une intrigue criminelle, et ramené par la patience avec laquelle sa vertueuse épouse supporte ses chagrins. Cette continuation eut le sort de toutes les continuations, et n'a jamais été considérée que comme un accessoire inutile à un roman aussi complet que la première partie de *Paméla*.

Huit ans après la publication de *Paméla*, Richardson fit paraître *Clarisse*, ouvrage sur lequel repose à jamais sa réputation d'auteur classique anglais (2). Cette histoire, comme celle de Paméla, est très-simple; mais la scène se passe dans une plus haute sphère de la société, les caractères sont tracés d'un pinceau plus vigoureux, et tous les accessoires ont quelque chose de plus élevé.

Clarisse, dont le caractère est aussi près de la perfection que l'auteur a pu le faire, est persécutée par

---

(1) *Pamela in high life.*

(2) Les mots ont tellement changé d'acception depuis quarante ans, malgré la surveillance de notre vénérable académie, qu'il est peut-être urgent de remarquer que le mot *classique* en anglais n'exclut pas encore celui de romantique. Tout talent consacré est un talent classique ; à ce titre, les romantiques Shakspeare, Milton, Richardson, etc., sont toujours classiques en Angleterre. — Éd.

un père et un frère tyranniques, par une sœur envieuse, et par tous les membres d'une famille qui sacrifierait tout à son agrandissement, et qui veut la forcer à épouser un homme très-peu digne de plaire. Dans une série de lettres, elle fait part de ces intrigues et de ses malheurs à son amie miss Howe, jeune femme d'un caractère ardent, impétueux, et enthousiaste en amitié. Après toutes ses souffrances, et des souffrances telles qu'il faut toute sa vertu pour les avoir endurées, Clarisse est tentée de se mettre sous la protection de Lovelace, qui l'aime, et dans le caractère duquel Richardson a développé tout son talent, car il a eu l'art de rendre agréables au lecteur l'esprit et les ressources d'un homme dont il fait détester l'infame conduite. Lovelace est un libertin qui a consacré sa vie et ses talens à séduire les femmes : les charmes même de Clarisse, l'abandon dans lequel elle se trouve, ne peuvent le décider à l'épouser. Cette espèce de *don quichotisme* de perversité n'est guère compris de nos jours : nos modernes voluptueux cherchent à assouvir leurs passions où ils le peuvent sans se soucier de rencontrer des difficultés à surmonter, ils ont bientôt renoncé à livrer l'assaut, quand ils s'aperçoivent que la place est résolue à se défendre. Mais autrefois, lorsque des hommes, comme lord Baltimore, se déterminaient, au péril même de la vie, à employer les moyens les plus violens pour triompher de l'innocence, un caractère à peu près semblable à celui de Lovelace n'était peut-être pas hors de la nature. Il n'est pas très-probable qu'il eût été jusque-là aussi heureux dans ses amours, car, comme l'observe judicieusement mistress Barbauld, il aurait vraisemblablement rencontré depuis long-temps un colonel Morden, qui eût fait justice de sa scélératesse. Mais on doit pardonner un peu d'exagération dans un roman ; et si l'on considère le rôle que Lovelace avait à jouer, on reconnaîtra que son caractère devait être tel. Cet amant perfide, excité, à ce qu'il paraît, autant par son goût pour l'intrigue et les entreprises difficiles, que par le désir d'humilier la famille des Harlows, et d'abaisser l'orgueil de leur fille chérie, dont l'attachement pour lui ne lui semblait pas assez vif pour un homme de son mérite, forme le projet infame de la séduire. Sans égard pour le caractère de celle dont il veut faire sa femme quelque jour, il la loge dans un mauvais lieu, et lui donne pour compagnes les êtres avilis qui habitent les asiles de la débauche. Tous ses efforts pour accomplir son dessein criminel ayant échoué, il a recours à l'opium, et viole sa victime. Mais l'infamie et les remords sont les seuls fruits qu'il recueille de son forfait. Clarisse meurt de douleur, et il périt de la main vengeresse d'un parent de cette femme vertueuse.

On ne peut disconvenir que ce roman n'offre beaucoup d'invraisemblances. Admettons le caractère tout particulier de Lovelace ; reconnaissons que son égoïsme, son orgueil, son goût pour l'intrigue, ont endurci son cœur au point de lui faire braver toutes les conséquences, et l'ont, pour nous servir de ses propres expresssions, — cuirassé de cailloux....; — qu'il préfère une marche tortueuse et criminelle à une conduite noble et généreuse : mais Belford a-t-il une excuse, comme homme, comme gentilhomme, pour garder l'infame secret de son ami ? Il y a plus, ne peut-on pas blâmer Clarisse elle-même, qui, en se réfugiant à Hampstead, ne se place pas sous la protection d'un magistrat ? Nous nous hasarderons à dire que le juge de paix Fielding lui aurait accordé une protection efficace; et que si Tomlinson, la fausse miss Montague, ou tout autre des agens de Lovelace, avait osé se montrer à l'audience de ce magistrat, il les eût fait détenir comme anciennes connaissances (1). De notre temps (mais les choses n'en étaient pas alors où elles sont aujourd'hui), l'histoire de la fuite de Clarisse eût volé sur les ailes des journaux, non pas seulement à Hampstead et à Highgate, mais à Truro et à Newcastle sur la Tyne (2); et il ne se trouverait pas une mistress Moore ou une miss Rawlins assez peu au fait de la mystérieuse affaire de Harlow-Place, pour être les dupes des récits de Lovelace. Mais il y aurait de l'injustice à relever trop sévèrement les invraisemblances d'un roman, ce serait souvent détruire toute la base de l'ouvrage. Nous aurions d'autant plus mauvaise grace à être aussi sévère, que dans l'histoire réelle du monde, ce qui est vrai ressemble souvent bien peu à ce qui est probable. Si tous les coups étaient parés avec adresse, si tous les hommes étaient également habiles, la vie serait un assaut d'armes au fleuret, ou une partie d'échecs; la force et l'adresse ne seraient plus vaincues par le temps et le hasard, ce qui, nous dit Salomon, arrive à tous les hommes.

La conduite de Clarisse, après l'outrage qu'elle a reçu, offre les scènes les plus touchantes et les plus sublimes de tous les romans anglais: dans son adversité, elle s'élève tellement au-dessus de tout ce qui l'environne, que son caractère brille d'une beauté plus

---

(1) Fielding était juge de paix, et ne fréquentait pas toujours la bonne compagnie. — Éd.

(2) Aux frontières d'Écosse. — Éd.

qu'humaine. Nos larmes coulent, notre cœur est déchiré; mais nous partageons la victoire de la vertu, qui triomphe de tous les maux dont les plus grands malheurs et la dégradation même l'ont accablée. Il se mêle un noble orgueil à la douleur que nous ressentons de la détresse d'un être tel que Clarisse, s'élevant au-dessus de l'outrage cruel fait à sa personne, outrage qui porte avec lui l'idée du déshonneur, quelques circonstances qui l'aient accompagné. Il était réservé à Richardson de montrer qu'il y a une chasteté de l'ame qui demeure pure et sans tache lors même que celle de la personne a été violée; la dignité de Clarisse, après sa disgrace et ses malheurs, nous rappelle ce que dit un poète de l'antiquité, qu'un homme vertueux, sortant vainqueur de sa lutte contre l'infortune, est un spectacle agréable aux Dieux immortels.

Mistress Barbauld a traité ce sujet avec le sentiment de dignité convenable à son sexe. Elle regarde comme une injure faite aux femmes le mérite que l'on attacherait à la vertu de Clarisse, si elle n'avait à résister qu'aux efforts d'un séducteur versé dans cet art fatal, quoique ce soit incontestablement le but que s'était proposé Richardson. Élevée dans un rang supérieur, exempte de passion, recherchée par un homme qui pouvait l'épouser quand il le voulait, Clarisse eût été un personnage très-ordinaire, si elle n'avait pas su repousser ses projets déshonorans. Je ne puis résister au plaisir de transcrire les réflexions qui suivent ce raisonnement. « La véritable morale du roman de *Clarisse*
« est que la vertu sort triomphante de toutes les situa-
« tions de la vie; dans les circonstances les plus fâ-
« cheuses et les plus avilissantes, dans la prison, dans
« un mauvais lieu, dans la douleur, dans le délire et le

« désespoir, elle est encore aimable, imposante, com-
« mandant le respect, et toujours l'objet de nos plus
« chères affections; renversée par terre, elle peut dire
« encore avec Constance :

« Voici mon trône, que les rois viennent s'incliner devant moi (1). »

« Le romancier qui produit cet effet a rempli sa tâche,
« et il importe peu à quelle maxime on donne le nom
« de morale, quand le lecteur éprouve ce sentiment.
« S'il nous fait aimer la vertu, son roman est vertueux;
« s'il est favorable au vice, il est vicieux. La grandeur
« du caractère de Clarisse se montre quand elle se sé-
« pare de son amant dès qu'elle s'aperçoit de ses des-
« seins criminels; dans sa résolution de mourir plutôt
« que de s'exposer à un second outrage; dans son refus
« de consentir à un mariage, dont une ame ordinaire
« eût été satisfaite, comme d'une réparation suffisante
« aux yeux du monde; dans sa conduite ferme, dans sa
« juste indignation tempérée par la patience et le calme
« que donne une résignation chrétienne; enfin dans
« cette grandeur d'ame avec laquelle elle voit approcher
« une mort qui mettra fin aux persécutions qu'elle
« éprouve sur la terre, qu'elle ne veut point quitter
« sans avoir pardonné à ses parens leur cruelle insensi-
« bilité (2). »

Les admirateurs de Richardson ne furent point d'a-
bord de cette opinion. Il n'avait publié que les quatre
premiers volumes de *Clarisse*, quand, le bruit s'étant

---

(1) *Here is my throne, bid the kings come bow to it!*
SHAKSPEARE.

(2) *Vie de Richardson* par mistress Barbauld. — Éd.

répandu que la catastrophe serait malheureuse, on fit des représentations à l'auteur. Les lecteurs qui avaient déjà éprouvé des sensations profondes au récit de la partie tragique des événemens, sans égard pour le but moral du roman, se plaignirent de ce que, dans un ouvrage destiné à amuser, l'auteur avait cherché à déchirer le cœur si cruellement. Le vieux Cibber s'exprima à ce sujet avec une profane extravagance, et ce qui dut faire plus d'impression sur Richardson, le bruit qui se répandit du triomphe de Lovelace et de la mort de Clarisse décida lady Bradshaigh à entamer avec notre auteur sa correspondance romanesque sous le nom fictif de Belfour. En réponse à ses demandes, Richardson avoua franchement son plan, dont il avait une trop juste idée pour l'altérer en cédant aux représentations de sa correspondante.

« Vous n'êtes pas la seule à désirer *une fin heureuse,*
« comme on dit. Je ne puis écrire quelques-unes des
« scènes sans être moi-même profondément affecté.
« N'ai-je pas dit que j'étais un autre Pygmalion? Mais
« je voulais offrir l'exemple d'une jeune personne lut-
« tant noblement contre les plus grandes difficultés, et
« triomphant par les motifs les plus purs dans une suite
« d'infortunes, dont la dixième partie aurait accablé le
« cœur plus mâle d'un homme. Quoique élevée avec
« tendresse, née dans l'opulence, naturellement douce,
« Clarisse montre un véritable héroïsme quand le cou-
« rage devient nécessaire (1). »

Battus sur ce point, les amis de Richardson n'en devinrent que plus importuns pour obtenir la conversion de Lovelace, et pour que le roman se terminât

(1) Correspondance de Richardson. — Én.

par son mariage avec Clarisse. Cibber tempéta, les dames implorèrent sa pitié avec une candeur qui semble indiquer à la fois leur persuasion qu'elles sollicitaient pour des personnes qui existaient réellement, et que cependant il ne dépendait que de l'éditeur de leurs mémoires de leur assigner la destinée qu'il lui plairait. Une demoiselle, qui désirait vivement la conversion de Lovelace, supplia Richardson de « sauver son ame, » comme s'il s'agissait d'un pécheur vivant, et dont l'état futur dépendît de l'auteur.

Richardson s'endurcit contre toutes ces sollicitations. Il savait que donner Clarisse à Lovelace repentant ce serait miner l'édifice qu'il avait élevé. C'eût été devenir complice du criminel que de lui accorder le prix qu'il s'était proposé de l'accomplissement de son crime atroce ; il eût été récompensé et non puni. La morale sublime du roman était détruite, si le vice n'eût pas été rendu odieux et misérable dans son succès, et si la vertu n'eût pas été honorée et triomphante même dans sa dégradation. La mort de Clarisse pouvait seule attirer sur la tête de celui qui l'avait trahie le châtiment indispensable que méritait son crime ; ce crime était trop noir pour pouvoir être expié autrement. L'auteur le sentit, et il rendit sensible l'avilissement dans lequel tomberait l'être angélique que son imagination avait créé, si Clarisse, oubliant tous les outrages qu'elle avait éprouvés, remplissant les devoirs que lui imposait le mariage, avait pu aimer, honorer celui qui l'avait si indignement trahie, lui obéir et n'être plus que la compagne docile d'un libertin corrigé. Les lecteurs attentifs s'apercevront que, dès le commencement de la partie historique, l'auteur a eu grand soin de rendre cette union à peu près impossible. Malgré les légèretés et la bonne humeur qui font partie du tempérament de Lovelace, son esprit est trop perverti, son imagination trop enflammée par son *don quichotisme* de perversité, et surtout son cœur est trop endurci, pour que personne crût sa conversion sincère, ou que son union avec Clarisse pût être heureuse. Il s'était rendu coupable d'un crime que la loi punit de mort; et, malgré les bonnes qualités dont l'auteur l'a doué, afin de ne pas présenter un démon incarné, il n'y a pas un lecteur qui n'éprouve le plaisir de la vengeance, quand l'épée de Morden fait justice du persécuteur de Clarisse.

D'un autre côté Clarisse, réconciliée avec l'homme qui l'avait violée, perdait, aux yeux du lecteur, cette dignité dont elle s'environne en refusant la main de Lovelace, faible et unique réparation qu'il pût offrir; il fallait qu'une créature si pure réalisât la fable de l'hermine (1), et mourût de douleur après la souillure qu'elle avait reçue. Il est impossible de concevoir qu'elle survive à l'outrage dont sa pureté a été ternie. Comme le disait Richardson à ceux qui le pressaient de leur épargner la catastrophe de son roman, Clarisse obtient, même dans ce monde terrestre, dans l'outrage et après l'outrage, et à cause de l'outrage même, le plus beau des triomphes qu'une femme ait jamais obtenus.

On a souvent remarqué que l'excessive sévérité du père, de la mère et des parens de Clarisse, n'est pas dans nos mœurs actuelles, ni même peut-être dans celles du temps de Richardson; et que les scrupules qui l'empêchent de prendre la terre qui lui appartenait,

---

(1) On raconte que cet animal est si jaloux de sa fourrure blanche, que la moindre tache le réduit au désespoir. — Éd.

ou d'échapper aux persécutions qu'elle éprouve, par les moyens que lui offre miss Howe, sont portés à l'extrême. Il n'est pas douteux qu'il faut se prêter un peu aux licences d'un auteur qui ne peut fixer l'attention et intéresser qu'en dépassant quelquefois la limite qui sépare le vraisemblable de l'invraisemblable : on sait d'ailleurs qu'il n'y a pas encore un siècle, les lois de la puissance paternelle étaient plus sévères qu'elles ne le sont maintenant ; et que des mariages forcés ont eu lieu plus d'une fois, même parmi les hautes classes ; l'opinion n'avait pas alors l'influence qu'elle a aujourd'hui sur les familles considérables et opulentes qui, habitant leurs terres, vivaient au milieu de personnes dans leur dépendance ; il se commettait quelquefois d'étranges violences sous le spécieux prétexte de maintenir la discipline domestique. Chaque famille était une tribu ; les proches parens, comme les anciens chez les Juifs, avaient leur sanhédrin, dont les décisions étaient des lois que chaque individu était tenu de reconnaître. C'est sur ce conseil de famille que les Harlowe fondent les droits qu'ils défendent avec une si grande tyrannie, et nous croyons que ces événemens n'étaient pas rares avant les changemens qui ont relâché les liens de la parenté. Mais, soit que Richardson ait peint des mœurs qui survivaient de son temps dans quelques provinces éloignées de la capitale, soit qu'il les ait modifiées sur les idées qu'il avait « du droit et des règles imposantes *de la suprématie d'un père de famille* (1), » il ne peut exister un doute sur le but dans lequel le tableau est exécuté. Suivez l'auteur dans le développement des caractères de tous les membres de la famille

(1) Citation.

Harlowe, étudiez la vanité insolente du frère de Clarisse, la basse jalousie de sa sœur, la rigueur impitoyable de son père, la dureté moins inexorable du frère aîné James, l'obstination grossière du vieux marin Anthony ; et vous retrouverez dans chacun de ces personnages, avec une physionomie un peu différente, les mêmes traits de famille, avarice, orgueil et ambition.

Miss Howe est un caractère admirablement tracé ; elle contraste entièrement avec Clarisse, mais elle n'en est pas moins digne de son amitié ; elle a plus de perspicacité, plus de connaissance du monde, avec moins de principes abstraits. Quand elles discutent quelques points douteux et délicats, miss Howe, en allant droit au but, est comme le chasseur hardi qui fait d'abord lever le gibier, tandis que Clarisse est comme celui qui ne fait que battre les buissons. L'énergie de miss Howe, son dévouement désintéressé à son amie, l'aveu de son infériorité dans toutes les occasions, la présentent sous un point de vue très-noble ; et quoique l'on puisse craindre que, malgré toutes ses résolutions contraires, elle n'ait un peu tracassé après le mariage l'honnête Hickman, il est impossible de ne pas penser qu'elle méritait bien qu'on souffrît un peu pour devenir son époux.

Le roman de *Clarisse* assura la gloire de son auteur. Jamais il n'avait paru, et peut-être n'a-t-il point paru depuis, un ouvrage qui s'adresse plus directement aux passions. Quelque grande que fût la renommée de l'auteur en Angleterre, elle le fut encore davantage en France et en Allemagne, où l'imagination s'exalte plus facilement, et où les passions sont plus aisément émues par le tableau des malheurs fictifs, que chez les flegmatiques Anglais. On a vu des étrangers de distinction aller visiter Hampstead, et s'informer où était *Flaskwalk*, lieu devenu célèbre par une des scènes de l'histoire de Clarisse, comme les voyageurs vont visiter les rochers de la Meillerie pour connaître les localités du roman passionné de Rousseau (1).

Quel auteur, encouragé comme Richardson par les applaudissemens du public, ne cherche pas à les mériter de nouveau? Richardson, assuré d'un grand nombre d'amis et d'admirateurs prévenus, ne fut pas une exception à la règle générale.

L'idée du troisième et dernier roman de ce romancier justement célèbre semble lui avoir été inspirée par les critiques auxquelles *Clarisse* avait donné lieu. A son grand étonnement, dit-il à ses correspondans, il apprit que la gaieté, la bravoure, et la générosité passagère de Lovelace, jointes à son courage et à son esprit, lui avaient fait trouver grace en dépit de ses crimes, aux yeux de la plus belle moitié du genre humain. Il avait pris tant de soin pour ne pas produire cet effet, que, lorsqu'il s'aperçut que son débauché ne déplaisait nullement à quelques jeunes femmes de sa propre école, il donna à son caractère une teinte plus noire. Il y réussit parfaitement, remarque Johnson; cependant, Lovelace paraissait encore trop séduisant aux yeux de ses amis, et même de lady Bradshaigh, en sorte qu'il ne restait à l'auteur d'autre ressource, sous le rapport de la morale, que de préparer un antidote au poison qu'il avait imprudemment administré.

(1) Tels sont les pèlerinages poétiques que les voyageurs de toutes les nations font au château de Craignethan (le Tillietudlem des *Puritains*), à la caverne de Rob-Roy, à l'île du lac Katrine, au château de Kenilworth, au Loch-Leven, etc., etc.

Éd.

Dans ce dessein, Richardson voulut créer le beau idéal d'un homme vertueux, qui obtiendrait l'admiration par son esprit, son rang, sa figure, ses talens, son élégance, et les qualités plus estimables qui forment le bon citoyen et l'homme religieux. Il composa l'ouvrage auquel il avait donné d'abord pour titre : *The good Man*, *L'Homme bon*, titre qu'il changea très-judicieusement en celui de *Sir Charles Grandison*, sous lequel le roman fut publié.

On est forcé d'en convenir, quoique l'auteur ait mis en œuvre tout son talent pour remplir la tâche qu'il s'était imposée, et quoique dans quelques parties de l'ouvrage on retrouve le même génie qu'il avait montré dans ses premiers romans, cette dernière production n'a ni la simplicité des deux premiers volumes de *Paméla*, ni l'intérêt profond et déchirant de l'inimitable *Clarisse*, et elle doit être placée bien au-dessous de ces deux ouvrages.

La principale cause à laquelle on peut attribuer cette disparate est le souvenir importun que l'auteur avait conservé de l'espèce d'aversion que ses amis et ses correspondans avaient montrée pour les scènes de douleur dans lesquelles Clarisse se trouve engagée, et dont la sombre tristesse augmente à chaque épisode du roman, jusqu'à la mort de l'héroïne. Il voulut (peut-être) indemniser ses lecteurs auxquels il avait offert le tableau affligeant de la vertu persécutée et malheureuse sur la terre, et à cet effet la représenter, comme dit John Bunyan, « dans ses pantoufles d'or, et se promenant à la clarté du soleil. » (1) Mais l'auteur n'a pas songé que

---

(1) Dans le *Voyage du Pèlerin*, ouvrage allégorique dont nous avons donné une idée par plusieurs notes de *la Prison d'Édinbourg*. — Éd.

le phare, placé sur la partie la plus haute d'un promontoire et jetant, au milieu de l'orage et de la tempête, sa lumière protectrice qui ne cesse de luire quand tout conspire autour d'elle à l'éteindre, est un objet bien plus grand et plus intéressant pour l'imagination que le lustre suspendu aux lambris dorés d'un salon, où des murailles et des châssis l'abritent contre la plus légère brise qui pourrait agiter ses paisibles rayons.

Sir Charles Grandison possède une grande fortune; il est d'une famille distinguée, il a le rang de baronnet, il est estimé de tous ceux qui le connaissent, il remplit avec une scrupuleuse délicatesse tous ses devoirs. Mais, pour qu'il puisse les remplir sans difficulté, il possède tous les avantages extérieurs qui en imposent et attirent le respect, quoique le hasard seul les ait unis à d'excellens principes.

Sir Charles Grandison a de la munificence, mais sa fortune excède sa générosité; il aime ses parens, mais le dévouement de sa famille lui ôterait jusqu'à la tentation de ne pas leur accorder de l'attachement. Par tempérament, il ne se livre à aucun excès; sa raison domine ses passions; son courage a été si souvent éprouvé, qu'il peut en toute sûreté, et sans craindre les reproches du monde, préférer les commandemens de la religion chrétienne aux règles de l'honneur moderne; et, en s'exposant au danger, il a toute la force et toute l'adresse de Lovelace lui-même pour affronter le péril. Sir Charles n'éprouve point de malheurs, et l'on ne peut pas dire qu'il subisse précisément des épreuves qui puissent donner quelque inquiétude au lecteur. En un mot, l'auteur le représente

.... Victorieux,
Heureux et glorieux (1).

Le seul embarras dans lequel il se trouve, dans les sept volumes qui contiennent son histoire, est d'avoir à fixer son choix entre deux femmes belles et accomplies, d'un rang élevé, d'un caractère adorable, sœurs, pour ainsi dire, par leurs perfections égales, et qui lui sont tendrement attachées. Il penche si peu pour l'une ou pour l'autre, que, quel que soit son choix, l'on ne conçoit pour son bonheur d'autre danger que la compassion qu'il éprouvera pour celle qu'il faut nécessairement qu'il abandonne. Son courage et son adresse surmontent toutes les autres difficultés ; il est presque assuré de se faire des amis, et même de faire des convertis, de ceux dont les machinations peuvent un moment l'importuner. En un mot, sir Charles Grandison parcourt le terrain sans compétiteurs et sans rivaux (2).

Tout cela peut produire assez d'effet dans une oraison funèbre ou dans une inscription de monument, où le privilège de taire les mauvaises qualités et d'exagérer

---

(1) .... *Victorius*,
Happy and glorious.

Ces vers sont tirés d'une stance de l'hymne : *God save the king!*
Éd.

(2) Parcourt le terrain, *walks the course;* aux courses de chevaux, en Angleterre, quand il ne se présente aucun cheval pour disputer le prix à un cheval que l'on juge devoir le gagner, celui-ci fait le tour du terrain de la course au pas, *walks the course.* Ces comparaisons empruntées aux courses de chevaux, à la chasse, etc., sont dans le goût et les mœurs littéraires de l'Angleterre. — Ed.

les bonnes permet de présenter de semblables modèles de perfection. Mais dans ce monde, dans cette vallée de larmes, et sur cette terre d'épreuves, une vertu sans tache, une perfection invariable peut-elle exister? et, chose encore plus importante à remarquer, en supposant que cette perfection existe, elle ne serait pas accompagnée de toutes les faveurs de la fortune accumulées sur le héros de Richardson; de là naît la fatale objection que sir Charles Grandison est

<blockquote>Ce monstre sans défaut que jamais on n'a vu (1).</blockquote>

Ce n'est pas tant le caractère moral et religieux de sir Charles que l'on est disposé à critiquer, que l'idée conçue par Richardson de présenter une grande leçon de morale dans le triomphe de son héros. Il a manqué son but en fondant ce triomphe sur des circonstances tout-à-fait étrangères à la morale et à la religion, qui auraient fort bien pu convenir au caractère de Lovelace; — peut-être même l'analogie est-elle assez marquée pour ne pas échapper au lecteur. Quelle profonde leçon de morale pouvons-nous puiser dans la peinture d'une perfection à laquelle nous ne pouvons atteindre, et donnée à un homme placé dans une sphère de fortune et de prospérité qui le met au-dessus de toute espèce de tentation, Proposez Grandison pour modèle à un avare : — Je serai généreux, vous dira-t-il, quand j'aurai sa fortune. Proposez-le pour exemple au frère indifférent, à l'ami froid, ils vous répondront sur-le-champ : — Je serai bon frère, bon ami, quand je rencontrerai une réciprocité d'attachement dans ma famille, dans

---

(1) *Faultless monster that the world ne'er saw.* — Éd.

mes amis. Demandez à un homme qui tient à ce que le monde appelle les règles de l'honneur pourquoi il envoie ou accepte un cartel : — Je m'en dispenserais, vous répliquera-t-il, si ma réputation de courage était établie comme celle de sir Charles Grandison. L'homme timide s'excusera de ne pas embrasser hardiment la défense de l'innocence, en disant qu'il n'a pas la résolution de caractère de sir Charles Grandison, ni cette supériorité dans l'escrime qui donne à ce héros la certitude d'écarter et, au besoin, de désarmer tous ceux qui voudraient s'opposer à son intervention dans une affaire. Le libertin même, vous fera observer que la différence de tempérament donne à sir Charles le grand avantage de pouvoir dompter ses passions, qu'il ne court pas plus de risque d'être emporté par elles, que de voir ses six chevaux à tous crins prendre le mors aux dents et emporter son carrosse. Le baronnet, dans ses confidences (1) au docteur Bartlett et à quelques autres personnes, parle, il est vrai, de son tempérament naturellement ardent comme s'il existait encore ; mais on en voit si peu d'effets, ou plutôt il dit lui-même qu'il l'a si bien dompté, que cet aveu ne semble être fait que pour ajouter un trait de modestie et d'humilité aux autres vertus plus brillantes du héros.

Après tout, il se peut qu'il y ait dans cette critique une forte dose de cette perversité humaine qui, à l'exemple du tentateur de Job, est toujours disposée à douter de la vertu qui n'a pas connu l'adversité. Mais l'auteur voulait instruire les hommes, et c'était à la nature de l'homme et à ses sentimens qu'il devait adres-

---

(1) Allusion à un passage du roman.

ser l'exemple de piété et de morale qu'il se proposait de donner.

Quittons ce ton grave, et considérons sir *Charles Grandison* comme un ouvrage d'amusement. On ne peut disconvenir que l'intérêt est en grande partie détruit par l'ascendant continuel que Richardson a donné à la fortune et au caractère du héros. On voit qu'il est trop particulièrement protégé par l'auteur pour avoir besoin de notre intérêt, et qu'il n'a rien à craindre des Pollexfen, des O'Hara (1), de personne enfin, aussi long-temps que Richardson sera décidément pour lui. On ne s'intéresse guère plus à sir Charles, quand son sort est incertain. Il ne montre pas assez de passion, et certainement aucune préférence, soit pour Clémentine soit pour Henriette Byron : on sait qu'il est toujours prêt à épouser l'une ou l'autre, selon les circonstances, puis à faire une révérence gracieuse à celle qu'il refusera, à lui baiser la main, et à prendre congé d'elle.

Lady Bradshaigh, qui, à ce sujet, donnait toujours avec franchise son opinion à Richardson, lui écrivait sans ménagement :

« Vous m'avez fait sauter sur ma chaise, quand j'ai
« vu deux jeunes personnes amoureuses de votre héros,
« qui les aime toutes deux. J'ai un tel mépris pour un
« amour partagé, que je ne conçois pas qu'un être esti-
« mable puisse nourrir une telle pensée. »

Le fait est que Richardson voulait toujours que le devoir et la raison l'emportassent sur le sentiment; peut-être assez inconsidérément, si l'on examine les choses sous un rapport abstrait, il s'imposait volontairement la tâche de combattre même le sentiment d'un amour

---

(1) *Les envieux* de sir Charles, etc. — Tr.

vertueux; l'amour était toujours à ses yeux une passion placée dans le cœur de l'homme par la bonté et la sagesse de la nature, et qui, en détournant nos vues et nos désirs hors de nous-mêmes, produit, quand elle est tempérée par la raison, plus d'heureux effets qu'elle ne produit de mal quand elle ne veut pas se laisser guider. Richardson portait si loin son mépris de l'amour, qui avait été jusqu'alors la divinité toute-puissante du roman, que lady Bradshaigh elle-même conçut des alarmes de quelques raisonnemens hypothétiques en faveur de la polygamie, système qui exclut toute préférence individuelle comme dangereuse.

On doit pardonner au bon et honnête Richardson tout ce qu'il a écrit sur cette matière, soit en hypothèse, soit en partie, parce qu'il avait réellement une haute idée des droits de mari et de ceux de maître. Les femmes se consoleront en observant dans sa correspondance que son despotisme, comme celui de Jacques Ier (1), était plutôt en théorie qu'en pratique, et que mistress Richardson paraît avoir eu sa bonne part d'autorité dans tout ce qui avait rapport à leur paisible famille.

En ne considérant *Sir Charles* que comme le *gros lot* (2) qui devait échoir à la dame favorisée par le sort, et le penchant de ce héros ne l'entraînait pas plus vers l'une que vers l'autre, il est clair que l'intérêt se fixe sur la dame anglaise ou sur l'italienne, d'après la prédilec-

---

(1) Allusion au fameux traité de ce prince intitulé: *La Science de régner*. — Éd.

(2) *The twenty thousand prise*. Les lots multipliés de loterie sont un sujet de conversation fréquent en Angleterre; des affiches gigantesques, d'innombrables bulletins, etc., vous forcent bon gré mal gré de vous en occuper. — Éd.

tion que le lecteur a pour l'une ou pour l'autre, ce qui n'est pas très-flatteur pour le beau sexe. A l'égard de miss Byron, quelque aimable que l'auteur la représente, ornée comme elle est de qualités qui approchent de celles de Clarisse dans les temps heureux de sa vie, il y a dans sa conduite une sorte d'*indélicatesse* dont Clarisse, placée dans des circonstances semblables, eût été incapable. Elle forme littéralement une ligue dans la famille de sir Charles et parmi ses amis, pour se faire aimer de lui; elle se soumet à confier le secret d'un amour qu'elle sait qu'il ne partage pas, secret que toute ame délicate regarde comme sacré, et que miss Byron confie non-seulement au vieux docteur Barttlet, mais à tous ses parens, et Dieu sait à qui encore; il est vrai que tous sont édifiés à la lecture des lettres de sir Charles. Il n'est point de lecteur sur qui cette conduite de miss Byron, dont le but est de rehausser le caractère du héros, ne produise l'effet d'avilir celui de l'héroïne.

Mais la véritable héroïne du roman, celle au sort de laquelle on prend un intérêt profond, est la malheureuse Clémentine, dont la folie, dont toute l'histoire est digne du grand peintre qui avait déjà tracé les malheurs de Clarisse. Il y a dans ces passages, sur lesquels nous ne nous arrêterons point, parce qu'ils sont familiers à tous nos lecteurs, des scènes égales à tout ce que Richardson a jamais écrit de plus admirable, et qui suffiraient pour le placer au nombre des écrivains les plus distingués dans son genre de composition. Ces passages et d'autres répandus dans l'ouvrage servent à montrer que ce n'est pas le déclin du génie du romancier, mais le choix d'un sujet moins heureusement conçu, qui rend ses deux premiers ouvrages préférables à *Sir Charles Grandison*.

L'idée première du roman de *Grandison* étant tout-à-fait différente de celle de *Paméla* et de celle de *Clarisse*, l'auteur pouvait facilement éviter dans son dernier ouvrage quelques descriptions un peu libres, qui étaient inévitables dans le détail des entreprises de M. B... ou de Lovelace; mais, quoique affranchi de toute tentation de tomber dans ces sortes de descriptions, défaut que les mœurs moins polies de nos pères pouvaient tolérer, Richardson ne fut pas heureux dans le nouvel essai qu'il fit en voulant copier le ton élégant et à la mode de son époque.

M. B... est un gentilhomme de province; les Harlowe sont une famille de riches *vulgaires;* Lovelace lui-même est un roué en fait de mœurs; lord M... a les manières et les sentimens d'une vieille commère de province; et la vivacité de miss Howe approche souvent du ton bourgeois. Maints modèles ont dû passer devant l'œil observateur de Richardson dans le cercle nombreux de ses connaissances, dont il a pu emprunter les airs et les manières pour tracer les caractères de ses premiers ouvrages; mais il n'avait pu observer les hautes classes de la société. En voulant peindre leurs mœurs, il s'est attiré la censure d'un juge irrécusable, et qui semble disposé à le critiquer sévèrement.

On trouve dans les lettres inimitables de lady Mary Wortley Montague les observations suivantes :

« On cite son Anna Howe et sa Charlotte Grandison
« comme offrant des modèles d'une plaisanterie char-
« mante; elles faisaient les délices de ses dévotes, qui
« prenaient l'extravagance pour de l'esprit et de *l'humour*,
« l'impudence et la méchanceté pour de la verve et de la

« vivacité. Charlotte se conduit comme un enfant capri-
« cieux, et on aurait dû lui donner le fouet en présence de
« sa complice Henriette. Il (Richardson) n'a pas la moin-
« dre idée des manières de la haute société ; son vieux
« lord M... parle comme un juge de paix de province,
« et ses vertueuses jeunes demoiselles batifolent comme
« des grisettes autour d'un mai. Les libertés que Love-
« lace se permet avec sa cousine ne s'excusent pas même
« par la parenté. J'aurais été fort étonné si lord Denbigh
« avait voulu m'embrasser ; et je suis bien assurée que
« jamais lord Trentham ne s'est permis une telle imper-
« tinence avec vous (1). »

Sans manquer aux égards dus à Richardson, on peut dire qu'il n'avait pas eu beaucoup d'occasions d'observer les mœurs de la haute société : la haute société ne se recrute point par un choix d'hommes sages et honnêtes ; et la condition de notre auteur, loin d'être basse, pauvre ou méprisable, l'avait placé dans un rang modeste où l'on trouve plus souvent le bonheur. Mais il y a une sorte de *bonne éducation* qui est naturelle et qui ne change point, et une autre, consistant dans la connaissance des manières et des modes fugitives du jour, qui est toujours de convention, et qui change perpétuellement, comme la mode des habits dans les mêmes cercles. Les principes de la première sont gravés dans tous les cœurs droits et délicats. Mais un auteur qui ne connaît pas la dernière, laisse apercevoir qu'il est étranger à la société où ces règles passagères s'observent exactement, ou, ce qui peut tout aussi bien être vrai, qu'il n'a pas le talent d'en tracer les nuances et de peindre leurs mobiles couleurs. Violer les règles de la bonne

(1) OEuvres de lady Mary-Wortley Montague, vol. IV. p. 182.

éducation naturelle, ou représenter des caractères qui les violent quand ils devraient les observer, est un manque de goût, une tache qui ne s'effacera point, et que les lecteurs de tous les temps ont droit de reprocher à un auteur. Mais il y a prescription pour les crimes contre la *bonne éducation* conventionnelle ; ils sont oubliés quand les règles enfreintes n'existent plus, quand le changement si fréquent de la mode en établit de nouvelles : ces erreurs deviennent, comme la *patavinité de Tite-Live* (1), imperceptibles à une certaine époque. Il était naturel qu'une femme du goût et du rang de lady Mary Wortley Montague fût choquée du défaut de bienséance dont elle se plaint; mais, à l'époque où nous vivons, nous ne connaissons pas assez les modes du temps de George II pour partager le déplaisir de lady Montague. Nous savons en général que la mode de s'embrasser entre cousins a continué d'être permise pendant long-temps, autant que la salutation plus récente de se serrer la main et d'offrir le bras (2). Avec cette connaissance générale, il nous importe peu de savoir exactement en quelle année du Seigneur les gens de qualité n'ont plus eu la permission d'embrasser leurs cousines, ou si Richardson s'est rendu coupable d'anachronisme sur ce point important de notre histoire. Le mérite de Lovelace, comme portrait, n'en reste pas moins le même, soit que sa perruque reste bien poudrée sur sa tête pendant la corvée sentimentale qu'il fait dans le petit bois de lierre, soit qu'elle soit jetée au feu quand il reçoit la fatale nouvelle de la mort de Clarisse. Nous ne songeons pas plus au costume de Lovelace

(1) Mot consacré, en français comme en anglais, pour dire l'idiome de Padoue, patrie de Tite-Live. — ÉD.

(2) *To salute* veut encore dire *embrasser* en anglais. — ÉD.

ou à la mode de son temps, que lorsque nous regardons avec attention les portraits de Vandyck, sans demander si les manchettes ou la fraise sont précisément comme on les portait dans ce temps-là. Lovelace, soit qu'il suivît exactement les modes de son temps ou non, est toujours le Lovelace que Johnson avec son style énergique nous peint dans la vie de Rowe :

« Le caractère de Lothario (1) semble avoir fourni à
« Richardson celui de Lovelace ; mais il a surpassé son
« original dans l'effet moral de la fiction. Lothario, avec
« cette gaieté qu'on ne peut haïr, et cette bravoure
« qu'on ne saurait mépriser, conserve trop l'intérêt du
« spectateur. Richardson seul pouvait apprendre à esti-
« mer et à détester à la fois ; seul il pouvait faire triom-
« pher un ressentiment vertueux sur la bienveillance
« qu'inspirent naturellement l'esprit, l'élégance, le cou-
« rage ; et faire disparaître enfin le héros pour ne mon-
« trer qu'un scélérat (2). »

Il est impossible cependant de justifier entièrement Richardson du reproche que lui fait lady Montague, ou de dire qu'il s'est toujours conformé à l'essence du bon ton, à ses règles passagères et à ses continuelles modifications. Il y a dans les railleries de lady G... tout autant de rudesse que dans celles de miss Howe ; et lord G... n'est que la doublure de M. Hickman. Il devait cependant y avoir quelque différence dans la vivacité d'une jeune personne élevée à la campagne par une mère assez commune, et la vivacité de miss Grandison, qui avait toujours vécu dans le grand monde. Lady Montague a bien certainement le droit de se plaindre à cet égard (3).

(1) Dans *La belle Repentante.* — Éd
(2) *Vies des poètes anglais.*
(3) *Vie de Richardson,* vol. I, p, 108.

On peut aussi trouver quelque chose à redire aux manières de sir Charles Grandison, dont l'auteur a voulu faire un modèle d'élégance et de courtoisie. Le soin extrême que Richardson a pris de parer les manières et la conversation de sir Charles des graces de l'action et de l'élocution, prête à toute sa personne et à sa conduite une certaine formalité fatigante, et une espèce de politesse recherchée. Son ton, en un mot, est trop étudié, son langage trop complimenteur, il est trop semblable à un *livre*, comme nous disons en Écosse (1), pour nous laisser voir dans l'un ou dans l'autre l'aisance et l'affabilité d'un homme comme il faut et de bon ton. Cette opinion est généralement celle des femmes, et comme les lois de la politesse ont été inventées pour leur protection, elles sont les meilleurs juges de la manière dont on les observe.

Malgré ces imperfections, et le désavantage auquel tout nouvel ouvrage est exposé, quand on le compare d'abord à ceux qui l'ont précédé, la réputation de Richardson ne perdit rien par la publication de son *Sir Charles Grandison*; et sa fortune ne pouvait qu'y gagner sans une fraude mercantile, d'une audace toute particulière; par des moyens qu'il ne put découvrir, à mesure qu'elles sortaient des presses de son imprimerie, toutes les feuilles de l'ouvrage furent envoyées, l'une après l'autre, en Irlande, où, profitant de la nature des relations qui existaient à cette époque entre les deux royaumes, des libraires fripons préparèrent une édition qu'ils mirent en vente aussitôt que celle de l'auteur; or en la donnant à un prix plus bas, ils di-

---

(1) *Too like a printed look*. Nous disons en français : *il parle comme un livre.* — Éd.

minuèrent de beaucoup ses bénéfices. Il paraît que Richardson chercha en vain à se faire rendre justice de cette fraude par le moyen de ses correspondans en Irlande. L'union des deux royaumes a produit entre autres avantages celui de rendre impossibles de pareilles fraudes à l'avenir.

Telle est l'histoire succincte des productions de Richardson, et telle en fut la fin. Il suffit de mentionner ici un ouvrage peu connu. Outre ses trois célèbres romans, il acheva la collection des *Lettres familières*, dont le commencement lui donna l'idée de *Paméla*. « Cet « ouvrage, dit mistress Barbauld, ne se rencontre guère « que dans les tiroirs des servantes; mais, quand la « maîtress l'y trouve, elle le lit, et s'étonne du charme « secret qui lui fait achever une lecture qu'elle croyait « ne devoir être bonne que pour des servantes ; — ce « charme, c'est le talent de Richardson (1). »

Mistress Barbauld assure que cet ouvrage, que nous ne connaissons pas, prouve avec quelle exactitude Richardson avait rempli tous les devoirs de la vie privée.

Richardson a aussi écrit, pour le docteur Johnson, le quatre-vingt-dix-septième numéro du Rôdeur (*the Rambler*), dont l'éditeur fit l'éloge dans les termes suivans : « Le lecteur sera redevable du plaisir que lui « causera le numéro d'aujourd'hui à un auteur dont le « siècle a déjà reçu de plus grands services ; c'est lui « qui a agrandi la science du cœur humain, et appris « aux passions à se mouvoir dans le cercle tracé par la « vertu. »

———

Dans les remarques particulières que l'on vient de

(1) *Vie de Richardson*, p. 158.

lire sur les différens ouvrages de Richardson, nous avons déjà examiné une grande partie de ce que nous avions à dire de son mérite comme écrivain. A son immortel honneur, il a été peut-être, dans le genre de composition qu'il a choisi, le premier romancier qui ait banni les ornemens étrangers à la nature, pour peindre les passions vraies du cœur humain. Les circonstances qui lui firent préférer à l'exagération une simplicité naturelle sont décrites dans le compte qu'il a rendu lui-même de l'origine de son premier roman. Il s'aperçut bientôt que ce n'est pas seulement dans les derniers rangs de la société que se trouvent les sentimens qui touchent le cœur de tous les lecteurs ; car, si les malheurs et la magnanimité de Clarisse n'excitent pas une sympathie universelle, nous avouerons que nous ne pouvons envier le calme de ceux pour qui ce charme est perdu.

Richardson avait les qualités nécessaires pour créer un nouveau genre d'écrire : il observait le cœur humain avec réflexion, sans se hâter de conclure, et minutieusement : il nous semble voir Cook ou Parry, sondant toutes les baies, tous les passages des mers qu'ils parcourent, et marquant sur leurs cartes tous les récifs, les détroits et les bas-fonds. Voilà sans doute ce qui a fait accorder par Johnson une grande supériorité, peut-être difficile à prouver, à Richardson sur Fielding, contre lequel Johnson paraît avoir eu des préventions. « Il y a plus de connaissance du cœur humain, dit-il, « dans une lettre de Richardson, que dans tout *Tom* « *Jones* (1). »

Johnson explique dans un autre endroit cette asser-

---

(1) Boswell, *Vie de Johnson*, édit. de 1793, vol. II, p. 30.

tion. « Il y a une différence tranchée entre les carac-
« tères de la nature et ceux de la société ; or c'est cette
« différence qui existe entre les caractères tracés par
« Richardson et ceux de Fielding. Les caratères de la
« société peuvent amuser ; mais un observateur super-
« ficiel peut les saisir, tandis que ceux de la nature ont
« besoin d'être approfondis, et ne sauraient être tracés
« que par un homme qui puisse pénétrer jusque dans
« les replis les plus cachés du cœur humain (1). »

Johnson dit encore en comparant ces deux célèbres écrivains : « Il y a entre eux autant de différence
« qu'entre un homme qui sait comment se fait une
« montre, et celui qui peut dire l'heure qu'il est en
« regardant le cadran. »

Nous sommes loin d'admettre la conclusion naturelle de cette comparaison du docteur Johnson, et nous la modifierions en disant que les deux auteurs sont deux excellens mécaniciens ; si les pendules de Richardson montrent une grande partie de l'ouvrage intérieur qui fait aller l'aiguille, celles de Fielding indiquent l'heure exactement, et c'est là tout ce que la plupart des hommes veulent savoir. Ou, pour nous servir d'une comparaison plus simple, l'analogie entre les écrits de Fielding et ceux de Richardson ressemble à celle qu'il y a entre des esquisses hardies, faciles et vraies, et des peintures finies avec soin, mais qui laissent apercevoir le travail qu'il en a coûté pour arriver à ce degré de fini. Aussi Johnson a été forcé de convenir, dans sa réponse à l'observation de l'honorable Thomas Erskine, que Richardson était parfois fatigant. « Si vous lisez
« Richardson pour l'histoire du roman, votre impa-

---

(1) *Ibid.* vol. I, p. 508.

« tience peut aller jusqu'à l'envie de vous pendre : il
» ne faut chercher dans Richardson que le sentiment,
« et considérer l'histoire simplement comme une occa-
« sion de faire naître le sentiment. »

Cela ne signifie-t-il pas en langue vulgaire que les ouvrages de Richardson sont plus instructifs, et ceux de Fielding plus amusans, et que le lecteur peut faire son choix pour ses études, selon qu'il se trouve, pour me servir de la phrase de Tony Lumpkin, « en affinité « avec l'un ou avec l'autre (1) ? »

Il est impossible de décider si la manière de raconter de Richardson est une suite de la forme épistolaire qu'il a choisie, ou si son goût précoce pour les correspondances épistolaires n'était pas fondé sur un penchant inné pour les détails. Ce talent et ce penchant se sont fortifiés l'un par l'autre. Pour un auteur qui écrit une lettre tout événement est récent, et il le peint quand il l'a sous les yeux, en le rapportant à son importance relative avec ce qui s'est passé et avec ce qui doit survenir. Tout est placé, pour ainsi dire, sur le même plan du tableau, et rien dans le fond. Une partie de whist est-elle le sujet de la lettre? elle doit être détaillée au long comme les débats de la chambre des communes sur un sujet qui embrasse les intérêts les plus chers de la nation. C'est peut-être à cela qu'il faut attribuer cette prolixité dont les lecteurs de Richardson se plaignent souvent.

Un autre désavantage qui produit la même impres-

(1) Ce personnage de la comédie de Goldsmith, *the Stoops to conquer*, parle un jargon quelquefois difficile à traduire, mais fort plaisant, surtout dans la bouche de Liston. On sait qu'un acteur favori consacre par son accent les choses les plus absurdes comme des traits heureux. — Éd.

sion, c'est que les mêmes incidens, dans plusieurs occasions, sont répétés par les divers acteurs à leurs correspondans différens. Si cette forme a l'avantage de placer chaque caractère dans le jour qui lui est propre, et de faire contraster les pensées, les plans et les sentimens des uns et des autres, cet avantage est au moins balancé par l'inconvénient d'arrêter la marche de l'action, qui reste suspendue tandis que les personnages s'occupent à faire remarquer leur pas, comme un cheval de manège qui piaffe sans avancer. Mais, comme le remarque judicieusement mistress Barbauld, le lecteur connait parfaitement les personnages au sort desquels il s'intéresse. « En conséquence, ajoute-t-elle « avec la même sagacité, ce ne sont point des senti- « mens passagers, excités momentanément par une « scène pathétique, que nous éprouvons; ce sont des « personnages réels que nous connaissons, avec lesquels « nous conversons, et dont le sort sera décidé dans « le cours des événemens (1). » Le style minutieux de Richardson a donc cet avantage spécial, que chaque personnage qu'il présente sur la scène y paraît dans un jour qui ne permet pas de le méconnaître. Aussi a-t-on une idée aussi exacte du caractère particulier de toutes les femmes de la famille de mistress Sinclair qu'il est nécessaire de nommer, de l'avide et hypocrite J. Leman, du spécieux capitaine Singleton, et de tous les autres agens de Lovelace, que de Lovelace lui-même.

Le caractère du colonel Morden, par exemple, quoiqu'il ne paraisse qu'un moment, est tout-à-fait *individuel*. Il a de nobles sentimens, il est brave, il sait se servir de son épée : c'est un homme du monde et

---

(1) *Vie de Richardson*, vol. I, p. 82.

un homme d'honneur, qui n'est pas assez emporté pour précipiter le moment de la vengeance, ni assez endurant pour différer l'occasion de la satisfaire. La crainte qu'il inspire aux Harlowe avant même qu'il paraisse, l'estime que Clarisse a pour celui qu'elle regarde comme son protecteur naturel, nous préparent à voir en lui le Vengeur du Sang, quand il paraît pour la première fois sur la scène, trop tard, à la vérité, pour sauver Clarisse, mais digne vengeur des outrages qu'elle a éprouvés, digne vainqueur de Lovelace. Quelque piété, quelque résignation qu'il y ait dans la dernière recommandation de Clarisse à un homme tel que le colonel Morden, on n'est ni surpris ni fâché qu'il lui ait désobéi.

On ne doit pas perdre de vue que par le détail de circonstances triviales et peu intéressantes, l'auteur donne à ses caractères un air de réalité qu'il ne pouvait leur donner sans cela. Celui qui raconte un fait s'arrête sur des circonstances peu importantes, qui n'ont dans son esprit d'autre intérêt que celui d'appartenir aux événemens plus importans qu'il veut communiquer. De Foe, qui comprenait bien l'avantage d'orner une histoire de pure imagination de tous les accessoires qui distinguent les histoires véritables, et qui ne négligeait aucune occasion d'en faire usage, n'est guère supérieur à Richardson dans cet art.

Cependant, malgré tous les avantages de la forme épistolaire, qui s'adaptait merveilleusement au génie particulier de Richardson, cette forme a aussi ses défauts. Afin que tout ce qui tient à la partie narrative du roman soit connu, les personnages sont souvent obligés d'écrire, quand il serait plus naturel de les faire agir : ce n'est pas tout, ils sont souvent obligés d'écrire ce qu'il n'est pas naturel qu'ils écrivent; et il faut toujours qu'ils écrivent beaucoup plus souvent, et beaucoup plus, qu'on ne peut supposer qu'on a le temps d'écrire dans la vie. Ces objections n'eurent pas probablement un grand poids dans l'esprit de Richardson, accoutumé comme il l'était dès son enfance à écrire des lettres, lui pour qui c'était un goût d'habitude, et qui était certainement un correspondant aussi infatigable (nous avons presque dit formidable) qu'aucun des personnages de ses romans.

Richardson lui-même connaissait l'excessive abondance de son imagination : il savait qu'il excédait quelquefois la patience de ses lecteurs. Il se livrait à sa facilité, écrivait sans plan arrêté, et longuement, puis il retranchait, resserrait; en sorte que, tout étrange que cela puisse paraître, ses productions étaient réduites de moitié avant d'être livrées à la presse. Dans ses deux premiers romans, il fit plus d'attention au plan; et, quoique diffus et prolixe, dans le récit, on ne peut dire qu'il s'égare en digressions. Les personnages qu'il met sur la scène ne paraissent que pour faire marcher l'action, et l'on trouve dans *Paméla* et *Clarisse* peu de ces hors-d'œuvre en dialogue, ou de ces dissertations dont *Sir Charles Grandison* abonde. L'histoire ne quitte pas la ligne droite, quoiqu'elle marche lentement. Mais, dans son dernier ouvrage, l'auteur se permet trop d'excursions. Il y a, à la vérité, dans le plan bien peu de choses qui puissent fixer l'attention du lecteur, les divers événemens qui sont successivement racontés n'étant liés entre eux que parce qu'ils présentent le caractère du héros sous quelque nouveau point de vue particulier. On peut dire la même chose de ces nombreuses et longues conversations sur des sujets de morale et de religion qui forment une si grande partie de l'ouvrage, qu'une vieille dame de notre connaissance, étant devenue sujette à des assoupissemens, se faisait lire *Sir Charles Grandison* quand elle était dans son fauteuil, de préférence à tout autre roman, « parce que, « disait-elle, si je m'endors pendant la lecture, je suis « sûre, à mon réveil, que je n'aurai rien perdu de l'his- « toire, et que je retrouverai toute la société où je l'ai « laissée, conversant *dans le parloir de cèdre* (1). »

Probablement, cette prolixité que, dans notre manière de vivre moins grave, nous reprochons à Richardson comme un grand défaut, ne déplut pas autant à ses contemporains. Ceux qui étaient obligés d'étudier le phébus et le galimatias des in-folio de Scudéri ne pouvaient pas être fatigués de l'esprit, du naturel et du génie des in-octavo de Richardson. Mais un lecteur de notre temps peut bien désirer quelques retranchemens dans les premiers volumes de *Clarisse* et dans les derniers de *Sir Charles*. Il lui est permis de dire que les deux derniers volumes de *Paméla* n'auraient jamais dû être publiés, et que le second pourrait être abrégé. On pourrait souhaiter que beaucoup de détails d'habillemens et de parures qui, à dire la vérité, se ressentent un peu des boutiques de couturières, où Richardson fit ses premiers essais de composition, fussent supprimés, surtout ceux qui se trouvent dans des lettres écrites par des personnes d'esprit, ou quand on nous les communique au moment d'une scène intéressante. Il faut se ressouvenir du grand talent de Richardson pour lui pardonner de faire faire par Lovelace, au milieu de son triomphe et de la fuite de Clarisse, une

---

(1) Expression de Richardson. — Éd.

description de son habillement de la tête aux pieds, avec toute l'exactitude d'une marchande de modes. Mais il y aurait de la mauvaise grace à s'arrêter sur des défauts rachetés par tant de beautés.

Le style de Richardson était facile et flexible, et celui qui, avec peu de variété, était le plus convenable à ses divers caractères. Lorsqu'il fait parler des personnages élevés, le style est abondant, expressif, et approprié à leur rang, mais quelquefois il manque d'élégance et d'exactitude, défauts qui tiennent à l'éducation imparfaite que l'auteur avait reçue. De son vivant, on a dit de lui, selon l'usage, qu'il se faisait aider, chose à laquelle nous ne croyons pas qu'un homme d'un talent distingué voulût consentir; car ce serait faire l'aveu qu'il a entrepris une tâche au-dessus de ses forces (1). Il est bien reconnu qu'il a composé seul tous ses ouvrages sans aucun secours étranger, excepté l'*ode à la sagesse*, qui est de mistress Carter, et quelques citations latines que lui fournit un ami pour orner l'épître à Elias Brand.

Le talent de Richardson dans ses scènes les plus tragiques n'a jamais été et probablement ne sera jamais surpassé. Celles où il nous montre l'innocence malheureuse, comme dans l'histoire de Clarisse et de Clémentine, sont déchirantes : les hommes jaloux de paraître capables de surmonter tout attendrissement ne doivent pas s'exposer à les lire pour la première fois en présence de témoins. Dans les scènes où ces deux héroïnes, et Clarisse surtout, déploient une noble grandeur d'ame, où elles s'élèvent au-dessus des considérations terres-

---

(1) Il est curieux de rapprocher cette remarque de la préface signée des *Chroniques de la Canongate*, Ire série. — Éd.

tres et de l'oppression des hommes, le lecteur est entraîné à un amour pur de la vertu et de la religion, comme par une voix inspirée. Les scènes faites pour exciter l'horreur, comme la mort de Belton et celle de l'infame Sainclair sont aussi effrayantes que les autres sont propres à exalter l'ame ; celles-là sont tracées dans le noble dessein d'entretenir notre crainte et notre haine du vice, comme celles-ci dans le but d'accroître notre amour de la vertu et de la religion.

Richardson ne possédait pas au même degré les autres qualités du romancier : il était moins propre au style comique qu'au tragique. Cependant, il ne manquait pas d'une certaine légèreté, et dans ce genre ses écrits décèlent la même étude du cœur humain que l'on remarque dans un genre plus relevé. La partie comique de ses ouvrages n'est jamais forcée, et ne va jamais au-delà des bornes de la nature ; il ne sacrifie jamais le vrai et le vraisemblable à l'effet. Sans avoir précisément ce que l'on peut appeler de l'esprit, l'auteur de *Paméla* avait assez de gaieté pour animer ses scènes ; sans être jamais, comme son rival Fielding, extrêmement comique, il seme dans ses esquisses de ce genre une foule de plaisanteries fines qui les rendent très-agréables.

Il est possible que les vicissitudes de la mode et du goût aient, d'après les causes que nous avons franchement exposées, obscurci pour un temps la réputation de Richardson. Peut-être aussi la génération présente lui fait-elle, par cette espèce d'oubli, payer la haute réputation dont il a joui autrefois. Car, si l'on accorde aux auteurs l'immortalité, ou quelque chose qui en approche, il semble que ce n'est, comme dans le beau conte oriental de Nourjahad, qu'à la condition qu'ils seront exposés à des intervalles de sommeil et d'oubli. Malgré tous ces désavantages, il faudra dans tous les temps reconnaître que le génie de Richardson a fait honneur à la langue dans laquelle il a écrit ; il faudra encore convenir qu'il a constamment consacré ses grands talens à la morale, et au perfectionnement de la nature humaine en général (1).

(1) Dans une de ses leçons de littérature française, M. Villemain a fait récemment une excursion en Angleterre, et a parlé de Richardson avec son éloquence accoutumée. Il devait nécessairement se rencontrer sur ce terrain avec sir Walter Scott; mais il est fâcheux qu'il n'ait guère cité que Clarisse, et qu'il ait oublié l'admirable éloquence de Clémentine. — Éd.

NOTICE

BIOGRAPHIQUE ET LITTÉRAIRE

SUR

HENRY FIELDING.

De tous les ouvrages d'imagination produits par le génie anglais, il n'en est point, peut-être, qui lui appartiennent d'une manière aussi spéciale et exclusive que les romans de Henry Fielding. Non-seulement ces romans ne sont point susceptibles d'être traduits dans le sens propre du mot, mais encore nous doutons qu'un Irlandais ou un Écossais, qu'une longue habitude n'a point familiarisé avec les mœurs et les traits caractéristiques de la *vieille Angleterre* (1), puisse parfaitement les comprendre et en sentir tout le charme. Le curé (2)

---

(1) *Old England.* — Éd.

(2) *Parson*, le prêtre de la paroisse (*of the parish*). Ce mot est souvent employé comme terme générique pour dire les curés, les prêtres. Les fonctions qui dans l'église anglicane répondent à celles de nos curés sont celles du *rector*. Le *curate* anglais est un desservant qui officie pour le *recteur*. — Éd.

Adams, Towwouse, Partridge, et surtout le Squire (1) Western, sont des caractères si particuliers à l'Angleterre, qu'ils sont inconnus aux autres pays. Bien plus, les personnages dont le caractère offre des traits plus généraux, tels que M. Allworthy, mistress Miller, Tom Jones lui-même, et tous les personnages secondaires, ont encore une physionomie toute nationale; ce qui n'ajoute pas peu à la vraisemblance de l'histoire. Tous ceux qui y jouent un rôle vivent en Angleterre, voyagent, se querellent, se battent en Angleterre, et il n'est pas un incident qui ne se présente avec quelque circonstance particulière, grace à laquelle il semble qu'il ne pourrait avoir lieu aussi naturellement en tout autre pays. On peut expliquer cette *nationalité* par les habitudes de Fielding lui-même, qui, dans les vicissitudes de sa vie, se trouva obligé à différentes époques de fréquenter toutes les classes de la société anglaise, où il sut choisir et peindre ses originaux avec un talent inimitable, pour l'amusement de ses lecteurs. Comme tant d'autres hommes de génie, Fielding ne fut pas favorisé de la fortune, et sa vie fut une vie d'imprudence et d'incertitude. Mais c'est en passant de la plus haute société dans laquelle sa naissance lui donnait le droit d'être admis, à celle des gens du plus bas étage, et même on peut dire du genre le plus équivoque, qu'il put étudier et connaître le caractère anglais dans toutes ses nuances et sous toutes ses formes, et qu'il immortalisa son nom comme peintre des mœurs nationales.

Henry Fielding, né le 22 avril 1707, d'une famille noble, était le troisième fils du général Edmond Fiel-

---

(1) C'est le gentilhomme campagnard, le seigneur du village, mais souvent sans autre titre que celui du principal propriétaire.
Éd.

ding, troisième fils lui-même de l'honorable John Fielding, cinquième fils de Guillaume comte de Denbigh, mort en 1655. Notre auteur était allié d'assez près à la famille ducale de Kingston, qui devait alors à la beauté et à l'esprit de la célèbre lady Mary Wortley Montague un éclat plus brillant que celui de son rang et de ses titres. La mère de Henry Fielding était fille du juge Gold. Il fut le seul enfant mâle de ce mariage ; mais il eut trois sœurs du côté paternel, l'une desquelles, Sara Fielding, s'est fait connaître comme auteur de l'*Histoire de David simple*, et de quelques autres ouvrages littéraires. Le général Fielding se remaria, et eut de sa seconde femme une famille nombreuse : on se rappelle encore un de ses fils qui, étant juge de police, était distingué par le titre de sir John Fielding.

Il est très-probable que la dépense causée par une aussi nombreuse famille, jointe à l'insouciance naturelle du père de Henry Fielding, le jetèrent de bonne heure dans cet état précaire et contre lequel il eut à lutter pendant toute sa vie, sauf quelques intervalles très-courts.

Henry Fielding commença son éducation chez le révérend M. Oliver, qu'on suppose lui avoir fourni l'esquisse du curé Trulliber. Il fut ensuite placé au collège d'Eton, où il acquit de bonne heure cet amour profond pour la littérature classique de l'antiquité, dont on retrouve à chaque pas les traces dans tous ses ouvrages. Son père le destinant au barreau, l'envoya finir ses cours à Leyde, où l'on assure qu'il s'appliqua avec un véritable zèle à l'étude du droit. S'il eût pu suivre jusqu'à la fin ses cours avec régularité, les tribunaux y auraient probablement gagné un avocat de plus, et le monde eût perdu un homme de génie ; mais la position embarrassée du général Fielding fit tourner les talens du jeune homme à l'avantage de la postérité, quoique peut-être à son propre détriment. Les remises nécessaires n'arrivèrent pas, et notre étudiant fut obligé, à l'âge de vingt ans, de revenir se plonger dans toute la dissipation de la capitale, sans y avoir un mentor pour le diriger, ou un ami pour le secourir. Le général Fielding avait, il est vrai, promis à son fils une pension annuelle de 200 livres sterling ; mais, comme le dit Fielding luimême, « la payait qui voulait. » Il suffit d'ajouter que Fielding était d'une grande taille, beau, bien fait, et d'une figure très-expressive. Il joignait à une constitution très-robuste une grande avidité pour tous les plaisirs, et savait mieux que personne jouir du moment présent, laissant au hasard le soin de l'avenir. Le lecteur est maintenant assez au courant de son caractère pour pouvoir juger de l'étendue de son imprévoyance et de ses malheurs. Lady Mary Wortley Montague sa parente, qui le connaissait dès son enfance, a tracé de la manière suivante le tableau de son humeur et de ses résultats ; et un biographe qui peut emprunter les paroles de cette femme célèbre ne se hasarderait pas volontiers à lutter avec elle sur le même sujet.

« J'ai bien du chagrin de la mort de Henry Fielding,
« dit-elle dans une des lettres qu'elle écrivit après cet
« événement, non-seulement parce que je ne lirai plus
« de ses ouvrages, mais encore parce que je suis sûre
« qu'il perd en mourant plus que tout autre, car nul
« homme n'a mieux su jouir de la vie. Cependant per-
« sonne n'était moins en position de le faire, puisque le
« *nec plus ultrà* de sa gloire et de son bonheur était de se
« trainer dans les repaires les plus obscurs du vice et de
« la misère. J'aimerais mieux être un de ces officiers de

« police qui président aux mariages nocturnes, et je
« trouverais cet emploi moins dégoûtant et plus relevé.
« L'heureux tempérament de Fielding (même après
« qu'il fut à grand'peine parvenu à le gâter à moitié) lui
« faisait oublier tous ses maux devant un pâté de venai-
« son ou une bouteille de champagne; et je suis persua-
« dée qu'il a eu plus de momens de bonheur qu'aucun
« prince de la terre. Il devait à la nature de trouver des
« transports dans les bras de sa cuisinière, et de con-
« server sa gaieté lorsqu'il mourait de faim dans un gre-
« nier. Il existe beaucoup de rapports entre lui et sir
« Richard Steele. Fielding était supérieur à ce dernier
« en instruction, et, d'après mon opinion, en génie.
« Tous deux s'arrangèrent toujours pour manquer con-
« stamment d'argent, malgré les efforts de leurs amis,
« et ils n'eussent pas été plus riches quand leur patri-
« moine se serait trouvé aussi inépuisable que leur ima-
« gination. Cependant ils étaient l'un et l'autre si heu-
« reusement organisés pour le bonheur, qu'on ne peut
« s'empêcher de regretter qu'ils n'aient pas été immor-
« tels. »

Dans la dissipation où vivait Fielding, il fallait se créer des ressources; sa plume lui en fournit. N'ayant, comme il avait coutume de le dire, d'autre alternative que d'être écrivain à gages ou cocher de fiacre (1), il travailla d'abord pour la scène, occupation littéraire fort en vogue à cette époque, où le théâtre avait exercé le talent des Wicherley, des Congrève, des Vanburgh et des Farqhuar. Les pièces de Fielding, comédies ou farces, au nombre de dix-huit, furent représentées dans un court intervalle, et vinrent l'une après l'autre

(1) *A hackney writer or a hackney coachman.*

faire naufrage sur les écueils de la scène ou s'y maintenir sans succès depuis l'année 1727 jusqu'en 1736. De toutes ces pièces, les seules qui nous soient connues, et qu'on lise encore, sont la tragédie burlesque de *Tom Thumb*, la comédie de *l'Avare*, traduite du français, et les farces du *Médecin supposé* et de *la Femme de chambre intrigante*; cependant elles devaient toutes le jour à un auteur incomparable pour la peinture des mœurs et des caractères, dans un genre de composition qui a beaucoup d'analogie avec les ouvrages dramatiques.

Fielding, le premier romancier de l'Angleterre, car on peut sûrement lui donner ce titre, est encore un exemple à ajouter à celui de Lesage et d'autres auteurs, qui, comme lui distingués par leurs succès dans le roman, ont échoué dans leurs essais dramatiques, ou du moins n'y ont nullement montré cette supériorité qu'on était fondé à attendre de leur génie. Nous avons trop d'exemples de cette inaptitude pour pouvoir dire qu'elle soit simplement l'effet du hasard, et il est difficile d'en assigner un motif satisfaisant, puisque tous les raisonnemens semblent prouver qu'il faut réunir les mêmes talens pour parcourir avec succès l'une et l'autre carrière. Des caractères bien tracés, un style énergique, des situations heureusement contrastées, une intrigue bien conduite dont le développement soit à la fois naturel et imprévu, où l'intérêt se soutienne uniformément jusqu'au dénouement qui complète l'ouvrage, etc., toutes ces qualités sont aussi essentielles au succès du romancier qu'à celui de l'auteur dramatique, et leur réunion semble devoir également assurer le triomphe de l'un et de l'autre. Les biographes de Fielding ont prétendu expliquer ses échecs dans la carrière dramatique par la précipitation et l'insouciance avec laquelle il composait ses pièces de théâtre : il lui arrivait quelquefois de finir un acte ou deux dans une matinée, écrivant des scènes entières sur le papier qui avait enveloppé son tabac favori. Une telle négligence produira sans doute de grandes inégalités dans les ouvrages d'un auteur si peu soigneux de sa réputation. Mais elle ne saurait seule rendre raison de cette insipidité dont les pièces de Fielding ne sont pas exemptes, et qu'on trouve rarement dans les ouvrages qu'un homme de génie a créés *d'un seul jet* (1) (pour me servir de l'expression de Dryden), dans l'excessive confiance de son talent. Nous ne pouvons pas non plus nous résoudre à penser qu'un auteur aussi insouciant que Fielding apportât beaucoup plus de soin à travailler ses romans qu'à finir ses comédies, et nous sommes forcés de chercher quelque motif plus général de l'infériorité de ses pièces de théâtre. On le trouverait peut-être dans la nature de ces deux genres de composition qui, étroitement liés, comme ils semblent l'être, ont cependant entre eux des différences assez frappantes pour justifier l'opinion qui veut que l'auteur parvenu à un degré éminent de perfection dans l'une de ces deux branches de la littérature, devienne incapable de briller dans l'autre; de même qu'un artisan qui se fait remarquer par son habileté particulière dans quelque partie d'un art mécanique y perd l'habitude de s'acquitter avec un égal bonheur de quelque autre ouvrage analogue; ou comme l'artiste distingué par la beauté de ses aquarelles est ordinairement moins célèbre par ses peintures à l'huile.

Le but que le romancier se propose est de présenter à ses lecteurs le tableau de certains événemens, aussi

---

(1) *At a heat.*

complet et aussi naturel qu'il peut le faire à l'aide d'une imagination ardente, et sans le secours d'aucun objet matériel. Il puise toutes ses ressources dans le monde idéal, domaine de l'imagination, et en cela seul consistent sa force et sa faiblesse, ses richesses et sa pauvreté. Il ne peut pas, comme le peintre, nous faire toucher au doigt et à l'œil, pour ainsi dire, ses villes et ses bois, ses palais et ses châteaux ; mais il sait, en réveillant l'imagination et l'intérêt du lecteur, présenter à sa vue intellectuelle des paysages plus beaux que ceux de Claude Lorrain, plus pittoresques que ceux de Salvator Rosa. Il ne peut pas non plus, comme l'auteur dramatique, faire revivre à nos yeux étonnés les héros des temps passés ; il ne saurait donner un corps aux créations les plus heureuses de son génie, et les personnifier par la majesté des Kemble et les nobles graces de Siddons. Mais il peut faire évoquer par le lecteur lui-même des formes encore plus belles et plus majestueuses. Les mêmes différences se retrouvent à chaque pas dans son art, et le suivent partout. Enfin, l'auteur d'un roman n'a point de théâtre ni de décorations, point de compagnie de comédiens ni d'assortiment de costumes. Des mots habilement disposés doivent seuls remplacer toutes les ressources que l'auteur dramatique tire de ces accessoires étrangers. Le maintien, le débit, les gestes, le sourire de l'amant, le regard sombre du tyran, les lazzis du bouffon, il faut qu'il dise tout, car il ne peut rien montrer aux yeux. Ainsi le dialogue lui-même se trouve mêlé avec le récit ; il ne s'agit pas seulement de rapporter ce que ses personnages doivent véritablement avoir dit, son travail serait alors le même que celui du poète dramatique, il faut qu'il rende le geste, le regard qui a accompagné leurs discours, écrivant ainsi tout ce qui dans une pièce de théâtre doit être retracé par l'acteur. Voilà pourquoi le plus souvent l'homme qui réussit le mieux dans une carrière où tout dépend de savoir communiquer au lecteur ses idées et ses sentimens, sans aucun intermédiaire, manquerait de l'art indispensable d'adapter ses compositions au théâtre, où les qualités les plus désirables dans un romancier se trouvent hors de place, et sont même un obstacle au succès. Les descriptions et les narrations, qui sont l'essence du roman, ne doivent être introduites qu'avec beaucoup de réserve dans les ouvrages dramatiques, et ne font presque jamais un bon effet sur la scène. M. Puff, dans la pièce du *Critique*, a le bon sens de supprimer tout ce qu'il y a sur *le soleil dorant de ses rayons l'hémisphère oriental*, etc., et la première chose que les acteurs retranchent de sa fameuse tragédie est la description de la reine Élisabeth, de son palefroi et de sa selle (1). Le drame parle aux yeux et aux oreilles; lorsqu'il cesse de s'adresser à ces organes, il manque entièrement son but en exigeant d'un auditoire l'effort d'imagination nécessaire pour suivre et donner la vie à des objets invisibles, et cette erreur peut être celle d'un homme de génie.

Il résulte de ce que nous venons de dire que, bien que l'on puisse composer une pièce fort agréable à la représentation, en choisissant dans un roman l'intrigue et les caractères (2), les plus grands efforts de génie

(1) Dans la comédie de Shéridan, qui est une imitation de *la Répétition du duc de Buckingham*, l'auteur ridicule compose et fait juger une tragédie extravagante qui devient un texte de critique, etc. — Éd.

(2) Un critique dont les observations sont aussi ingénieuses que profondes, M. C... (Duviquet) prétend même qu'on ne pourrait créer avec un roman une pièce satisfaisante. Cette difficulté est

suffiront à peine pour faire un roman d'une composition dramatique. Dans le premier cas, un auteur n'a plus qu'à resserrer les événemens dans le cadre convenable pour la représentation, choisir les caractères les plus saillans, écarter toutes les redites comme toutes les longueurs, et donner ainsi à l'ensemble de son ouvrage une contexture dramatique. Mais nous ne saurions concevoir comment on pourrait introduire heureusement dans une bonne pièce ces accessoires de description qui furent nécessaires au romancier pour donner à son récit les dimensions convenables. C'est ainsi que celui dont le plus grand mérite consiste à s'adresser seulement à l'imagination, et dont le style, par ce motif, doit admettre une foule de détails circonstanciés, peut aisément se tromper dans un genre de composition où il faut encore laisser tant à faire à l'acteur, sans compter ses alliés naturels, le machiniste, le peintre et le costumier, et où toute excursion dans le département spécial de ces auxiliaires est une faute fatale. D'ailleurs dans les récits d'invention l'auteur fait son ouvrage à lui tout seul et pour son propre compte, au lieu qu'en écrivant pour le théâtre il s'associe avec les acteurs ; et c'est par les efforts réciproques des uns et des autres qu'une pièce doit réussir. Toute association, disent les légistes, est mère de discorde; et l'on peut se convaincre, en lisant l'admirable dialogue entre le comédien et le poète, dans *Joseph*

---

moindre, il faut en convenir, sur la scène anglaise, où l'absence des unités rapproche davantage la comédie du roman. Colman a emprunté au roman de *Tom Jones* sa *Femme Jalouse*, et chez nous Desforges a trouvé un heureux sujet dans le même ouvrage. Nous avons enfin vu, en 1822, *Gil Blas* entier joué à Londres en cinq actes ! ! — Éd.

Andrews, chap. x, liv. III, combien il est difficile à la concorde de s'établir. Le poète doit s'attendre à voir tomber sa pièce, s'il ne veut pas faire les concessions les plus larges à l'expérience et aux talens de chaque acteur qui y joue un rôle. Celui qui, en écrivant un roman, prêtait un langage et des sentimens à des caractères d'invention, se voit forcé de prendre le soin bien autrement grave de les adapter à des personnages réels; et ceux-ci, à moins que leurs rôles ne se trouvent exactement en harmonie avec leur goût et leurs talens particuliers, ont individuellement le pouvoir de faire tomber la pièce, et assez souvent c'est leur caprice. Voilà entre autres difficultés de l'art dramatique celles qui lui appartiennent plus essentiellement; et c'est justement par ces obstacles qu'est arrêté le romancier qui aspire à étendre ses triomphes dans les domaines du théâtre.

Nous avons déjà remarqué que jusqu'en 1737, Fielding mena à Londres la vie d'un homme d'esprit et de plaisir, cherchant toutes ses jouissances dans une succession d'amusemens et de dissipations, et trouvant dans les ressources précaires du théâtre l'argent nécessaire pour continuer une pareille conduite. Il devint même, *pendant une saison* (1), directeur d'une compagnie de comédiens. Ayant rassemblé à cet effet un certain nombre d'acteurs sans emploi, il se proposait de leur faire jouer ses propres pièces dans le petit théâtre d'Haymarket. Ce projet ne réussit point; et sa troupe, qui était tombée du ciel, comme il le disait, fut obligée de se séparer.

Pendant sa carrière dramatique, Fielding, comme la

(1) La *saison* du grand théâtre, comme celle des bals à Londres, se termine généralement avec la session du parlement, au mois de juillet, pour recommencer en novembre. — Éd.

plupart des auteurs de son temps, reconnut l'impossibilité de capter la faveur du public sans condescendre à flatter ses animosités politiques. Deux de ces comédies, *Pasquin* et le *Registre historique*, contiennent de violentes attaques contre sir Robert Walpole, dont il avait vainement recherché la protection en 1730. La liberté de ces satires contribua beaucoup, dit-on, à l'établissement d'une mesure jugée nécessaire pour réprimer la licence du théâtre, et qui mit fin à ce goût de satire personnelle et politique qui avait été excité et entretenu par le succès de *l'opéra du Gueux*, de Gay. Cette mesure ne fut autre chose que le pouvoir discrétionnaire, confié au lord trésorier, de refuser le droit de représentation à tout écrit dramatique qu'il désapprouverait. Cette ordonnance donna lieu à beaucoup de clameurs dans le temps; mais la satire dans toute sa licence a depuis trouvé, pour se répandre en public, tant de voies plus faciles et plus directes, que son exclusion de la scène n'excite plus ni intérêt ni regret. On ne regarde même plus comme une attaque violente contre la liberté, d'empêcher que les partis politiques se trouvent en présence dans les théâtres, destinés aux plaisirs du public, et non aux luttes des factions (1).

En 1736, Fielding paraît avoir voulu faire un établissement. Il épousa une jeune personne de Salisbury, nommée miss Craddock, belle, aimable, et possédant une fortune de 1500 livres sterling. A peu près dans le même temps, il hérita, par la mort de sa mère, d'une terre de 200 livres sterling de revenu, située à Stower, dans le comté de Derby; il se trouvait ainsi possesseur

---

(1) Le caprice tyrannique du censeur actuel, G. Colman, vient de donner lieu cependant à de vives réclamations. — Éd.

d'une fortune qui lui donnait les moyens, à cette époque, de vivre d'une manière honorable. Il quitta Londres pour s'établir dans son nouvel héritage; mais malheureusement il ne s'était pas corrigé de son penchant à jouir sans prévoyance du présent aux dépens de l'avenir. Il se donna un équipage avec des livrées brillantes; et ses biographes ne négligent pas de nous faire remarquer que la couleur, étant d'un jaune vif, nécessitait de fréquens renouvellemens. A l'exemple de nos prédécesseurs, que nous copions ici humblement, nous aurions cru impardonnable de supprimer une circonstance aussi importante. Les chevaux, les meutes, et une hospitalité sans bornes, aidèrent puissamment les gens de la livrée jaune à dévorer la fortune d'un maître aussi prodigue; et au bout de trois ans, Fielding se trouva sans terre, sans rentes et sans demeure. Redevenu étudiant en droit au Temple, il s'appliqua à la jurisprudence; et après le terme d'épreuve ordinaire, il fut admis au barreau. Il est probable qu'il ne rapporta rien de son séjour dans le comté de Derby, si ce n'est cette expérience d'une vie campagnarde et de ses plaisirs, qui lui a permis dans la suite de tracer le portrait de l'inimitable du Squire Western.

Fielding eut donc alors une profession, et comme il avait employé à l'étude toutes les facultés d'un esprit supérieur, on pourrait s'attendre à lui voir obtenir dans cette nouvelle carrière des succès dignes de ses talens; mais les personnes qui par leur état peuvent avancer ou retarder la fortune d'un jeune avocat ne voulurent pas croire qu'un homme d'esprit et de plaisir comme Fielding consentît jamais à consacrer l'application convenable aux affaires qu'elles lui auraient confiées. Des maladies, résultat d'une conduite irrégulière, vinrent excuser cette négligence. De violentes attaques de goutte forcèrent Fielding à interrompre l'exercice de sa profession, et minèrent graduellement sa santé. Il fut donc obligé d'avoir de nouveau recours au théâtre. Nous voyons en effet qu'il essaya de faire représenter la suite de sa comédie intitulée *la Vierge démasquée* (1); mais un des rôles paraissant avoir été écrit dans l'intention de ridiculiser un homme de qualité, le lord trésorier refusa son autorisation. Fielding chercha alors des moyens d'existence dans des écrits d'un autre genre, tels que des pamphlets politiques, des traités éphémères, des essais, etc. Sa plume, toujours prête, les lui fournissait à chaque nouveau besoin, et il parvint ainsi à soutenir sa famille, à laquelle il était tendrement attaché.

Au milieu de cette vie précaire, de ces expédiens et de ce travail continuel, Fielding eut le malheur de perdre sa femme. Le chagrin que lui causa cette perte domestique fut poussé si loin que ses amis craignirent pour sa raison. La violence de son chagrin se calma cependant, quoique ses regrets aient été durables; et la nécessité de lutter contre le besoin le força à reprendre le cours de ses travaux littéraires. Enfin, en 1741 ou 1742, des circonstances particulières l'engagèrent à se livrer à un genre de composition tombé alors dans le mépris, et qui est devenu, grace à lui, une des richesses classiques de la littérature anglaise.

Le roman de *Paméla*, publié en 1740, avait fait la réputation de Richardson; Fielding, soit qu'il fût fatigué de l'entendre louer sans mesure (car cet ouvrage, dans lequel on trouve des passages qui de nos jours seraient

---

(1) *The virgin unmasked.*

jugés très-inconvenans, était alors prôné même dans la chaire), — soit que, écrivant pour ses besoins quotidiens, il recherchât ce qui intéressait momentanément le public, soit enfin qu'il fût entraîné par ce penchant naturel de malice qui nous porte à rire aux dépens de l'idole du jour, il résolut de parodier le style, les principes et les personnages de cet ouvrage si heureux. De même que Gay, pour se moquer de Philips, fit paraître *la Semaine du Berger* ; de même chez Fielding le désir de tourner *Paméla* en ridicule donna naissance à *Joseph Andrews;* dans l'un et l'autre cas, mais surtout dans le dernier, l'ouvrage fut infiniment meilleur qu'on ne pouvait l'attendre du motif qui avait présidé à son exécution; et le lecteur y trouva un intérêt bien au-dessus de celui que l'auteur avait eu dessein de lui procurer. Il y a en effet une ironie extrêmement fine et piquante dans le roman de Fielding, et l'on peut s'en convaincre en le comparant avec *Paméla;* mais l'ouvrage contre lequel est dirigée toute cette plaisanterie est pour ainsi dire oublié, tandis que *Joseph Andrews* est toujours lu avec le même plaisir à cause des excellentes peintures de mœurs qu'il renferme; c'est surtout l'inimitable caractère de M. Abraham-Adams qui suffirait seul pour établir la supériorité de Fielding sur tous ses rivaux; son savoir, sa simplicité, sa pureté évangélique, sa bonté constante sont si heureusement alliés à son pédantisme, à sa distraction habituelle et à cette science gymnastique et athlétique que les étudians de toutes les classes de la société rapportaient des universités, qu'on peut le nommer sans crainte une des meilleures productions de la Muse du roman. Comme Don Quixote, le curé Adams est battu un peu trop et trop souvent; mais le bâton descend sur ses épaules comme sur celles de l'honorable chevalier de la Manche, sans que sa réputation en souffre le moins du monde, et il est bâtonné sans être avili. Le style de cet ouvrage, est-il dit dans la préface, est une imitation de celui de Cervantès; mais dans *Joseph Andrews* et dans *Tom Jones*, l'auteur paraît avoir aussi étudié le *Roman comique* de Scarron, jadis si fameux. C'est à cette production originale qu'il a emprunté ce style tragi-comique qui décrit des événemens risibles dans le langage de l'épopée classique. Mais ce genre de plaisanterie est bientôt épuisé, et Fielding l'a employé assez souvent pour s'exposer à être taxé de pédantisme.

Joseph Andrews eut un véritable succès; si bien que Richardson, qui aimait la louange jusqu'à l'adulation, fut extrêmement offensé d'un aussi brillant triomphe; le cortège de ses admirateurs des deux sexes eut soin de répéter ses sentimens, et d'accabler Fielding de reproches. Cette animosité continua après la mort de ce dernier, et nous trouvons dans la correspondance de Richardson les réflexions les plus injustes et les moins généreuses sur la mémoire de Fielding. Richardson, qui connaissait beaucoup les sœurs de Fielding, se plaignit à elles, non de la manière dont notre auteur l'avait traité, il était trop glorieux pour en faire mention, mais de sa malheureuse prédilection pour tout ce qui était bas et trivial.

Les expressions suivantes sont remarquables quand on considère l'extrême modestie de l'écrivain qui se constituait le juge en dernier ressort du mérite de Fielding, et la délicatesse de l'homme qui ne craignait pas d'adresser à la sœur de son rival les observations suivantes :

« Pauvre Fielding, je ne pus m'empêcher de dire à

« sa sœur à quel point j'étais étonné et affligé de voir
« combien il aimait et recherchait tout ce qui est bas et
« vil. Si votre frère, lui dis-je, était né dans une écurie,
« ou eût été un coureur de mauvais lieux, on l'aurait
« pris pour un génie, et l'on eût désiré qu'il eût reçu
« le bienfait d'une éducation soignée et l'entrée de la
« bonne compagnie. »

Après de telles plaintes, nous ne sommes plus surpris que Richardson avançât que Fielding était dépourvu d'invention et de talens; que le succès de ses meilleurs ouvrages ne durerait pas, et que, comme auteur, il serait bientôt oublié.

Il ne paraît pas que Fielding ait cherché à se venger de ces dispositions peu bienveillantes; de sorte que s'il avait commis le premier acte d'hostilité sans provocation, au moins fut-il le premier à abandonner le combat, et à accorder à Richardson les éloges que son génie avait droit d'attendre de la justice de ses contemporains.

Dans le cinquième numéro du *Journal Jacobite*, Fielding fait hautement l'éloge de *Clarisse*, roman qui est sans contredit le meilleur de Richardson, et qui, avec l'histoire de Clémentine dans *Charles Grandison*, renferme ces scènes pathétiques sur lesquelles se fondent les droits de l'auteur à l'immortalité : c'est donc ici une de ces occasions où l'on prendrait plutôt parti pour celui qui a offensé par légèreté, que pour le rival dont l'esprit peu généreux conserve un si long ressentiment.

Après la publication de *Joseph Andrews*, Fielding eut de nouveau recours au théâtre, et fit paraître *le Jour de Noces*, qui, malgré son peu de succès, lui donna cependant quelques avantages pécuniaires. Cet ouvrage fut la dernière tentative qu'il fit pour le théâtre. Le manuscrit de sa comédie des *Pères* fut perdu par sir Charles Hanbury Williams, et ce ne fut qu'après la mort de l'auteur que la pièce fut retrouvée et jouée au bénéfice de sa famille.

Une anecdote qui montre le peu de soin que Fielding avait de sa réputation dramatique est ainsi racontée par ses premiers biographes :

« Un des jours de répétition de son *Jour de Noces*, Garrick, qui remplissait un rôle principal, et qui déjà était en faveur auprès du public, dit à Fielding qu'il craignait que l'auditoire ne l'accueillît mal dans un certain passage; il lui fit observer qu'un semblable accident pouvant le troubler pour le reste de la soirée, il convenait de le supprimer. « Non, parbleu, répliqua « Fielding, s'il y a une mauvaise scène, laissez-la-leur « trouver. »

D'après cette réponse, la pièce fut jouée sans aucune correction; et, comme la chose avait été prévue, des marques de désapprobation ne tardèrent pas à se faire entendre; Garrick, effrayé des huées qui l'avaient accueilli, se retira dans *la chambre verte* (1), où l'auteur était occupé à vider une bouteille de champagne; il était à ses dernières libations, et jetant ses regards sur l'acteur au travers des nuages de fumée de tabac qui sortaient de sa bouche : « Hé bien ! Garrick, s'écria-t-il, qu'est-ce qu'il y a? que siffle-t-on dans ce moment?

Ce que l'on siffle? répliqua l'acteur, la scène que je vous ai dit de supprimer. Je vous l'avais bien dit que cela n'irait pas; et ils m'ont tellement bouleversé, que je ne serai pas capable de me remettre de toute la soi-

(1) Le foyer des acteurs.

rée. — Ah diable ! répliqua Fielding avec un grand sang-froid, *ils l'ont donc trouvée ?* »

Outre diverses pièces fugitives, Fielding publia, vers l'année 1733, un volume de *Mélanges*, renfermant *le Voyage de ce monde dans l'autre*, ouvrage où l'on trouve abondamment la gaieté particulière de Fielding, mais dont il est difficile de deviner le plan et le but. L'*Histoire de Jonathan Wild-le-Grand* vint ensuite. Il n'est pas facile de savoir ce que Fielding se proposait dans une peinture où l'histoire du vice n'est relevée par aucun sentiment qui puisse tourner au profit de la vertu; d'ailleurs, dans cette suite d'aventures imaginaires attribuées à un caractère réel, il y a quelque chose de grossier et un manque d'art qui fait en même temps soupçonner l'auteur d'avoir employé le titre de *Jonathan Wild* dans l'intention seule de faire participer son livre à la renommée populaire qu'avait ce fameux brigand. Toutefois il est peu de passages dans les ouvrages les plus estimés de Fielding qui soient plus marqués de l'empreinte de son génie particulier, que la scène entre son héros et l'aumônier, le révérend docteur de la prison de Newgate (1).

Outre ces preuves de son industrie littéraire, la plume de Fielding était activement employée aux controverses politiques de son temps. Il fut le directeur d'un journal intitulé le *Journal Jacobite*, dont le but était d'achever de détruire ces opinions et ces sentimens qui avaient déjà été réfutés d'une manière si efficace aux champs de Culloden (2). *Le vrai patriote* et le *Cham-*

(1) Livre IV, chapitre XIII.

(2) Culloden fut le tombeau des opinions jacobites. Voyez dans le 3e volume de l'*Histoire d'Écosse* par sir Walter Scott, le supplément consacré à l'expédition de Charles-Édouard. — ÉD.

pion furent des ouvrages du même genre, qu'il composa entièrement, ou auxquels du moins il eut la plus grande part. Dans ces divers écrits il soutint avec chaleur ce qu'on appelait la cause des wighs, étant attaché aux principes de la révolution et à la famille de Brunswick, ou, en d'autres termes, étant un homme *affectionné aux intérêts de l'Église et de l'État.* Son zèle resta long-temps ignoré, tandis que des écrivains d'un rang bien inférieur étaient enrichis par les fonds des dépenses secrètes avec une prodigalité sans exemple. A la fin, en 1749, il reçut une petite pension avec la place, peu honorable alors, de juge de paix pour Westminster et Middlesex, et la liberté d'en tirer le plus de profit possible, par les moyens les plus odieux. Il dut cette place *telle quelle* aux bons offices de M. Littleton, qui depuis reçut le titre de lord.

A cette époque, les juges de paix de Westminster, nommés juges-commerçans, ne recevaient d'autre salaire des services qu'ils rendaient au public que leurs épices : système vil et misérable, qui engageait ces fonctionnaires publics à envenimer toutes les petites disputes qu'on venait leur soumettre, à trafiquer avec le crime et le malheur, et à tirer des voleurs et des filous leur subsistance précaire. Les mœurs de Fielding, qui ne fut jamais difficile dans le choix de sa société, ne durent point s'améliorer par celle à laquelle sa place le condamnait. Horace Walpole, avec son insensibilité et sa bonne humeur, nous a laissé la description qu'on va lire d'une visite rendue à Fielding en sa *capacité* de juge de paix, et dans laquelle on voit qu'il avait complètement abaissé son esprit au niveau de sa place.

« Rigby m'a fait un tableau frappant de naturel. Fielding à toutes ses autres occupations a joint, grace à

M. Littleton, celles de juge de paix de Middlesex; Peter Bathurst et Rigby conduisirent l'autre soir chez lui un domestique qui avait voulu tuer ce dernier. Fielding leur fit dire qu'il était à souper, et qu'il fallait revenir le lendemain matin. Ils ne se rendirent pas à cette excuse assez libre, et montèrent chez lui. Ils le trouvèrent à table avec un aveugle, une fille publique et trois Irlandais. Devant eux était un morceau de mouton froid avec un os de jambon dans le même plat, et sur une nappe des moins propres. Il ne se dérangea nullement, et ne les invita même pas à s'asseoir. Rigby, qui l'avait vu venir si souvent chez sir C. Williams emprunter une guinée, et Bathurst, chez le père duquel il avait été trop heureux d'avoir son couvert, ne respectèrent pas davantage cette fière indifférence, et prirent eux-mêmes des sièges. Alors il s'occupa des fonctions de sa charge (1). »

Il y a quelque chose d'humiliant dans cette anecdote, même en faisant la part de l'exagération aristocratique d'Horace Walpole, qui, tout en rendant justice ailleurs aux talens de Fielding, n'a pas manqué de blâmer sévèrement ses mœurs, et la mauvaise société qu'il hantait (2). Il est cependant consolant d'avoir à remarquer que les principes de Fielding restèrent inébranlables, quoique les occasions que lui offrait sa

---

(1) *Lettres d'Horace Walpole à Georges Montague.* Londres, 1818, p. 58.

(2) Dans sa description poétique de Twickenham, Walpole n'oublie pas de mentionner le voisinage de Fielding.

C'était là que Fielding à sa muse en goguette
Donnait quelquefois rendez-vous.

(*La paroisse de Twickenham.*)

charge ne pussent qu'augmenter la négligence peu honorable de sa conduite privée. Le compte qu'il rend lui-même de sa manière d'agir relativement aux honoraires de sa magistrature, dont dépendait son existence, n'a jamais été contredit ni même soupçonné de fausseté.

« Je dois avouer, dit-il, que mes affaires privées au commencement de l'hiver ne m'offraient pas une perspective bien gaie. Je n'avais pas arraché du public ni des pauvres les sommes que des gens toujours prêts à piller les uns et les autres ont eu la bonté de me soupçonner d'avoir exigées. Au contraire, en tâchant d'apaiser au lieu d'exciter les querelles des commissionnaires et des mendians (ce qui, je rougis en le disant, n'a pas été fait par tout le monde), et en refusant de recevoir un shilling de l'homme qui à coup sûr n'en avait pas un second dans l'univers, j'ai réduit un revenu d'environ cinq cents livres sterling de l'argent le plus sale de la terre à un peu moins de trois cents livres; encore le plus clair de cette somme reste à mon clerc.

Outre le désintéressement, si rare alors, dont Fielding donna l'exemple, il chercha, par diverses voies, à arrêter les progrès de la dépravation, et à réduire le nombre des crimes que sa charge lui mettait sans cesse sous les yeux. Ses recherches sur l'accroissement des filous et des voleurs renferment plusieurs idées qui ont été depuis adoptées par des hommes d'état, et des instructions dignes de plus d'attention qu'elles n'en ont encore reçu. Comme magistrat, il désirait remettre sa charge en honneur en lui rendant son indépendance; et le zèle qui l'enflammait à cet égard l'entraîna plus loin que ne voudront le suivre les amis d'une liberté réfléchie. Mais nous ne pouvons pas passer sous silence qu'il fut le premier à faire remarquer que la multiplication des condamnations capitales nécessitait un nombre proportionné de *graces*. — Fielding mit le doigt sur cette plaie publique chaque jour plus affligeante, la *taxe des pauvres*, qui a déjà causé tant de maux, et qui en prépare vraisemblablement de plus grands encore. Il publia aussi une recommandation au grand jury de Middlesex, quelques essais importans sur les procès criminels, et il laissa après sa mort un manuscrit sur les lois de la couronne. Dans un ouvrage relatif à la *taxe des pauvres*, Fielding expose le projet de retenir les indigens dans leurs paroisses respectives, et de les secourir à domicile. Ce plan, comme une infinité d'autres qui ont depuis été publiés, nous apprend seulement que Fielding sentait toute la gravité du mal sans pouvoir indiquer un remède efficace ou susceptible d'application. Sir Frédéric Morton Eden, qui a écrit après lui sur ce sujet épineux, observe que le traité de Fielding montre à la fois la science du magistrat et l'énergie du romancier. Cependant, avant de mettre au jour son plan sur les secours des pauvres, il avait déjà acquis ses droits à l'immortalité en composant *Tom Jones*. *Tom Jones*, ou l'*Histoire d'un enfant trouvé*, fut écrit avec tout le désavantage inséparable de la position embarrassée de son auteur. Pressé continuellement par les devoirs désagréables de sa charge, il fallait en outre produire sur-le-champ des essais éphémères, des pamphlets politiques, pour subvenir aux besoins de chaque jour. L'ouvrage est dédié à l'honorable M. Littleton, depuis lord Littleton. La dédicace donne à entendre que, sans son assistance et celle du duc de Bedford, l'ouvrage n'eût point été terminé, puisque l'auteur, pendant qu'il était occupé à ce travail, leur avait dû ses moyens d'existence. Ralph Allen, l'ami de Pope, fut aussi un de ses bienfaiteurs; mais il désira n'être pas nommé, confirmant ainsi ces beaux vers du poète :

« Que l'humble Allen, avec une modestie timide, fasse le bien à la dérobée, et rougisse de se voir découvert. »

On dit que ce protecteur généreux et modeste envoya à Fielding deux cents livres sterling en un seul don, et cela avant de le connaître personnellement.

Ce fut dans des circonstances aussi fâcheuses que le premier roman de l'Angleterre fut livré au public, qui n'avait point encore vu d'ouvrage d'imagination fondé sur l'imitation fidèle de la nature. Les fictions de Richardson lui-même tiennent encore à l'ancienne école du roman. Elles se rapprochent davantage, il est vrai, du cours ordinaire de la vie, mais elles offrent cependant une foule d'incidens invraisemblables, et des caractères dont l'exagération passe les bornes ordinaires de l'humanité. *Tom Jones* est la vérité même, et la nature prise sur le fait; c'est en cela que consiste la supériorité immense qui le distingue de tous les ouvrages de ce genre qui l'ont précédé. Ce roman obtint du public des suffrages unanimes, et procura à Millar, l'éditeur, des bénéfices si grands, qu'il ajouta généreusement cent livres sterling aux six cents qu'il avait payés à l'auteur pour l'acquisition de son ouvrage. Le mérite de cette composition délicieuse et populaire a été si souvent célébré, ses imperfections ont été relevées si souvent, qu'il ne nous reste plus qu'à effleurer un sujet si rebattu. L'ingénieuse idée du plan, l'heureux développement de l'intrigue, à laquelle chaque incident se lie jusqu'à la catastrophe en même temps qu'il jette un nouveau jour sur le caractère de tous les personnages, voilà ce qui ne pourra jamais être assez souvent et assez dignement loué. L'attention du lecteur n'est jamais détournée ni fatiguée par des digressions inutiles ou des transitions forcées. Il avance dans sa lecture comme un voyageur voguant sur la surface d'une rivière large et profonde, qui ne se détourne dans son cours qu'autant qu'il le faut pour lui montrer les beautés variées de ses rivages. L'histoire du vieillard de la colline(1) fait cependant exception à cet éloge si bien mérité d'ailleurs. Fielding, pour se conformer à un usage introduit par Cervantes et imité par Lesage, a jeté cet épisode au milieu de son récit, comme il avait déjà intercalé celui de Leonora dans *Joseph Andrews*, avec aussi peu d'art que d'utilité. On s'est étonné aussi que Fielding ait laissé peser sur son héros la tache d'une naissance illégitime, et l'on a présumé qu'il l'avait fait à dessein, en mémoire de sa première femme, qui était un enfant naturel. Le roman lui-même nous en fournit un motif beaucoup meilleur; car, si miss Bridget eût été secrètement mariée au père de Tom, il n'y aurait plus eu de raison suffisante pour cacher sa naissance à un homme aussi raisonnable et aussi tendre que M. Allworthy.

Mais, quelque grand que soit le tribut d'éloges dû au plan et aux détails de l'ouvrage, il faut louer plus encore la vérité, la force et l'originalité des caractères, depuis Tom Jones lui-même jusqu'au garde-chasse Black George et sa famille. Au milieu d'eux se présente

---

(1) *The old Man of the hill*, livre VIII, ch. xi.

le Squire Western, original sans modèle lui-même ; caractère inimitable avec ses préjugés, sa susceptibilité, son ignorance et sa rusticité, qui s'allient si bien à sa finesse naturelle, à sa bonne humeur campagnarde et à son amour d'instinct pour sa fille. Toutes ces qualités, bonnes et mauvaises, sont fondées sur cet égoïsme si naturel à celui qui, dès son enfance, n'a jamais trouvé personne qui osât contredire ses sentimens ou censurer sa conduite. Il n'y a qu'un seul incident où Fielding nous paraisse s'être écarté de cette admirable peinture. En sa qualité d'Anglais, Western ne devrait point se laisser battre si patiemment par l'ami de lord Fellamar. Nous soupçonnerions presque ce passage d'être une interpolation étrangère. Il ne s'accorde nullement avec la disposition naturelle de Western à prendre part à toutes les querelles rustiques. Nous accorderons que l'épée ou le pistolet eussent pu l'effrayer, mais le Squire Western n'aurait dû céder à personne au monde dans le maniement de la cravache anglaise ; et comme, malgré toutes ses brutalités, nous ne pouvons nous défendre d'un certain intérêt pour le joyeux gentilhomme campagnard, nous aimons à nous flatter qu'il y a quelque méprise là-dessous.

Le caractère de Tom Jones, qui, dans tout le reste de l'ouvrage, offre un mélange de générosité, de franchise, de courage, d'imprévoyance et d'étourderie, est de même inutilement dégradé par la nature de ses liaisons avec lady Bellaston, et c'est une des circonstances qui nous portent à croire que les idées de Fielding sur ce qui convient à un homme bien né et honorable avaient reçu quelque atteinte des circonstances malheureuses où il s'était trouvé, et de la société à laquelle elles le condamnaient.

Les admirateurs de Richardson élevèrent contre l'*Histoire d'un enfant trouvé* une objection de critique plus générale et plus juste, qu'on a souvent répétée depuis. Ils alléguèrent que le but moral de *Tom Jones*, qui est de conduire au bonheur et d'entourer de notre estime et de notre sympathie un jeune homme qui se livre à des habitudes licencieuses, est pernicieux pour la société. Un tel ouvrage tend à encourager les jeunes gens à céder à ces faiblesses, que leurs propres passions et le cours ordinaire de la vie leur donnent déjà trop de penchant à satisfaire. La délicatesse française, qui dans ce genre a si *souvent rejeté un moucheron et avalé un chameau* (1), vit dans cet ouvrage cette tendance funeste; un arrêt défendit la circulation d'un abrégé ridicule de *Tom Jones*, par de la Place, et qui n'avait d'une traduction que le titre. Fielding aurait probablement répondu à cette accusation que les vices et les faiblesses auxquels Tom Jones s'abandonne deviennent les causes directes de la malheureuse situation où il se trouve à Londres; et que sa générosité, sa bonté et ses autres qualités estimables sont les qualités qui le sauvent des résultats fâcheux de son inconduite; mais nous croyons, avec le docteur Johnson, qu'il peut y avoir de l'affectation et dans le reproche et dans la justification.

« Personne, dit ce moraliste, ne se fera voleur de grand chemin parce que sur le théâtre il aura vu Macheath (2) acquitté; » ajoutons que nul ne deviendra escroc ou chevalier d'industrie, pour avoir pris intérêt

---

(1) La délicatesse anglaise a bien aussi ses ridicules qui se multiplient tous les jours, depuis la tartufferie de ses mœurs modernes. *The primum mobile of England is cant*, etc. (Lord Byron.) — Éd.

(2) Le héros de l'opéra du *Gueux*. — Éd.

aux aventures d'un fripon (1) spirituel comme Gil Blas, ou libertin pour avoir lu *Tom Jones*. La morale obligée d'un roman est d'ordinaire ce qui intéresse le moins un lecteur : elle est semblable au mendiant qui se traîne à quelque procession ou à quelque fête, et qui sollicite en vain l'attention des spectateurs. En écartant ces ouvrages infames, qui s'adressent directement aux sens pour éveiller en nous les sentimens les plus grossiers de notre nature, nous penchons à croire que la seule chose véritablement à craindre de la lecture des romans, est qu'elle n'amène le dégoût pour les autres genres plus sévères, comme l'histoire et les branches les plus utiles de la littérature; de même que tout l'avantage qu'on en peut tirer consiste à instruire quelquefois la jeunesse par les tableaux de la vie réelle, et quelquefois à faire naître en elle l'amour du bien et une douce sympathie, par de nobles sentimens et l'histoire d'une infortune imaginaire. Le roman n'est plus après cela qu'une élégante inutilité, un luxe inventé pour l'amusement d'une société polie, et pour satisfaire ce demi-amour de littérature, qui devient général à une époque avancée de la civilisation. On le lit alors beaucoup plus pour y chercher un agréable passe-temps, que dans l'espoir d'en tirer la moindre instruction.

Les vices et les faiblesses de Tom Jones sont de ces vices et de ces faiblesses que le monde apprend bien vite à tous ceux qui commencent leur carrière dans la vie, et pour lesquels la société est malheureusement trop indulgente. Nous ne croyons pas que la lecture du roman de Fielding ait pu jeter dans le libertinage

---

(1) *Picaroon*. Ce mot, à moitié espagnol, rend mieux l'idée de l'auteur que le terme de fripon. — Éd.

et la dissipation un seul individu qui ne s'y fût pas livré si cet ouvrage n'eût jamais été connu; et c'est avec regret que nous ajouterons qu'il nous a semblé toujours que le touchant exemple de franchise et de générosité que nous offre ce caractère d'invention a formé aussi peu de prosélytes que l'exemple de ses fautes a trouvé d'imitateurs. Qu'on ne nous suppose point indifférens pour la morale, parce que nous traitons avec mépris l'affectation outrée de ces gens qui, dans la vie réelle, favorisant le libertinage à découvert, prétendent avoir en horreur la mémoire d'un auteur qui peignant le monde tel qu'il est en trace de tableau avec toutes ses ombres, en y mêlant, pour les faire ressortir, plus de traits de lumière qu'on n'en rencontre ordinairement. Il y a dans *Tom Jones* certains passages dont nous ne pouvons justifier l'auteur que par les mœurs de l'époque, qui lui permettaient sûrement un langage beaucoup plus franc que le nôtre. Il a dit lui-même que rien dans la lecture de ses œuvres ne saurait offenser l'œil le plus chaste; et il parlait probablement ainsi d'après les idées de son temps. Mais, selon les mœurs actuelles, on trouve plusieurs passages capables d'effaroucher justement la délicatesse moderne. Nous dirons seulement que les pages de ce genre sont d'une gaieté leste, plutôt grossière qu'attrayante, et qu'elles sont bien expiées par l'admirable mélange de raillerie et de raisonnement à l'aide desquels Fielding soutient et fait triompher les droits de la vertu et la cause de la vraie religion.

Fielding considérait ses ouvrages comme un essai nouveau dans la littérature nationale. C'est pourquoi il plaça en tête de chaque livre un chapitre préliminaire contenant une explication de son but et des règles établies pour ce genre de composition. Ces introductions critiques paraissent au premier coup d'œil interrompre le fil de l'histoire et l'intérêt qu'on y prend, mais à une seconde ou troisième lecture on s'aperçoit que ce sont les chapitres les plus intéressans de l'ouvrage.

La publication de *Tom Jones* porta la réputation de Fielding à son apogée; mais il ne paraît pas qu'elle ait eu pour sa fortune d'autre résultat que le soulagement passager que lui procura la vente de son manuscrit. C'est après cette époque qu'il publia le projet dont nous avons parlé de pourvoir d'une manière efficace aux besoins des pauvres. Il écrivit aussi un pamphlet dans la mystérieuse affaire de la célèbre Élizabeth Canning. Il y défendait la cause du bon sens contre les préjugés populaires, et par conséquent il manqua le but qu'il se proposait.

Amélia fut le dernier ouvrage important de Fielding. On peut l'appeler la suite de *Tom Jones*; mais nous n'avons pas pour la conduite dissolue et l'ingratitude de Booth l'indulgence que nous accordons volontiers à la jeunesse orageuse de Tom Jones. Le caractère d'Amélia est tracé, dit-on, d'après celui de la seconde femme de Fielding. S'il avait, comme on le rapporte, mis sa patience à des épreuves du genre de celles qu'il décrit, il l'en a dédommagée en quelque sorte par la peinture qu'il fait de sa douceur angélique et de sa tendresse si pure. Les romans de Fielding offrent peu de scènes pathétiques, et la sensibilité qui les dicte ne pouvait peut-être guère s'allier avec le genre de vie qu'il menait; car ceux qui ont toujours devant les yeux les misères de l'humanité finissent par s'endurcir jusqu'à un certain point contre les émotions qu'elles produisent. Cependant nous connaissons peu de scènes plus touchantes que celle où il nous représente Amélie ayant fait ses petits préparatifs pour la soirée, et attendant seule avec ses inquiétudes le retour de son indigne époux, dont la faiblesse lui prépare, dans le même moment où elle veille pour lui, de nouvelles angoisses et de nouveaux malheurs. Mais notre sympathie pour Amélia est distraite par la haine que son époux ingrat est bien près de nous inspirer : aussi l'intérêt du roman est moins vif que celui de Tom Jones malgré les portraits du redoutable colonel Bath et du savant docteur Harrison, peints avec cette vigueur et cette précision qui n'appartiennent qu'à Fielding.

Millar publia *Amélie* en 1751 ; il paya le manuscrit 1000 guinées ; mais croyant qu'on trouverait ce roman inférieur à celui qui l'avait précédé, il employa le stratagème suivant pour en accélérer le débit. Dans une vente de livres qui eut lieu avant l'apparition de l'ouvrage, Millar offrit à ses confrères ses autres entreprises de librairie aux termes d'escompte ordinaires ; mais quand on parla d'*Amélia*, il mit l'ouvrage à part, comme étant si avidement recherché, qu'il ne pouvait pas le vendre dans le commerce aux conditions d'usage ; la ruse réussit, la nouvelle publication fut achetée avec empressement, et le libraire délivré de toute crainte sur le sort de son livre.

Malgré le peu de succès de ses premières entreprises en ce genre, Fielding fit de nouveau l'essaie, en 1752, d'un journal critique et littéraire ; il fut intitulé : *Journal de Covent Garden*, qui devait paraître deux fois par semaine sous la direction de sir Alexandre Drawcansir (1), nom supposé qu'avait pris Fielding en cette cir-

(1) C'est le nom d'un des personnages grotesques de *la Répétition*, par le duc de Buckingham. — ÉD.

constance. Un des défauts de Fielding était de ne pouvoir poursuivre aucune entreprise de cette nature (à laquelle sa facilité, la vivacité de son esprit et ses connaissances classiques le rendaient d'ailleurs si propre), sans se compromettre dans les disputes de parti ou les querelles littéraires. A l'époque dont nous parlons, il ne resta pas long-temps sans se trouver en guerre avec le docteur Hill, et d'autres auteurs d'écrits périodiques, au nombre desquels nous regrettons de compter Smollet, quoique jusqu'à présent, de tous les auteurs anglais, aucun n'ait eu autant de rapport et de conformité que lui avec le génie de Fielding. La guerre ne fut pas de longue durée, et aucun des deux partis ne gagnerait à une investigation exacte de la cause des hostilités, et de la manière dont elles furent conduites.

Pendant ce temps, la santé de Fielding s'affaiblissait chaque jour; une complication de maladies lui causa une hydropisie habituelle qui eut bientôt ruiné sa robuste constitution. Le duc de New-Castle, alors premier ministre, désirait avoir ses conseils et son assistance pour l'exécution d'un projet qui remédiât ou mît fin aux vols secrets, et qui donnât à la police de Londres une action plus puissante. Pour la faible somme de 600 liv. que lui paya le gouvernement, Fielding s'engagea à détruire plusieurs bandes de fripons audacieux qui infestaient alors la capitale et ses environs : quoique sa santé fût dans le dernier délabrement, il continua à surveiller lui-même la conduite de ses agens, à recevoir les dépositions et à signer les mandats d'arrêts jusqu'à l'entier accomplissement de ce grand projet.

Ces derniers efforts furent funestes à son corps épuisé, qui souffrait alors de l'hydropisie, de la jaunisse et d'un asthme; il essaya en vain les eaux de Bath, et on eut recours à différens moyens pour le soulager et non pour le guérir; mais les ventouses seules réussirent jusqu'à un certain point; ses médecins lui donnèrent le dernier et triste conseil de chercher un climat plus doux. En se conformant à leur avis, il a laissé sur son départ pour Lisbonne les pénibles détails qu'on va lire, et qui peignent l'homme et sa situation mille fois mieux qu'une autre plume ne pourrait le faire:

« Aujourd'hui, mercredi 24 juin 1754, dit-il, le soleil le plus triste que j'aie jamais vu s'est levé et m'a trouvé éveillé dans ma maison à Fordhook; à la clarté de ce soleil j'allais voir, pensais-je, pour la dernière fois, en leur disant un dernier adieu, ces objets chéris pour lesquels je me sentais une tendresse toute maternelle; car la doctrine de l'école philosophique, qui m'avait appris à supporter la douleur et à mépriser la mort, n'avait pu m'endurcir contre ces sentimens de la nature: dans cette situation, ne pouvant la vaincre, je m'abandonnai entièrement à elle, et elle me rendit aussi complètement sa dupe, qu'a jamais pu l'être la femme la plus faible; sous le prétexte de me permettre de jouir encore une fois, elle m'amena à chercher pendant huit heures la société de mes petits-enfans; et, sans aucun doute, j'ai plus souffert dans ce court intervalle que dans toute ma maladie. A midi précis je fus averti que la voiture m'attendait; aussitôt j'embrassai mes enfans l'un après l'autre, et je montai dans le carrosse avec un peu de résolution; ma femme, qui se conduisit véritablement comme une héroïne et comme un philosophe, quoiqu'elle soit en même temps la mère la plus tendre, me suivit ainsi que sa fille aînée; quelques amis m'accompagnèrent, d'autres prirent congé de moi, et j'entendis faire sur ma fermeté un concert d'éloges auxquels je savais bien n'avoir aucun droit. »

Ce morceau touchant fait partie de son voyage à Lisbonne, ouvrage qu'il commença avec une main tremblante, pour ainsi dire, du froid de la mort; exemple singulier de la vigueur naturelle de Fielding. Aux prises avec le triste regret de quitter tout ce qu'il aimait, luttant contre les tourmens d'un mal sans remède, il lui échappait encore de temps à autre des éclairs du brillant génie qui avait naguère charmé le monde. Son habileté à saisir les caractères et à les retracer ne l'avait pas abandonné dans ces tristes momens; le capitaine du navire sur lequel il était passager, l'hôtesse toujours grondeuse de l'île de Wight, l'officier petit-maître qui visite le vaisseau, sont des portraits tracés de cette main de maître qui a peint le curé Adams et le Squire Western.

Le ciel abrégea le *Voyage à Lisbonne*. Fielding arriva dans cette ville, et y resta trois mois; mais il ne put, comme il se le proposait, y continuer ses travaux littéraires. La faux de la mort planait sur lui, et frappa sa victime au commencement d'octobre 1754. Il expira dans sa quarante-huitième année, laissant une veuve et quatre enfans, dont l'un mourut peu de temps après. Avec l'assistance de M. Allen, sir John Fielding, son frère, bien connu comme magistrat, pourvut d'une manière convenable au bien-être de sa famille; mais nous ne savons rien de certain sur son sort ultérieur.

Ainsi vécut, ainsi fut enlevé à un âge où le monde aurait pu attendre de la maturité de ses talens une nouvelle série d'agréables chefs-d'œuvre le célèbre Henry Fielding, créateur du *roman anglais*.

Aucun de ses plus heureux imitateurs n'a encore

égalé la force comique de son *humour* toute nationale, ni ses portraits si vigoureux et si naturels.

Abbotsford, 25 octobre 1820.

LISTE

DES DIVERS OUVRAGES DE FIELDING.

MÉLANGES.

Histoire des aventures de Joseph Andrews et de son ami Abraham Adams.

Histoire d'un enfant trouvé (*Tom Jones.*)

Amélia.

Histoire de la vie de Jonathan Wild-le-Grand.

Voyage de ce monde dans l'autre.

Mélanges publiés en un volume, contenant deux Essais sur la conversation et sur la connaissance et le caractère des hommes, avec plusieurs poëmes, etc.

Adresse au grand jury du comté de Middlesex.

Exemples de l'intervention de la Providence dans la découverte et la punition du meurtre, avec une introduction et une conclusion.

Proposition tendant à pourvoir efficacement aux besoins des pauvres, à amender leurs mœurs et à en faire des membres utiles de la société.

Recherches sur les causes qui ont récemment augmenté le nombre des voleurs, etc., suivies de quelques propositions pour remédier aux progrès de ce mal, dans lesquelles les lois concernant les voleurs sont librement examinées.

Remède au chagrin d'avoir perdu nos amis.

Traduction de la première Olynthiaque de Démosthènes.

Réponse à un pamphlet intitulé : Histoire d'un célèbre ministre du second rang quand il commença à être courtisan.

Exposé clair de l'affaire d'Elisabeth Canning.

Affaire de Bosaverus Penlez.

Préface de David Simple, et correspondance familière entre David Simple et autres.

Imitation ironique de l'histoire naturelle dans la description d'une guinée, comme un insecte ou un animal nouvellement découvert, sous le nom de Chrysippe terrestre, ou le Pied-d'or.

OUVRAGES DRAMATIQUES.

L'Amour sous divers masques, comédie en trois actes.

Le fat Avocat.

La farce d'auteur, avec les Marionnettes appelées les plaisirs de la ville, en trois actes

Le Politique de café, ou le Juge pris dans ses propres filets, comédie en cinq actes.

La Tragédie des tragédies, ou la Vie et la Mort de Tom Thumb-le-Grand, avec des notes, en trois actes.

La Correspondance épistolaire, ou Nouveau moyen de retenir une femme à la maison, farce.

La Loterie, farce.

L'opéra de Grub-Street, farce.

Le Mari du jour, comédie en cinq actes.

Le Médecin malgré lui, farce (*imité de Molière*).

La Tragédie de Covent-Garden (*farce burlesque*).

L'Avare (*imité de Molière*).

La Femme de chambre intrigante, farce en deux actes.

Les Débauchés, ou le Jésuite attrapé, farce.

Don Quichotte en Angleterre.

L'École des Vieillards, ou la Vierge démasquée, farce.

Le Galant universel, ou les Maris, comédie en cinq actes.

Pasquin, satire dramatique, répétition de deux comédies, etc.

Le Registre historique pour 1736.

Eurydice, farce.

Eurydice sifflée, ou un Mot aux sages.

Dick tombé, ou Phaéton dans les eaux de savon.

Miss Lucy à Londres, suite de la Vierge démasquée, farce.

Plutus, dieu des richesses, traduit du grec d'Aristophanes.
Le Jour de noces, comédie en cinq actes.
Intermède entre Jupiter, Junon, Apollon et Mercure.
Les Pères, ou l'Homme d'un bon naturel, comédie en cinq actes.
Dialogue entre Alexandre-le-Grand et Diogène-le-Cynique.

JOURNAUX DANS LESQUELS FIELDING A ÉCRIT.

Le Champion.
Le vrai Patriote.
Le Journal jacobite.
Le Journal de Covent-Garden.

OUVRAGES POSTHUMES.

Journal d'un Voyage à Lisbonne.
Quelques Traités concernant les pauvres, etc., publiés par sir John Fielding.
Commentaire sur les Essais de lord Bolingbroke, dont un fragment seulement était achevé.
Outre ces ouvrages, sir John Fielding a encore des manuscrits qui n'ont jamais été publiés.

NOTICE

BIOGRAPHIQUE ET LITTÉRAIRE

SUR

TOBIE SMOLLET.

La vie de Smollet, qui, par son génie, a élevé à sa réputation un monument impérissable, a été écrite avec élégance par le célèbre docteur Moore, son contemporain et son ami. Plus récemment encore, le docteur Robert Anderson, d'Édimbourg, a publié sur l'auteur de *Roderick Random* une notice biographique si riche de faits et de détails, que notre tâche se bornera presque ici à choisir et à abréger.

Smollet descendait d'une famille ancienne et honorable. Il paraît, d'après divers passages de ses écrits, qu'il attachait à cet avantage une grande importance, et cette vanité semble avoir contribué à quelques-unes des singularités de son caractère.

Sir James Smollet de Bonhill, son grand-père, avait été destiné au barreau. Nommé l'un des *commissaires* d'Édimbourg, c'est-à-dire l'un des *juges consistoriaux*(1), il représenta le bourg de Dumbarton dans le parlement écossais, et contribua à détruire pour toujours ce corps représentatif, ayant été un des commissaires par qui fut stipulée l'union de l'Écosse à l'Angleterre. De son mariage avec une fille de sir Aulay Mac Aulay d'Ardiucaple, il eut quatre enfans dont le plus jeune, nommé Archibald, fut le père du poète.

Il paraît qu'Archibald Smollet n'embrassa aucune profession, et épousa, sans le consentement de son père, une femme fort aimable, miss Barbara, fille de M. Cuningham de Gilbestfield. La désunion que cet acte d'imprudence fit naître entre le père et le fils n'empêcha pas sir James Smollet d'assigner à Archibald la maison et la ferme de Dalquhurn, voisines de sa propre demeure à Bonhill. Archibald mourut dans un âge peu avancé, laissant deux fils et une fille, dont le sort dépendit entièrement de la bienveillance de leur grand-père. Le fils aîné suivit la carrière des armes, et périt dans le naufrage d'un bâtiment de transport. Jane, sa sœur, épousa M. Telfer de Leadhills, et son descendant, John Smollet, capitaine de vaisseau dans la marine royale, devenu le chef de la famille, possède la terre de Bonhill. Le second fils d'Archibald fut Tobias Smollet, dont nous allons nous occuper.

Tobias Smollet, baptisé sous les noms de Tobias Georges, naquit en 1721 dans la maison de Dalquhurn dans la vallée de Leven, la plus délicieuse peut-être des vallées de la Grande-Bretagne. Smollet a célébré les

---

(1) La cour consistoriale, qui avait été dans l'origine un tribunal ecclésiastique, est devenue cour séculière : elle juge les cas de divorce, de séparation, d'absence, etc. Ses jugemens sont soumis à l'approbation de la cour des sessions. — Éd.

lieux où il a vu le jour, non-seulement dans la belle ode adressée à l'onde qui les arrose, mais aussi dans l'expédition d'Humphry Clinker, où il décrit la demeure de ses ancêtres avec enthousiasme, mais sans exagération.

« A une très-petite distance de la source du Leven, et sur le lac, est la maison de Cameron, appartenant à M. Smollet, et si agréablement située au milieu d'un bois de chênes, que nous ne l'aperçûmes que lorsque nous étions à la distance de cinquante toises de la porte. Le lac s'en approche d'un côté à trois ou quatre toises des fenêtres. Elle eût été mieux placée sur un terrain un peu plus élevé; on y eût joui d'une perspective plus étendue, et d'un air moins humide. Mais on ne peut nullement reprocher cette espèce de désavantage au propriétaire actuel, qui l'a achetée toute bâtie, plutôt que d'avoir la peine de réparer sa demeure patrimoniale de Bonhill, située à deux milles de là, sur le Leven, et tellement entourée de bois, qu'on la connaissait sous le nom du *Nid de grives*. Près de cette maison est un vallon pittoresque couvert d'arbres verts, et au fond un ruisseau de l'eau la plus pure, qui forme plusieurs cascades dans son cours en pente jusqu'au Leven : tout enfin fait de ce lieu un paysage enchanteur.

« J'ai vu les lacs di Gardi, d'Albano di Vico, di Bolsena, de Genève, et je leur préfère à tous le lac Lomond. Cette préférence, il la doit sans doute aux îles couvertes de verdure qui semblent flotter sur sa surface, et qui charment l'œil par la grace de leurs aspects. Ses rives ont aussi leurs beautés dont quelques-unes participent même du sublime. De ce côté-ci, elles offrent une variété agréable de bois, de prairies et de champs de blé, avec plusieurs charmantes maisons de campagne qui paraissent s'élever du milieu des eaux ; puis à quelque distance l'horizon est borné par de hautes montagnes couvertes de bruyères, dont la fleur leur prête dans cette saison une riche nuance de pourpre. Ici tout est pittoresque au-delà de l'imagination, et ce pays est appelé à juste titre l'Arcadie de l'Écosse. Je suis persuadé qu'il ne le cède en rien à cette Arcadie tant vantée, si ce n'est sous le rapport du climat; mais il lui est certainement supérieur par ses eaux, ses forêts et sa verdure (1). »

Un poète élevé dans un pays si favorisé ne peut qu'en aimer doublement la poésie; et il paraît en effet que Smollet sentait vivement les beautés de la nature, quoique sa réputation soit fondée en grande partie sur son talent comme peintre des divers caractères de la société moderne.

Smollet puisa les élémens des connaissances classiques à l'école grammaticale (2) de Dumbarton, dirigée à cette époque par M. John Love, antagoniste du fameux Ruddiman (3), et presque son égal en science. Il passa ensuite à Glasgow, où, après avoir suivi ses études avec une application couronnée par le succès, il fut mis en apprentissage chez M. John Gordon, chirurgien distingué. Cette carrière ne s'accordait nullement avec les goûts du jeune Smollet, qui avait un penchant très-décidé pour l'état militaire. On dit qu'il chercha à se venger de son grand-père, qui avait contrarié ses inclinations, et de son maître, en les peignant, l'un, sous

(1) Le lecteur ne négligera pas de comparer à cette description la peinture des mêmes sites dans la *Dame du Lac* et le *Rob-Roy*.
Éd.

(2) *Grammar school*, École élémentaire.

(3) Auteur anglais d'une syntaxe en usage dans les études, et autres livres élémentaires. — Éd.

les traits peu aimables du vieux Juge, et le second sous ceux de M. Potion, le premier maître de Roderick Random. Plus tard il rendit justice à M. Gordon, et dans un de ses ouvrages (1) il en parle en ces termes : « On m'a présenté, dit Matthew Bramble, à M. Gordon, patriote d'une ame vraiment noble; c'est lui qui a fondé la manufacture de toile de cette ville; il a eu la plus grande part à l'établissement des ateliers pour les pauvres de l'hôpital, et de plusieurs autres fondations d'utilité publique. S'il eût vécu dans l'ancienne Rome, on lui aurait dressé des statues aux frais de l'état. »

Pendant son apprentissage, Smollet trahit de bonne heure dans sa conduite ce caractère jovial, plaisant et malicieux, dont ses ouvrages offrent tant d'exemples. Le jeune romancier donna en même temps des preuves de ses talens naturels pour la satire. On ajoute que son maître prédit en termes familiers, mais expressifs, la supériorité future de Smollet, devant des voisins qui vantaient la raison et la conduite rangée de leurs jeunes élèves : « Tout ceci peut être vrai, leur dit le clairvoyant M. Gordon; mais mettez avant tous mon espiègle au teint animé avec ses pierres dans sa poche. »

Smollet était dans sa dix-huitième année lorsque son grand-père mourut, sans faire mention dans son testament des enfans de son plus jeune fils. Cette omission, jointe aux autres circonstances déjà rapportées, lui valut, de la part de son irritable petit-fils, le rôle peu honorable qu'il joue dans le roman de Roderick Random sous les traits du vieux Juge.

Dépourvu de toute espèce de protection réelle, Smollet se rendit à Londres à l'âge de dix-neuf ans,

(1) Dans *Humphrey Clinker*. — Éd.

pour y chercher fortune de quelque manière. Il emporta avec lui le manuscrit du *Régicide*, tragédie qu'il avait composée dans le cours de ses études. Quoique certains passages de cette production décèlent le génie de l'auteur, cependant on ne saurait dire avec justice qu'elle fût propre à la scène. Lord Littleton, en qualité de protecteur du jeune poète, Garrick et Lacy, comme directeurs du théâtre, lui donnèrent des encouragemens dont le caractère ardent de Smollet s'exagéra peut-être la valeur. En effet dans l'histoire de M. Melopoyn, où il raconte toutes ses tentatives pour faire représenter *le Régicide*, les directeurs et le protecteur ne sont point ménagés. Dans Peregrine Pickle le personnage de sir Gosling Scrag, qui ne se trouve plus que dans la première édition, était une caricature de lord Littleton. Cette histoire est racontée plus brièvement dans la préface de la première édition du *Régicide*, où l'auteur nous informe « que sa tragédie fut mise sous la protection d'un de ces petits hommes qu'on appelle quelquefois de grands hommes, et que, semblable à tant d'autres orphelins, elle fut cruellement négligée. Animé d'un ressentiment que je m'imaginais faussement être du mépris, je résolus de punir cette cruelle indifférence, et je dis adieu à mon patron. Je trouvai une consolation dans les éloges stériles de quelques camarades, qui, avec une infatigable persévérance, employaient leur temps et leur influence à recueillir de toutes parts les observations des uns et des autres sur ma pièce. Le résultat de tous leurs avis fut que ma tragédie prenait chaque jour une nouvelle forme, lorsque enfin les circonstances m'appelèrent hors du royaume. »

Désappointé dans les espérances qu'il avait fondées sur son essai dramatique, Smollet accepta la place d'aide-chirurgien à bord d'un vaisseau de ligne dans l'expédition de Carthagène, en 1741. Il en publia une courte relation dans Roderick Random, et une autre plus détaillée dans un *Abrégé de voyages*, qui parut en 1751. Mais le résultat le plus remarquable de cette campagne fut pour Smollet d'avoir acquis dans un si court espace de temps une connaissance profonde de nos mœurs nautiques, car on peut dire que les marins sont peints dans ses ouvrages avec tant de vérité, que tous les écrivains qui ont retracé depuis les mêmes tableaux ont semblé plutôt copier d'après Smollet que d'après nature. Notre auteur quitta la marine, aussi dégoûté de ses pénibles fonctions que de la discipline despotique alors en vigueur. Les officiers supérieurs n'apportant de leur côté aucune urbanité pour tempérer cette rigueur, les subordonnés se trouvaient exposés, dans leur service, à des mortifications qu'un esprit altier comme celui de Smollet pouvait difficilement endurer. Il donna sa démission dans les Antilles; et après avoir séjourné quelque temps à la Jamaïque, il retourna en Angleterre dans le courant de l'année 1746.

Ce fut à cette époque que Smollet, indigné par les rigueurs brutales que les troupes du gouvernement avaient exercées dans les Highlands d'Écosse, composa les stances pathétiques dictées par un ardent patriotisme, et intitulées *Les Larmes de la Calédonie* (1). M. Robert Graham de Gartmore, ami intime et exécuteur testamentaire de Smollet, nous a transmis les détails suivans sur l'origine de cette protestation éloquente en faveur de ces montagnes si voisines de la vallée où le poète avait reçu le jour.

(1) *Tears of Caledonia*. Voyez le tome III de l'*Histoire d'Écosse*, chapitre de la bataille de Culloden. — Éd.

« Quelques personnes réunies dans une taverne jouaient aux cartes avant souper, pendant que Smollet, ne se souciant pas de jouer, se mit à écrire; un ami, qui fut depuis nommé par Smollet un de ses exécuteurs testamentaires (Gartmore lui-même), remarqua son application; il devina qu'il composait des vers, et lui demanda si sa conjecture était juste; Smollet consentit à lire l'ébauche de ses *Larmes de la Calédonie*, qui ne formaient alors que six strophes. Ses amis lui ayant fait l'observation que la fin du poëme contenait des expressions trop fortes et susceptibles d'offenser les personnes qui différeraient avec lui d'opinions politiques, il s'assit de nouveau sans répondre, et d'un air indigné, il ajouta la stance finale :

« Tant qu'une goutte de sang coulera dans mes veines,
« tant que ma mémoire ne sera point affaiblie, le res-
« sentiment des malheurs de ma patrie fera palpiter mon
« cœur filial : oui, malgré tes ennemis et leurs outrages,
« mes vers seront l'expression de tes douleurs. Pleure,
« malheureuse Calédonie, pleure la paix exilée loin de
« toi, pleure tes lauriers arrachés par des mains bar-
« bares. »

Smollet était alors fixé à Londres, et commença à exercer la médecine; il ne réussit pas dans son état, probablement parce que son esprit fier et indépendant négligea les voies détournées qui, dans cette carrière, conduisent à la réputation. Un biographe nous dit qu'il ne sut pas se rendre aimable auprès de ses malades du beau sexe; ce n'était certainement pas chez lui faute d'un extérieur séduisant ou de bonnes manières, car il possédait ces deux avantages à un degré éminent; il est plus vraisemblable qu'il devait s'en prendre à l'impatience un peu brusque avec laquelle il écoutait parler des petites indispositions, et au peu de sympathie qu'il montrait pour les maux imaginaires. Il est à remarquer que, quoiqu'un grand nombre, je dirai presque la plupart des médecins qui ont réussi, usurpent sur leurs malades une autorité despotique dès que leur réputation est bien établie, il n'en est guère qui pour y parvenir n'aient débuté en affectant la plus grande condescendance. On peut penser aussi que Smollet se laissa décourager trop promptement, et abandonna trop vite une profession dans laquelle le succès arrive avec une lenteur qui a passé en proverbe.

Smollet, qui devait avoir alors la conscience de son talent, eut naturellement recours à sa plume; et après ses tentatives multipliées pour faire jouer sa tragédie, il fit paraître en 1746 un poëme satirique intitulé *Avis* (1), et un autre du même genre en 1747 sous le titre de *Reproches* (2); l'un et l'autre de ces ouvrages prouve le mérite de leur auteur, mais ils n'influèrent sur sa destinée que par le nombre de nouveaux ennemis personnels qu'ils lui suscitèrent. Rich, directeur du théâtre de Covent-Garden, est un des personnages le plus maltraités dans les *Reproches*. Smollet avait composé pour ce théâtre un opéra intitulé *Alceste*, qui ne fut pas joué à cause d'une querelle survenue entre le directeur et l'auteur, et celui-ci n'oublia pas de s'en venger dans ses vers.

A peu près en 1747, Smollet épousa miss Lascelles, femme d'une grande beauté et d'un rare mérite, à laquelle il s'était attaché dans son séjour aux Antilles. Au lieu d'une fortune de 3000 liv. sterl. qu'il espérait, cette alliance ne lui procura autre chose qu'un procès et un

(1) *Advice.*
(2) *Reproof.*

surcroît de dépense auquel il lui était plus difficile de faire face, à cause de cela même, et qui l'obligea à recourir de nouveau à ses talens littéraires.

Nécessité est mère d'invention en littérature comme dans les arts, et ce fut la nécessité qui mit en évidence le talent de Smollet comme romancier.

Roderick Random peut être considéré comme une imitation de Lesage ; le héros passe successivement dans les divers rangs de la vie publique et privée, et tout en racontant ses propres aventures, nous décrit les mœurs de l'époque avec tous leurs détails et leurs diverses particularités ; mais ni l'intrigue ni la narration ne forment un ensemble régulier dont les parties soient liées entre elles.

Roderick Random fut le second exemple de ce roman bourgeois que les Anglais appellent aussi *English Novel* (1); Fielding avait commencé par *Tomes Jones*, et Smollet se montra son émule et presque son égal par *les Aventures de Roderick Random* (2). Cet ouvrage fut accueilli par le public avec empressement, et fut pour son auteur une source de profit et de gloire.

On imagina généralement que Smollet décrivait sous le voile de la fiction les aventures de sa jeunesse ; mais le public étendit les applications des caractères de ce roman plus loin que l'auteur ne l'avait voulu. On retrouva dans la partie occidentale de l'Écosse les originaux de Gawkey, Crabbe et Potion ; mistress Smollet fut reconnue sous les traits de Narcissa, et l'auteur sous ceux de Roderick Random (identité qui n'admet pas de doute). Un relieur et un barbier, amis de Smollet

---

(1) Roman anglais. — Éd.
(2) Publié en 1748. — Éd.

pendant son enfance, se disputèrent l'honneur d'avoir fourni le modèle de ce Strap si dévoué, si bon et si généreux dans sa simplicité; et les deux capitaines de vaisseau sous lesquels Smollet avait servi furent désignés sous les noms déshonorans de Oakum et de Whifle. Quoi qu'il en soit, il est certain que le refus que Smollet avait essuyé pour sa malheureuse tragédie forme la base de l'histoire de M. Melopoyn dans laquelle Garrick et Littleton sont si maltraités, l'un sous le nom de Marmozet, et l'autre sous celui de Sheerwit. Le public ne sentit pas moins vivement le mérite réel de cet ouvrage vraiment original, parce qu'il y trouvait aussi le piquant des allusions personnelles; et la vente du livre surpassa de beaucoup l'attente de toutes les parties intéressées.

Smollet, ayant alors pour lui la faveur du public, fit paraître par souscription sa tragédie du *Régicide* dans le dessein de faire honte à ceux qui lui avaient refusé les honneurs de la représentation. La préface est remplie de reproches qui ne sont ni justes ni nobles; on y trouve aussi sur Garrick et Littleton des remarques satiriques qui vont presque jusqu'aux injures. Le mérite de l'ouvrage est loin de justifier cet extrême ressentiment de la part de l'auteur, et Smollet le reconnut enfin; il était vif dans sa colère, mais nullement rancuneux; et dans son Histoire d'Angleterre, il rendit généreusement pleine et entière justice à ceux envers lesquels il avait eu des torts dans les premiers mouvemens de son dépit (1).

(1) Désirant, comme il le dit lui-même, réparer dans un *ouvrage de vérité* les torts qu'il avait eus dans un *ouvrage de fiction*, et tracer dans son Histoire d'Angleterre les progrès des arts libéraux, il écrit : « Les représentations dramatiques furent portées

En 1750 Smollet fit un voyage à Paris, où il recueillit des matériaux précieux pour de nouveaux ouvrages, et où il agrandit beaucoup le cercle de ses connaissances en fait de mœurs et de coutumes locales. Un peintre petit-maître, avec qui il fit connaissance, lui fournit le modèle de l'inimitable Palette; pendant que le docteur Akenside, homme d'un caractère entièrement opposé, venait s'offrir aux traits du romancier satirique qui lui réservait dans *Peregrine Pickle* le rôle du pédant docteur en médecine.

On dit que le docteur *Akenside* avait irrité l'esprit national de Smollet en se permettant des remarques offensantes sur l'Écosse. Son zèle extravagant pour la

au dernier degré de la perfection par les talens et sous la direction de Garrick, qui a surpassé tous ses devanciers, soit en Angleterre, soit en tout autre pays, tant par son génie comme acteur que par l'accent séduisant et la souplesse de son organe, la magie irrésistible de ses regards, la chaleur et la vivacité de son jeu, l'élégance de ses pauses et l'accent pathétique de son débit.

« Des candidats à la renommée littéraire parurent même dans les rangs les plus élevés de la société, parés des ornemens sévères d'un sens droit et d'une immense érudition comme les Corke, ou des attraits plus doux d'un goût délicat, d'une poésie élégante et d'une sensibilité exquise comme les Littleton, etc. »

Smollet ne se contenta pas de cette déclaration publique de ses sentimens, il écrivit en termes encore plus énergiques à M. Garrick.

Chelsea, 27 janvier 1762.

« Monsieur,

« J'ai reçu ce matin votre *Conte d'hiver*, et je suis bien agréablement flatté de cette marque de votre bonté. Ce que j'ai dit de M. Garrick dans l'Histoire d'Angleterre est, je le proteste, l'expression sincère des sentimens de mon cœur; je serais ravi liberté, qui ne courait alors aucun danger, son admiration pédantesque et exclusive pour l'antiquité classique, offraient un riche sujet de ridicule dont notre auteur s'empara habilement.

On a lieu de croire que *Peregrine Pickle* fut écrit pendant le séjour de l'auteur à Paris ; il parut en 1751 ; il fut reçu par le public avec une avidité extraordinaire. Un nombre prodigieux d'exemplaires fut enlevé, malgré les efforts de plusieurs libraires et d'autres personnes que Smollet accuse d'avoir cherché à en arrêter la vente ; le livre ayant été publié pour son propre compte, l'irritabilité de son caractère l'engagea à exposer dans la préface ces plaintes (bien ou mal fondées) que le public a coutume d'entendre avec une

qu'il le pensât ainsi, et je suis certain que le public ne trouvera pas que j'aie fait autre chose que lui rendre justice. En donnant un court précis des arts libéraux, je ne pouvais m'empêcher de citer un homme aussi éminemment distingué, et dont le génie est sans rival ; j'ai cru en outre que c'était pour moi personnellement un devoir indispensable d'expier ainsi publiquement dans un ouvrage de vérité les torts que j'avais eus à son égard dans un écrit d'invention.

« Parmi les nombreux inconvéniens qui résultent du mauvais état de ma santé, je regrette vivement l'impuissance où je me trouve de cultiver moi-même votre bienveillance, et de goûter quelquefois les charmes de votre conversation. Je ne regrette pas moins d'être privé de jouir avec le public de vos rares talens ; mais, séquestré du monde comme je le suis, le plaisir d'occuper une place honorable dans votre opinion sera toujours une consolation très-douce,

« Mon cher monsieur,

« Pour votre très-humble serviteur,

« T. Smollet. »

profonde indifférence. Plusieurs auteurs, des philosophes et d'autres personnages d'un caractère connu, furent censurés par occasion avec amertume.

Le mérite de l'ouvrage était pour Smollet un triomphe bien plus réel sur ses ennemis, si véritablement il en avait, que toutes les victoires qu'il eût pu remporter dans des querelles personnelles avec des adversaires indignes de lui. Toutefois ce fut l'opinion générale que ce second roman n'était pas égal au premier. En effet, il existe entre *Roderick Random* et *Peregrine Pickle* une différence qu'on peut souvent observer entre la première et la seconde production d'un romancier qui a débuté par un succès. *Peregrine Pickle* est plus fini, perfectionné avec plus de soin ; il offre des scènes d'un intérêt plus vif et plus compliquées. On y admire une plus riche variété d'aventures et de caractères que dans *Roderick Random* ; mais il y a dans *Roderick Random* une aisance et un naturel qu'on ne retrouve pas au même degré dans *Peregrine Pickle*, où Smollet a recherché l'éclat des couleurs plus que la simplicité du dessin. Ainsi, dans ses inimitables caractères de marins, Trunnion, Pipes et Hatchway lui-même tombent presque dans la caricature; tandis que Bowling et Jack Ratlin, dans *Roderick*, sont la nature et la vérité mêmes. Voici, selon nous, la cause de cette infériorité: quand un auteur cherche pour la première fois à décrire des caractères, quels que soient leur rang et leur position sociale, il s'attache à saisir leurs traits les plus saillans et les plus caractéristiques, et c'est pourquoi dans une seconde entreprise du même genre il se voit forcé d'établir quelque distinction, et de donner à ses personnages des traits moins frappans et moins ordinaires, ou de les placer sous un nouveau jour qui est moins naturel ; de là vient probablement la différence d'opinion qui existe quelquefois entre un auteur et ses lecteurs, sur le mérite comparatif de ses premiers ouvrages et de ceux qui les ont suivis. L'auteur aime mieux celui qu'il sait lui avoir coûté plus de peine ; le public demeure fidèle à ses premiers goûts, et préfère la grace et la vérité d'une première production à l'exécution plus travaillée des autres. Mais si la simplicité du premier roman de Smollet ne se retrouve pas dans le second, et ne devait pas s'y retrouver, loin de donner aucun signe de décadence, *Peregrine Pickle* offre une galerie de portraits et d'incidens plus riche que celle du précédent ouvrage. L'auteur y a déployé d'une manière plus brillante et plus variée encore les ressources de son talent et de sa gaieté.

Peregrine Pickle ne dut cependant pas entièrement son succès à son mérite intrinsèque. Les *Mémoires d'une Dame de qualité* contribuèrent à sa popularité. Cette histoire isolée est intercalée dans le corps de l'ouvrage, avec lequel elle n'a aucun rapport. Cervantes a donné les premiers exemples de ces digressions épisodiques, imitées depuis par Lesage et Fielding. Ces mémoires, qui sont aujourd'hui regardés comme un hors-d'œuvre ennuyeux et inutile, contiennent l'histoire de lady Vane, fameuse alors par sa beauté et ses intrigues (1). Cette

---

(1) Lady Vane était fille de Francis Hawes, écuyer de Purley Hall, près Reading, dans le comté de Berk, l'un des directeurs de la compagnie de la mer du Sud en 1720. Au commencement de 1732 elle épousa lord William Hamilton, qui mourut le 11 juillet 1734. Elle se remaria le 19 mai 1735 au lord vicomte Vane, du royaume d'Irlande, contre lequel elle soutint plusieurs procès scandaleux. Elle mourut à Londres le 31 mars 1788, dans sa soixante douzième année.

dame, non contente de fournir à Smollet les matériaux nécessaires pour publier son propre déshonneur, le récompensa très-généreusement, dit-on, pour avoir bien voulu insérer cette relation. Smollet mit aussi en scène M. Mac-Kercher, personnage d'un genre tout différent, et dont la générosité chevaleresque soutint les prétentions du malheureux M. Amesley, qui réclamait le titre et les possessions d'Anglesea. Les galanteries de lady Vane et le don quichotisme de Mac-Kercher excitèrent dans le public le vif intérêt qui accompage toujours tout ce qui a rapport aux personnages contemporains; et les anecdotes sur la femme galante et le chevalier charitable contribuèrent beaucoup à l'accueil que *Peregrine Pickle* reçut à son apparition.

L'extrême licence de quelques passages de ce roman scandalisa, non sans raison, les lecteurs raisonnables; et à sa seconde édition, *Peregrine*, d'après leurs justes plaintes, subit des corrections importantes. L'avertissement préliminaire nous apprend que l'auteur avait senti qu'il était à la fois de son devoir et de son intérêt, pour rendre cette nouvelle édition plus digne de la faveur du public, de retrancher les détails superflus qui se trouvaient dans la première, d'épurer les passages équivoques, et de corriger le style. Supprimant divers incidens sans intérêt, il a essayé de donner plus de force à quelques scènes plaisantes, et il se flatte d'avoir fait disparaître toutes les aventures, phrases ou insinuations que le lecteur pouvait considérer comme contraires à la bienséance. »

Smollet avoue avec un vif regret « que, dans un ou deux passages, cédant trop aisément à un premier sentiment d'animosité personnelle, il avait peint des caractères connus comme il les voyait alors; mais il a cherché dans cette nouvelle édition à expier ces extravagances, en adoucissant ce que ses premières couleurs avaient d'outré. Quelles que puissent avoir été les erreurs de son jugement, il défie le monde entier de prouver qu'il se soit jamais rendu coupable d'un trait de méchanceté et d'ingratitude, ou d'une action honteuse. Il doit croire qu'on lui permettra cette déclaration sans le taxer de vanité ou de présomption, quand on fera attention aux attaques sans nombre que l'envie, la vengeance et la haine ont tentées ouvertement et en secret contre sa réputation. »

Nous nous contenterons d'observer, à l'égard de cette palinodie, que les passages supprimés dans cette édition de *Peregrine Pickle* sont, généralement parlant, les récits de ces folies où l'auteur s'était laissé emporter au-delà des bornes de la décence et des convenances, par son goût pour la plaisanterie bouffonne; et malgré ce qu'il en dit dans le passage que nous venons de citer, il eût été à désirer, dans l'intérêt de l'ouvrage lui-même, que les ciseaux eussent été employés avec moins de ménagement. Des personnalités injurieuses furent aussi retranchées, surtout celles que Smollet s'était permises contre Littleton et contre Fielding, auquel il avait reproché de dépendre volontairement de la protection de cet homme d'état (1).

(1) Smollet avait parodié le célèbre monologue de Littleton sur la mort de sa femme, dans une ode burlesque *sur la Mort de ma grand'mère*. Il caractérise avec mépris, de la manière suivante, le genre de protection que Fielding en recevait dans la recommandation faite à un jeune auteur de flatter la vanité de Gosling Scrag, écuyer. « Je conseille à M. Spondy de lui offrir cette même pastorale tant dédaignée. Qui sait s'il n'aura pas le bonheur d'être mis au nombre des *mangeurs de bœuf* (de ses gardes-du-corps) et si

Le docteur Anderson nous apprend qu'à cette époque Smollet paraît avoir obtenu le titre de docteur en médecine, probablement de quelque université étrangère, car il s'annonça comme candidat de la fortune et de la renommée médicale, dans une publication intitulée : *Essai sur l'usage extérieur des eaux minérales*, en forme de lettres, avec des remarques particulières sur l'administration des eaux de Bath dans le comté de Somerset, et la méthode pour les rendre plus saines, plus agréables et plus efficaces, in-4°, 1752. Cet ouvrage de Smollet augmenta sa réputation de savant et d'homme de goût, mais ne servit pas à le conduire à la fortune et à la supériorité dans la carrière de la médecine. C'est le seul écrit relatif à son état que l'on connaisse de lui. Si en publiant cet essai l'auteur eut le dessein de le faire servir d'introduction à l'exercice de son art, il échoua complètement. Peut-être la réputation de satirique et le penchant que Smollet avait montré à insérer dans des ouvrages d'invention l'histoire et les mœurs de personnages réels furent-ils pour lui des obstacles sérieux dans une profession qui exige toute la confiance d'une famille pour son médecin; mais il est plus probable que le but principal du docteur en publiant cet essai était de soutenir la cause d'un de ses intimes amis, M. Cleland, chirurgien à Bath, et engagé alors dans une controverse sur l'usage de ces eaux célèbres.

par la suite il peut attraper une place soit dans l'église, soit dans les douanes; lorsqu'il se sentira disposé à épouser sa cuisinière, son gracieux protecteur pourra condescendre à servir de père à sa fiancée, et l'établir enfin dans sa vieillesse juge de paix trafiquant de Westminster (*Peregrine Pickle*, édit. 1751, vol. IV, p. 123.)

En 1753, Smollet publia les *Aventures de Ferdinand, comte Fathom*. C'est un de ces ouvrages qui semblent avoir été composés dans le but de montrer tout ce que peuvent faire le génie et la verve comique dans la peinture de la dépravation humaine. Smollet justifie ainsi la tâche qu'il avait entreprise.

« Qu'on ne vienne point me condamner, dit-il dans sa préface dédicatoire au docteur... (nous n'avons pu découvrir son nom) si j'ai choisi mon héros dans les réceptacles de la fourberie et du crime, lorsque je déclare que mon intention a été de le présenter comme un phare secourable pour les gens trop confians et pour ceux qui manquent d'expérience. La lecture de ces mémoires pourra servir à leur faire éviter les pièges innombrables dont ils sont entourés continuellement dans la carrière de la vie, pendant que ceux qui hésitent encore sur le bord du précipice de l'iniquité pourront se retirer avec horreur de l'abîme sans fond où ils allaient se plonger, en contemplant avec effroi les déplorables destinées de Ferdinand, comte Fathom. » Mais, tout en rendant justice aux motifs louables de l'auteur, nous sommes obligé de nier la justesse et la solidité de ses raisonnemens. Le tableau de dépravation morale que présente le comte Fathom est une espèce de souillure pour l'imagination chaste des lecteurs d'un caractère calme et vertueux; pour ceux au contraire qui chancellent sur le bord de l'abîme, en méditant le crime, il est peut-être dangereux de leur détailler les moyens ingénieux par lesquels l'adresse du méchant a su triompher dans plusieurs occasions. Il n'est que trop vrai que la publicité donnée aux relations véritables de crimes extraordinaires, quoique suivis du châtiment exemplaire et infamant des coupables, a souvent eu l'effet d'encourager d'autres scélérats à de semblables méfaits, et tel homme peut être assez malheureux pour chercher une excuse du crime qu'il médite, dans la réflexion que, même en exécutant ses projets, il sera encore mille fois moins criminel que tel héros de roman. Il y a des imaginations si déréglées, que les récits de méchantes actions sont pour elles une espèce de contagion, et qu'un délire frénétique les pousse à réaliser les scènes de scélératesse que nous trouvons dans *Zeluco* (1) ou dans *le Comte Fathom*.

Cependant, tout en condamnant le fond de l'ouvrage et sa tendance dangereuse, nous ne pourrions sans injustice refuser nos éloges à la profonde connaissance des hommes et du monde que Smollet déploie dans l'histoire du comte Fathom. Le récit de l'horrible aventure de la caverne des voleurs cause une sorte d'effroi sublime; et, quoique souvent imité depuis, il n'a pas encore été surpassé ni peut-être même égalé. C'est aussi dans *le Comte Fathom* que se trouve la première tentative faite pour rendre justice à une race calomniée. *Le Juif généreux* (2) de Cumberland a eu pour modèle le digne Israélite que Smollet a introduit dans l'histoire de Fathom.

Peu de temps après cette publication, l'imprudente générosité du romancier lui attira une aventure désagréable. Un individu, nommé Pierre Gordon, que l'humanité de Smollet avait sauvé des horreurs de la prison et d'une ruine totale, l'avait persuadé de lui prêter son crédit. Il s'agissait d'une somme assez considérable pour mettre Smollet dans l'embarras. Un

---

(1) Du docteur Moore. — Éd.
(2) *Le Juif*, drame de Richard Cumberland. — Éd.

beau jour cet homme brava ouvertement ses créanciers, et traita son bienfaiteur avec une insolence si marquée, que Smollet le châtia avec le bâton. Gordon l'attaqua en justice, et son défenseur, M. Home Campbell, soit qu'il cédât à sa fougue naturelle, soit qu'il eût contre Smollet une inimitié particulière, entama la cause par une foule d'invectives et de faussetés. Le bon sens et l'impartialité du jury acquittèrent Smollet du délit qu'on lui imputait; et il ne fut pas plus tôt hors de cour, qu'il adressa à M. Home Campbell une remontrance pressante pour lui demander une rétractation de tout ce qu'il s'était permis de calomnieux sur son compte. Nous ne savons pas comment se termina cette affaire, mais on peut lire le manifeste de Smollet, dans sa biographie par le docteur Moore, ainsi que dans celle du docteur Anderson. Outre que cette remontrance est beaucoup trop longue et trop violente pour être dans les bornes des convenances, Smollet accuse Campbell d'avoir cherché à se venger sur l'auteur de *Ferdinand comte Fathom*, des sarcasmes qu'il avait lancés contre la profession des gens de loi. Les avocats sont ordinairement très-patiens sur ce chapitre, et, s'ils ne l'étaient pas, leur susceptibilité aurait trop à faire. De tous les auteurs satiriques, dans quelque genre que ce soit, il n'en est peut-être pas un seul qui ait terminé un ouvrage sans donner aux gens de robe quelque sujet de plainte semblable à celui que Smollet veut attribuer à Home Campbell.

Smollet s'occupa ensuite de la traduction de *Don Quichotte*, travail auquel il fut encouragé par une souscription libérale. Cet ouvrage fut dédié à Don Ricardo Wall, principal secrétaire d'état de Sa Majesté catholique, sous les auspices et la protection duquel il avait été entrepris. Voici le parallèle judicieux que le dernier lord Woodhouselee, écrivain élégant et spirituel, a établi entre la version de l'admirable romancier classique de l'Espagne, faite par Smollet, et celles de Motteux (ou Ozell) et de Jarvis (1).

« Smollet tenait de la nature un sens exquis propre à saisir les ridicules, un grand fonds de gaieté originale, et une heureuse souplesse de talent qui lui permettait d'adapter son style à presque tous les genres. Il pouvait à son choix paraître grave, vif, sardonique, burlesque ou trivial. Il joignait à tous ces avantages ceux d'un génie inventif et d'une imagination vigoureuse, et, comme il avait assez de ressources dans l'esprit pour tirer de son propre fonds des ouvrages du même genre que le roman de Cervantès, il ne serait guère possible de trouver un écrivain qui ait réuni au même degré que Smollet toutes les qualités nécessaires pour donner une traduction parfaite de *Don Quichotte.*

« Motteux, sans grands talens comme auteur original, me semble avoir été doué, comme Smollet, d'un sens exquis pour saisir le côté ridicule des caractères, et d'un discernement très-sûr pour observer les faiblesses et les folies de l'esprit. Je crois aussi qu'il possédait à fond les styles divers qui servent à exprimer la gravité burlesque et la grosse gaieté des gens du peuple. Inférieur à Smollet pour le génie d'invention, il est peut-être son égal dans toutes les qualités essentielles à un traducteur de *Don Quichotte.* C'est pourquoi on pourrait supposer que la lutte entre eux sera égale, et la question de supériorité très-difficile à décider. Tel eût

---

(1) *Essay on the principles of translation,* by the right honorable lord *Woodhouselee.*

été en effet le résultat de cette concurrence, si Smollet, plus confiant dans ses propres forces, eût mis le temps et le soin qu'exigeaient la longueur et la difficulté de l'entreprise. Mais trop souvent Smollet a écrit dans des circonstances où la célérité était pour lui le point le plus important. Il avait sous la main diverses traductions anglaises qu'il jugea pouvoir lui éviter la peine d'une composition nouvelle. Celle de Jarvis lui rendait fidèlement le sens de l'auteur; il ne lui restait plus qu'à polir ses aspérités et à donner plus de mouvement à sa phraséologie lourde et sans grace. Pour lutter avec Motteux, Smollet crut nécessaire de se revêtir de l'armure de Jarvis. Celui-ci avait évité à dessein, dans tout le cours de son ouvrage, les moindres ressemblances d'expression avec Motteux, qu'il accusait dans sa préface, avec autant de présomption que d'injustice, « d'avoir tiré entièrement sa version du français. » Aussi, dans la traduction de Jarvis et dans celle de Smollet, qui n'en est, pour ainsi dire, qu'une édition revue et corrigée, nous reconnaissons que la diction de Motteux est évitée avec affectation. Et cependant Motteux, quoique fréquemment coupable de licences inexcusables (car il se permettait de retoucher le texte, et d'y ajouter ou d'en retrancher des idées), est, malgré ses défauts, un traducteur d'un mérite éminent. Dans le choix des équivalens pour les idiotismes nationaux, il a réussi avec un rare bonheur; et, comme dans la manière de rendre ces expressions il y a peu de variantes, il s'est emparé le premier des tournures convenables; de sorte qu'un traducteur venant après lui, qui se fait une loi de corriger son style, doit nécessairement avoir changé en mal. Telle était, comme je l'ai dit, la règle suivie par Jarvis et par Smollet son imitateur, qui, en rejetant ainsi par une opiniâtreté absurde ce que son jugement et son goût approuvaient malgré lui, a produit un ouvrage décidément inférieur dans l'ensemble à celui de Motteux.

« Smollet était un poète distingué ; et la plus grande partie des traductions en vers parsemées dans cet ouvrage sont heureuses. C'est à cet égard que Motteux a pris les libertés les plus grandes. Il a osé mutiler la poésie de Cervantès, retranchant des strophes entières dans les compositions d'une certaine étendue, et supprimant complètement quelques-unes des plus courtes. Cependant la traduction des vers qu'il a conservés a beaucoup de mérite comme poésie, et les passages du style sérieux me paraissent surtout supérieurs à ceux de son rival. Après tout, je penche à croire que la version de Motteux l'emporte de beaucoup sur toutes celles que nous connaissons jusqu'à ce jour du roman de Cervantès ; et, si l'on modifiait les licences qu'il a prises, soit dans ses notes, soit dans ses additions, et autres défauts que j'ai désignés dans le cours de cette comparaison, nous ne pourrions rien désirer de mieux en ce genre. »

Après la publication de *Don Quichotte*, Smollet retourna dans son pays natal, pour y voir sa mère, qui habitait alors à Scotston dans le comté de Peebles, avec sa fille et son gendre, M. et mistress Telfer. L'anecdote touchante de l'entrevue de la mère et de son fils justement célèbre nous a été transmise par le docteur Moore.

« A l'arrivée de Smollet, mistress Telfer, qui était dans le secret, le présenta à sa mère, comme un créole des Antilles qui avait été étroitement lié avec son fils. Afin de mieux jouer ce rôle, Smollet avait pris un air sérieux et presque de mauvaise humeur. Mais il ne put s'empêcher de sourire de l'extrême attention avec laquelle sa mère tenait les yeux fixés sur ses traits. Aussitôt elle s'élança de sa chaise, et le serrant dans ses bras elle s'écria : « Ah mon fils, mon fils, je vous ai donc enfin retrouvé ! »

Elle lui dit ensuite que, s'il avait gardé son sérieux, il aurait pu éluder un peu plus long-temps sa perspicacité maternelle. « Mais, ajouta-t-elle, votre sourire malicieux que je n'ai pu oublier vous a trahi. »

Après avoir visité les domaines de sa famille, que possédait alors un de ses cousins, et passé un jour ou deux à Glasgow, le théâtre de ses premières études et des étourderies de sa jeunesse, Smollet retourna à Londres, pour prendre la direction de la *Revue Critique*, ouvrage qui fut entrepris sous les auspices des Torys et du parti de la haute église. Cet écrit périodique devait soutenir leurs principes, en opposition à *la Revue mensuelle*, qui professait les opinions des Whigs et de la basse église (1). Le goût de Smollet, ses talens divers, et l'à-propos, ainsi que la vivacité de son esprit, la facilité qu'il avait à mettre en œuvre les ressources de son érudition dans tous les genres, le rendaient éminemment propre à cette critique périodique. Mais, d'un autre côté, il prononçait ses arrêts avec précipitation ; et, comme juge, il n'était pas exempt de préjugés. Pendant qu'il usait sans miséricorde du fouet de la satire, il ne pouvait supporter que ceux sur qui tombaient ses coups eussent l'audace de se défendre ou de se plaindre. Murmurer contre ses décrets était un moyen sûr pour s'attirer de nouvelles marques de son ressentiment. C'est

(1) *High-church* et *low-church*. Après la révolution, l'église anglicane se divisa en deux partis ; celui de la haute église, allié aux torys, était accusé de pencher vers le papisme ; celui de la basse église, allié aux whigs, était bien près, dit-on, de se réunir aux dissidens. — Éd.

ainsi que ses articles s'éloignaient davantage du ton d'une discussion froide et impartiale, à mesure que les passions du critique et de l'auteur se trouvèrent mises en jeu par ces débats bruyans suivis de violences, de récriminations et d'injures. De nombreuses querelles insignifiantes troublèrent la vie de Smollet, la remplirent d'amertume, et diminuèrent le respect pour ses talens : la plupart provinrent de ses articles de la *Revue critique*. Il eut une contestation très-vive avec le fameux Shebbeare; une autre avec le docteur Grainger (élégant auteur d'une belle ode à la solitude), sans parler de plusieurs disputes avec des personnages moins connus. Mais le plus fâcheux de tous les différends auxquels les critiques de notre auteur l'exposèrent, fut celui qu'il eut avec l'amiral Knowles, qui venait de publier un pamphlet en justification de sa conduite dans l'expédition secrète contre Rochefort, qui échoua honteusement en 1757. Cette défense fut analysée dans la *Revue critique*; et Smollet, auteur de l'article où il en était question, employa à l'égard de l'amiral Knowles ces expressions inconsidérées : « C'est un amiral sans capacité, un ingénieur sans connaissances, un officier sans résolution, et un homme sans véracité. » L'amiral commença contre l'éditeur de la *Revue* des poursuites judiciaires, déclarant en même temps que son seul désir était de découvrir l'auteur du paragraphe, et de lui demander une satisfaction d'un autre genre s'il se trouvait avoir affaire à un *gentleman*. Ce piège, comme l'événement le fit voir dans la suite, était le moyen le plus sûr qu'on eût pu imaginer pour que l'impétueux Smollet vînt s'offrir de lui-même aux tribunaux. Au moment où le jugement allait être rendu, Smollet se présenta, et prit sur lui toute la responsabilité de l'affaire. L'amiral Knowles racheta son gage en obtenant une amende de cent livres sterling, et en faisant condamner Smollet à trois mois d'emprisonnement. Nous ne savons pas comment l'amiral put accorder sa conduite avec les lois de l'honneur, mais son procédé semble justifier l'énergie des expressions de Smollet quand il le désigne comme un officier sans résolution et un homme sans véracité. Cet emprisonnement eut lieu en 1759; et, comme nous l'avons remarqué déjà, ce fut le résultat le plus triste des diverses querelles où Smollet se trouva engagé par ses obligations comme critique. Nous reprenons le récit de ses travaux littéraires, que le détail de ces disputes a un peu interrompu.

Vers 1757, Smollet mit en ordre et publia une collection utile et amusante sous le titre suivant : *Abrégé de voyages authentiques et intéressans classés dans l'ordre chronologique; offrant dans leur ensemble un aperçu clair et distinct des mœurs, des coutumes, de la religion, du gouvernement, du commerce, et de l'histoire naturelle de presque toutes les nations du monde connu, avec un nombre considérable de cartes marines, de plans et de portraits, etc.,* 7 volumes in-12. Cette collection fit passer sous les yeux du public anglais des voyages jusqu'alors peu connus; et elle contenait entre autres pièces inédites la relation, écrite par Smollet, de l'*Expédition de Carthagène*, dont il avait donné une courte analyse dans les aventures de Roderick Random.

C'est dans la même année que la comédie ou plutôt la farce des *Représailles ou les Marins de la vieille Angleterre* (1), fut composée et représentée pour animer le peuple contre les Français, avec lesquels nous étions

(1) *The reprisals or the tars of old England.* — Éd.

alors en guerre. Afin d'atteindre ce but, Smollet a cherché à réveiller tous les préjugés nationaux de quelque genre qu'ils fussent; et le Français est représenté comme le type vivant de toutes les caricatures et chansons satiriques dirigées contre les mangeurs de *soupe maigre*, et les porteurs de sabots (1). — Les matelots de cette pièce de circonstance *sont la nature même*, comme tous ceux qu'a peints Smollet. Les rôles de l'Écossais et de l'Irlandais sont tracés avec l'habileté et la vigueur d'un bon peintre de caricatures. Mais l'intrigue de la pièce est on ne peut pas plus triviale, et ne forme pas une véritable exception à la remarque fondée, qu'un romancier distingué réussit rarement dans les compositions dramatiques (2).

La générosité que Garrick montra envers Smollet à cette occasion effaça entièrement tout souvenir de leurs anciens différends. Le directeur accorda à l'auteur pour son bénéfice la sixième représentation de sa pièce, au lieu de la neuvième, il réduisit de beaucoup les frais dont l'auteur devait se charger selon l'usage, et lui-même parut le même soir dans le rôle de Lusignan pour attirer un auditoire complet (3); malgré cette bienveillance si marquée, on faisait courir le bruit que Smollet avait parlé de Garrick en termes peu honorables pour ce dernier. Smollet l'ayant appris donna à ces

(1) Les soupes de grenouilles sont aussi une grande objection en Angleterre contre notre capacité morale, notre courage, etc. Le jus de beefsteak est l'ambroisie du peuple anglais. — Éd.

(2) Smollet avait tous les préjugés de sa nation contre nous. Le bon Goldsmith lui-même n'a-t-il pas écrit que nous n'étions propres qu'à faire des pirouettes et des perruques. — Éd.

(3) Dans Zara, imitation de la Zaïre de Voltaire. — Éd.

faussetés le démenti suivant dans une lettre adressée au Roscius anglais.

« Monsieur,

« C'est pour me rendre moi-même une justice qu'on me refuse, que je prends la liberté de vous assurer que si quelqu'un m'accuse de m'être servi d'expressions peu respectueuses en parlant de M. Garrick, d'avoir insinué qu'il m'avait sollicité pour obtenir ma *farce*, ou qu'en la faisant représenter sur son théâtre je le soupçonnais de vues intéressées, il me fait injure ; je l'affirme sur l'honneur, une pareille imputation est entièrement fausse et calomnieuse. Abstraction faite de tout autre motif, je ne pouvais être assez idiot pour parler ainsi quand mon propre intérêt exigeait impérieusement une conduite tout-à-fait différente. Peut-être a-t-on employé les mêmes moyens insidieux, pour enflammer d'anciennes animosités que j'ai depuis long-temps oubliées. Je dois avouer que dans cette dernière circonstance vous avez agi à mon égard avec une bienveillance, une franchise et une cordialité qui font peut-être souffrir mon orgueil, tout en m'imposant la plus sincère reconnaissance ; je ne pourrai jamais être satisfait avant d'avoir trouvé une occasion de convaincre M. Garrick que ma gratitude n'est pas moins vive qu'aucune autre de mes passions.

« En attendant, je me déclare,
« Monsieur,

« Votre très-humble serviteur,

« T. Smollet. »

Au commencement de l'année 1758, Smollet publia son *Histoire complète d'Angleterre, depuis l'invasion de Jules César jusqu'au traité d'Aix-la-Chapelle, en* 1748, 4 vol. in-4°. On dit que cet ouvrage volumineux, qui contient l'histoire de treize siècles, écrit avec une grande énergie et d'un style extrêmement pur, fut terminé en quatorze mois. C'est un des exemples les plus remarquables de facilité dont les annales de la littérature fassent mention. Un ouvrage écrit dans un si court espace de temps ne pouvait guère fournir des traits nouveaux, et toute la nouveauté de l'histoire de Smollet ne dut consister que dans la manière de raconter les faits, et dans les réflexions qu'ils lui fournirent. Smollet y montre ses principes politiques dans tout leur jour. Quoique élevé dans les doctrines des Whigs, ses sentimens étaient ceux d'un Tory modéré, qui penche pour la partie monarchique de notre constitution. Quelques lecteurs trouveront que de semblables opinions politiques n'ont pas besoin de justification, et ceux au contraire à qui elles déplaisent n'écouteraient pas les apologies que nous pourrions présenter. Smollet s'est chargé lui-même de sa défense dans une lettre adressée au docteur Moore, sous la date du 2 janvier 1758.

« J'ai différé de répondre à votre obligeante lettre, jusqu'à ce que j'eusse fini mon histoire; j'ai été agréablement surpris en apprenant que mon ouvrage avait reçu quelques éloges à Glasgow, car il n'est point fait pour plaire sous cette latitude; je ne doute pas que le dernier volume ne soit sévèrement censuré par les Whigs de l'Écosse occidentale.

« Je vous supplie instamment de mettre de côté toute espèce de prévention, autant du moins que vous pourrez le faire, avant de commencer cette lecture, et de peser attentivement les faits avant de prononcer votre jugement. Quels que soient les défauts de l'ouvrage, je proteste devant Dieu que je me suis attaché à la vérité seule, autant qu'il était en moi, sans épouser les querelles d'aucun parti, quoique je doive avouer qu'en commençant je sentais un penchant très-fort pour les principes dans lesquels je fus élevé; mais dans le cours de mes recherches, quelques-uns de nos ministres Whigs se sont trouvés de si vils imposteurs, que je n'ai pu m'empêcher de flétrir leur infame conduite. »

Dans une autre lettre au docteur Moore, datée de Chelsea, le 28 septembre, Smollet s'exprime ainsi :

« Je ne parle pas du petit nombre de gens sensés qui pensent en vrais philosophes, inaccessibles aux préjugés du vulgaire. Je pardonne volontiers à notre ami ses petites brusqueries et ses familiarités, en considération de la bienveillance qu'il a toujours montrée pour moi et pour ce qui m'intéresse. Il se trompe cependant lorsqu'il s'imagine que je suis imbu des doctrines du pouvoir sacerdotal; je regarde l'Église établie sous le rapport politique et non religieux, et son existence me paraît si étroitement liée à celle de notre constitution, qu'on ne peut chercher à les séparer sans courir le danger de perdre entièrement l'une et l'autre. L'usage que fait votre ami de la *Revue critique* (1) est assez singulier, mais je suis bien aise qu'elle lui serve à quelque chose; je n'ai pas eu le loisir d'écrire beaucoup dans cette revue périodique depuis long-temps, c'est pourquoi j'espère que vous ne m'attribuerez pas indistinctement tous les

(1) L'ami du docteur Moore était tellement irrité de quelques critiques qu'il avait lues dans cette revue, qu'il continuait d'y souscrire, seulement afin de se procurer tous les livres qui étaient censurés, et aucun de ceux qui y étaient loués.

articles qu'elle contient ; car j'ai autant d'aversion pour la louange que pour la censure, quand ni l'une ni l'autre ne m'appartiennent. Véritablement je suis dégoûté de toutes deux, et tout ce que je demande au ciel serait de me trouver dans des circonstances qui me permissent de laisser reposer ma plume pour toujours. Je crois réellement que le monde devient chaque jour plus méchant.

« Vous apprendrez sans doute avec plaisir que la vente hebdomadaire de mon histoire s'est élevée au-delà de dix mille exemplaires. Un Français qui a des talens et de l'érudition a entrepris de la traduire dans sa langue : j'ai promis de lui fournir les corrections que j'ai faites. »

Comme un parti puissant se prétendait insulté et même calomnié dans l'histoire de Smollet, ses ennemis accordèrent volontiers toute leur influence et leur protection aux éditeurs de l'histoire de Rapin Thoiras, qui, alarmés de la vente rapide de l'ouvrage de son rival, inondèrent le public de critiques et d'invectives contre lui. Le temps mit fin à ces débats, et le véritable défaut de l'histoire de Smollet fut bientôt reconnu. La précipitation de l'auteur l'avait nécessairement forcé de se contenter de renseignemens souvent superficiels et quelquefois inexacts.

Dans le courant de 1760 et 1761, les *Aventures de Sir Lancelot Greaves* parurent par morceaux détachés dans le *Magasin britannique* : Smollet semble avoir achevé cet ouvrage avec fort peu de préméditation. Pendant la plus grande partie du temps qu'il y consacra, il résidait à Paxton, dans le comté de Berwick, chez M. George Home ; et lorsque l'heure de la poste approchait, il avait coutume de se retirer pendant une demi-heure pour préparer la quantité nécessaire de *copie*, comme on l'appelle en termes techniques dans les imprimeries, sans jamais se donner la peine de corriger ou même de relire ce qu'il venait de composer. Les *Aventures de Sir Lancelot Greaves* furent ensuite publiées séparément en 1762.

L'idée de cet ouvrage s'offrit probablement à Smollet dans le cours de ses travaux sur *Don Quichotte*, et le plan n'est qu'une espèce de corollaire du fameux roman de Cervantès. Le principal défaut de cette composition est son excessive extravagance dans l'application du rôle de Sir Lancelot à l'Angleterre et à l'époque supposée par l'auteur. En Espagne, avant que les idées de chevalerie fussent éteintes chez cette nation de gentilshommes romanesques, le genre de folie de Don Quichotte n'était point par trop invraisemblable, et l'armure dont il se chargeait était le costume militaire encore en usage dans son siècle. Mais qu'en Angleterre, et dans des temps modernes, un jeune homme aimable, et raisonnable à cette folie près, connaissant d'ailleurs les hauts faits du chevalier de la triste figure, ait adopté un semblable caprice, c'est aussi donner trop beau jeu aux remarques toutes naturelles de Ferret (1). « Quoi! vous prétendez vous donner pour un moderne Don Quichotte! Le projet est par trop trivial et insensé! Ce qui était en Espagne une satire très-plaisante et très-bien placée, il y a près de deux cents ans, ne sera qu'une misérable plaisanterie, quand on la verra réellement copiée avec affectation, et cela en Angleterre, dans le temps où nous sommes. » Sir Lancelot répond par une tirade qui ne détruit point les objections si bien présentées par le

(1) Un des personnages du roman. — ÉD.

misanthrope; il affirme qu'il ne fait la guerre qu'aux ennemis de la vertu et de l'ordre, ou, comme il le dit lui-même :

« J'ai revêtu l'armure de mes ancêtres pour remédier aux abus que les lois ne peuvent atteindre; pour dévoiler la fraude et la trahison, châtier l'insolence, mortifier l'orgueil, décourager la médisance, flétrir l'impudeur et l'ingratitude. »

Le bon sens que manifeste ailleurs cet aimable enthousiaste devrait suffire pour lui apprendre que, sans ses armes, il atteindrait le but glorieux qu'il se propose, beaucoup mieux et plus aisément qu'avec ces accessoires superflus et ridicules; et que, pour toutes les réformes à obtenir en Angleterre, un bon porte-feuille bien garni de billets de banque, lui serait d'un secours bien plus universel que sa lance ou son épée. Enfin le lecteur demeure convaincu que si Sir Lancelot est armé de pied en cap, c'est pour que sa beauté, sa jeunesse et sa force, son fougueux coursier, sa brillante armure, établissent un contraste plus parfait entre lui et le chevalier de la Manche.

S'il est contre nature que Sir Lancelot se constitue chevalier errant, que dire de la fantaisie qui prend à Crowe, capitaine d'un vaisseau marchand, d'adopter la même folie par imitation? Il n'y a rien dans la vie ou la profession d'un honnête marin qui ait pu rendre les extravagances de Sir Lancelot contagieuses pour lui. Mais si nous accordons à l'auteur ses *prémisses* (et nous faisons souvent de bien plus grandes concessions, avec une perspective bien moins avantageuse), nous trouverons que les traits nombreux de véritable comique que Smollet a tirés des rôles de Crowe et de Crabshaw sont d'une gaieté aussi franche et aussi naturelle que les plaisanteries répandues dans ses compositions les plus soignées. Tous les personnages subalternes sont tracés avec cette verve hardie, libre et originale, qui distingue ce célèbre auteur. Outre ceux que nous avons déjà nommés, Ferret et Clarke, le bienfaisant clerc de procureur, et les autres personnages du second ordre, prouvent toute la facilité et l'énergie du fécond romancier. Aurélia Darnel l'emporte de beaucoup en graces aussi-bien qu'en dignité sur toutes les autres héroïnes de Smollet. Il y a aussi plusieurs incidens entièrement neufs : l'emprisonnement récent de Smollet dans la prison du *Ban du roi*, pour sa censure de l'amiral Knowles, lui permit d'orner son roman de l'histoire du malheureux Théodore, roi de Corse, et de celle de ses autres compagnons d'infortune, que des aventures ou des folies remarquables avaient conduits dans ce lieu de captivité.

Smollet s'occupa ensuite de l'ouvrage utile et intéressant qui a pour titre : *Histoire universelle moderne*, et y coopéra par les *histoires de France, d'Italie et d'Allemagne*. En 1761, il fit paraître par morceaux détachés sa *Continuation de l'Histoire d'Angleterre*, qu'il n'abandonna qu'après l'avoir conduite jusqu'à l'année 1765. Cet ouvrage eut un débit très-rapide; et, quoique Smollet retirât pour sa part deux mille livres sterling, somme considérable dans ce temps-là, l'éditeur y gagna mille guinées de la main à la main, le jour même de la signature de son marché, en le cédant à un de ses confrères. Cette Continuation, réunie comme elle l'est ordinairement à l'Histoire d'Angleterre par Hume, est considérée comme un ouvrage classique et faisant autorité. Il n'est point dans nos attributions présentes d'examiner le mérite particulier de Smollet en sa qualité d'historien; mais on ne saurait nier que, pour la clarté, la vigueur et l'énergie avec laquelle les faits sont exposés, et l'impartialité scrupuleuse de l'auteur, la *Continuation* peut soutenir la comparaison avec nos meilleurs ouvrages en histoire. Smollet était incapable de céder à la crainte ou à la faveur; et partout où son jugement est moins juste, il est aisé de voir qu'il a été trompé lui-même par ses propres raisonnemens. Toutefois la *Continuation* renferme les défauts ordinaires de toutes les compositions faites à la hâte, et ceux aussi qui appartiennent naturellement à l'histoire contemporaine. Smollet ne pouvait pas être instruit des causes secrètes des événemens politiques que le temps dévoile dans la marche lente des siècles, et son ouvrage est composé, en grande partie, d'après des documens destinés à la publicité, et qui contiennent plus souvent les prétextes spécieux dont les hommes d'état se plaisent à colorer leurs actions, que leurs motifs véritables. Il est vrai que l'histoire d'Angleterre souffre moins de cette rareté de matériaux que celle des autres pays; tant de regards sont constamment fixés sur nos affaires publiques, et elles sont le sujet de discussions si propres à éclairer l'opinion, dans le parlement et ailleurs, que les vrais motifs de ceux qui pour le moment dirigent les affaires du gouvernement sont promptement éclaircis, lorsqu'ils ne sont pas dévoilés et avoués ouvertement. Enfin, malgré toutes les fautes et imperfections de la *Continuation*, il s'écoulera peut-être encore bien du temps avant que nous ayons une Histoire d'Angleterre pendant le dix-huitième siècle, meilleure que celle dont nous sommes redevables à Smollet.

A l'avénement de George III et au commencement de l'administration de lord Bute, la plume de Smollet fut employée à la défense du gouvernement du jeune monarque dans un journal hebdomadaire intitulé *the Briton* (1). Cette feuille périodique fut bientôt éclipsée et obligée de céder le champ de bataille à une feuille rivale, le fameux *North Briton* (2), dirigé par John Wilkes. Smollet avait été lié avec ce célèbre démagogue, et avait eu deux fois recours à son amitié, d'abord par un motif d'humanité louable, pour obtenir le congé du domestique noir du docteur Johnson, Francis Barber, qui s'était enrôlé étourdiment dans la marine, et ensuite pour le prier de servir de médiateur entre lui et l'amiral Knowles dans leurs différends judiciaires. La politique a brisé des liens plus forts que ceux de Smollet et de Wilkes. Les deux amis se trouvèrent en opposition, et Smollet, qui avait à plaider une cause impopulaire devant un auditoire prévenu, et qui en qualité d'Écossais avait personnellement sa part dans cette défaveur publique, fut forcé de discontinuer *the Briton*, et cela plutôt, à ce qu'il semblerait, à cause du peu d'énergie de son protecteur lord Bute, qui abandonnait le combat, que par la tiédeur de son propre zèle; c'est ainsi du moins que nous croyons pouvoir interpréter le passage suivant qui se trouve dans une lettre écrite d'Italie à Caleb Whitiford en 1770 :

« J'espère que vous ne discontinuerez point vos efforts pour dénoncer et peindre de leurs véritables couleurs l'esprit de parti et le faux patriotisme, malgré la conviction dont je suis pénétré que nos ministres ne méritent pas qu'un homme de talent consacre ses veilles à les défendre; on dirait qu'ils ont hérité de

---

(1) L'Anglais.
(2) L'Anglais du Nord.

l'absurde stoïcisme de lord Bute, qui semblait prendre plaisir à s'exposer lui-même, comme un homme au pilori, à toutes les insultes de la canaille anglaise, dans la supposition qu'elle finirait par se lasser et le laisser tranquille. Je vois que nos ministres ne se donnent pas la peine de se justifier des imputations même les plus infamantes : cette indifférence absolue pour la réputation sera toujours à mes yeux la preuve irrécusable d'un mauvais cœur. Un lord, mort aujourd'hui, et qui avait fait partie de plusieurs ministères, m'a avoué qu'un bon écrivain était infiniment plus utile à l'administration que vingt membres salariés (1) de la chambre des communes (2). »

En 1763 Smollet prêta son assistance, ou du moins son nom, à une traduction des œuvres de Voltaire (3) et à une compilation intitulée : *De l'état actuel de toutes les nations, ouvrage contenant l'histoire géographique, naturelle, commerciale et politique de tous les pays du monde connu.*

C'est à peu près à cette époque que Smollet perdit sa fille, seul fruit de son mariage, jeune personne charmante, douée de toutes les bonnes qualités, et qu'il aimait tendrement; elle mourut dans sa quinzième année, laissant ses parens accablés de douleur.

La mauvaise santé de Smollet augmenta encore l'effet

(1) *Placemen*, appelés *ventrus* en France. — ÉD.

(2) On trouvera dans ce passage tant d'applications à faire à la France, qu'il est peut-être nécessaire de déclarer que la traduction est ici d'une exactitude scrupuleuse (1824). — ÉD.

(3) Voltaire n'avait jamais été traduit complètement : ce n'est qu'en 1824 qu'a paru en Angleterre son *Dictionnaire philosophique*, ce qui est bon à remarquer lorsque la société anglaise se prétend plus morale, plus religieuse, etc., que dans le siècle précédent. — ÉD.

de ses vifs regrets, et c'est dans ces tristes circonstances qu'il commença à voyager en France et en Italie, pays dans lesquels il résida depuis 1763 jusqu'en 1766. Peu de temps après son retour, en 1766, il publia ses *Voyages en France et en Italie, contenant des observations sur le caractère, les coutumes, la religion, le gouvernement, la police, le commerce, les arts et les monumens de ces deux nations, avec une description détaillée de la ville, du territoire et du climat de Nice, à laquelle se trouve ajouté un journal de la température pendant dix-huit mois de séjour dans cette ville*, en 2 volumes in-8º, en forme de lettres adressées à ses amis de différens endroits de ces pays.

Les *voyages* de Smollet se distinguent par la finesse de ses remarques, le sel de l'expression, le bon sens, et une gaieté un peu caustique; mais la triste situation de son esprit le portait à regarder avec un mépris cynique tous les objets que les autres voyageurs remarquent ordinairement avec plaisir. Quoique si récemment victime lui-même des préjugés nationaux les plus injustes, il prenait plaisir à se pénétrer chaque jour davantage des préventions qu'il avait adoptées long-temps auparavant contre les pays dans lesquels il voyageait (1). La nature avait refusé à Smollet le goût nécessaire pour comprendre et sentir les beautés de l'art, ou bien l'amertume de ses chagrins lui ôtait alors entièrement la faculté d'en jouir. Ses critiques tranchantes sur la Vénus de Médicis et sur le Panthéon, aussi-bien que le sarcasme par lequel Sterne leur répond (2), sont connus de tout le monde. Cependant, et ceci soit dit sans offenser la mémoire de cet écrivain élégant et spirituel, il est plus

(1) Cette observation de sir Walter Scott explique les méprises de Smollet contre la France. — Éd.

(2) Dans son *Voyage sentimental*. — Éd.

aisé de prendre tour à tour dans la composition un air de gaieté et de sensibilité que de pratiquer pendant une vie tout entière les vertus de la générosité et de la bienfaisance. C'est ce qu'a fait Smollet, quoique souvent, comme son *Mathew Bramble*, sous un air de mauvaise humeur et de susceptibilité. Les écrits de Sterne font un grand étalage de vertus dont il ne paraît pas qu'il ait donné beaucoup d'exemples. Le caractère de Smollet était :

<blockquote>Like a lusty winter frosty hut kindly (1).</blockquote>

De retour dans la Grande-Bretagne, Smollet visita l'Écosse pour la dernière fois, et eut le bonheur de recevoir les derniers embrassemens de sa mère. Sa santé était alors entièrement ruinée; un rhumatisme habituel et un ulcère négligé lui faisaient souffrir des tourmens inexprimables. Il fut cependant soulagé dans la suite par des frictions mercurielles, et par l'usage de la solution de sublimé corrosif. Il donne un détail circonstancié des progrès de sa guérison dans une lettre au docteur Moore, qui finit ainsi :

« Si je me fusse trouvé l'été passé dans un aussi bon état de santé que celui dont je jouis actuellement, j'aurais eu un plaisir infini dans mon excursion en Écosse, qui ne m'a fait éprouver d'autres sentimens que ceux de la douleur et du dégoût. De vous à moi, je suis convaincu maintenant que ma raison était affectée jusqu'à un certain point; car j'ai ressenti sans aucun relâche une espèce de *coma vigil* (2), depuis le mois d'avril jus-

---

(1) Tel qu'un hiver rigoureux, glacé, mais favorable à la terre. (Shakspeare.) — Éd.

(2) C'est une sorte d'assoupissement. — Éd.

qu'en novembre dernier ; je sais qu'en considération de ces souffrances vous me pardonnerez ma mauvaise humeur et mes brusqueries, et vous direz à la bonne miss Moore, à laquelle je présente mes respects les plus sincères, que pour ce qui me concerne elle n'a vu que le mauvais côté de la tapisserie. »

Se sentant en état de reprendre le cours de ses travaux littéraires, Smollet publia en 1769 la satire politique intitulée *les Aventures d'un atome*, dans laquelle sont sévèrement censurés les chefs des différens partis politiques, depuis 1754 jusqu'à la dissolution de l'administration de lord Chatam; son faible patron, lord Bute, n'est point épargné dans cet écrit, et Chatam y est fort maltraité sous le nom de Jowler. L'inconséquence de la conduite de ce grand ministre, qui favorisa la guerre d'Allemagne, semble avoir altéré l'opinion que Smollet avait de son patriotisme ; il se montre même injuste pour ses talens incontestables, lorsqu'il cherche par tous les moyens possibles à rabaisser les succès de sa brillante administration, ou à les attribuer à des causes tout-à-fait indépendantes de ses mesures. Le but essentiel de l'ouvrage, après celui de donner à l'auteur l'occasion de lever la main (comme jadis Ismaël) contre tout le monde, était d'inspirer l'horreur de toute alliance continentale.

Peu de temps après la publication des *Aventures d'un atome*, la maladie l'attaqua avec une nouvelle violence; ses amis tentèrent d'obtenir pour lui une place de consul dans un port sur la Méditerranée; mais ayant échoué, il fut obligé de chercher un climat plus doux, sans autres ressources que celles de sa fortune précaire. La bienveillance de son célèbre compatriote et ami, le docteur Armstrong (alors absent), procura au docteur Smollet et à sa femme une maison à Monte-Novo, village situé sur le penchant d'une montagne qui domine la mer, aux environs de Livourne. C'est dans ce séjour sain et pittoresque qu'il prépara pour la presse l'*Expédition d'Humphry Clinker,* la dernière de ses compositions, et qui comme les dernières notes d'un air « plus touchant lorsqu'il va finir (1), » est aussi la la plus agréable de toutes.

Ce charmant ouvrage parut en trois volumes, et fut favorablement accueilli par le public (2) : l'idée ingénieuse de décrire les différentes impressions produites sur les différens membres de la même famille, par les mêmes objets, n'était point originale, quoiqu'on l'ait supposé; Anstey le facétieux, auteur du *Nouveau Guide de Bath* (3), l'avait employée six ou sept ans avant la publication d'*Humphry Clinker;* mais la satire amusante d'Anstey n'est qu'une légère ébauche en comparaison du tableau fini où Smollet a créé d'abord ses divers personnages, et leur a donné ensuite un langage d'observation qui correspond exactement avec leur genre d'esprit, leur caractère, leurs goûts et leur condition. Le portrait de Mathew Bramble, dans lequel Smollet a peint ses propres singularités, pratiquant sur lui-même l'analyse sévère à laquelle il soumettait les autres, est encore sans égal dans ce genre de composition. Le sens droit, la bienveillance active et les sentimens honorables dont nous admirons la réunion dans Mathew Bramble, nous font souvent perdre de vue les travers ridicules de son caractère; mais avec quelle

(1) Vers de Dryden. — Éd.
(2) 1771. — Éd.
(3) Poëme burlesque qui a fourni aussi à M. Moore l'idée de sa *Fudge family.* — Éd.

force ils sont tout d'un coup rappelés à notre souvenir d'une manière inattendue! Toutes les vieilles filles acariâtres, toutes les femmes simples et ridicules qui seront mises en scène ne peuvent prétendre à d'autre louange qu'à celle d'approcher du mérite de mistress Tabitha Bramble, et de Winifred Denkins. Les singularités du jeune et irascible étudiant d'Oxford, et les inclinations romanesques de sa jeune sœur, forment un admirable contraste avec le bon sens et la misanthropie un peu brusque et comique de leur oncle. Humphry Clinker (qui ressemblerait à Strap, si on supposait que cet excellent garçon avait un penchant pour le méthodisme) est un caractère également curieux dans son espèce. Le capitaine Lismahago n'était pas probablement une caricature outrée, si nous considérons les temps et les lieux. Nous nous rappelons encore un bon et brave officier qu'on disait en être l'original, mais nous croyons que cette opinion n'était fondée que sur la ressemblance extérieure qu'il avait avec le redoutable capitaine.

Quand *Humphry Clinker* parut à Londres, la haine générale que Wilkes et Churchill avaient excitée contre la nation écossaise n'était point encore apaisée; Smollet trouva dans les rédacteurs des journaux littéraires des ennemis qui l'accusèrent d'une partialité évidente pour son pays; ils observèrent malicieusement, mais non sans raison, que le cynisme de Mathew Bramble s'adoucit peu à peu à mesure qu'il s'avance vers l'Écosse, et que, malgré l'égale aversion qu'il manifeste pour Londres et pour Bath, il s'accommode merveilleusement bien des villes murées et du *bourdonnement* (1) des humains, lorsqu'il se trouve dans la capi-

---

(1) Expression du poète Cowper.

tale du nord (Edimbourg). Nous ne défendrons pas un semblable ouvrage contre de si faibles objections ; l'auteur était mourant, et ses pensées se dirigeaient naturellement vers le théâtre du bonheur de sa jeunesse et le séjour de ses amis d'enfance avec une tendre prédilection. En supposant même que ces tendres souvenirs ne méritaient pas l'attachement qu'ils lui inspirèrent, ses sentimens à ce sujet seraient non-seulement pardonnables, mais dignes d'éloge :

Labitur, et moriens dulces reminiscitur Argos (1).

Smollet ne manqua pas, suivant son usage, de se mettre en scène dans le cours de ce charmant ouvrage, et de détailler les divers sujets de plainte qu'il avait contre le genre humain : il paraît d'abord sous le nom de M. Serle, et plus hardiment ensuite sous son propre nom. En décrivant sa manière de vivre, il critique impitoyablement les faiseurs de livres de l'époque, qui avaient profité de sa bonté sans lui témoigner la moindre reconnaissance.

Ce n'est pas cependant un acte de justice louable de leur faire expier l'ingratitude qu'ils ont montrée à son égard en dévoilant au public leur caractère privé. Et en effet, ce traitement rappelle trop l'accusation que Pallet intente au médecin qui selon lui rendait tous ses hôtes malades afin de se rembourser des frais du bon accueil qu'il leur fait.

Mais toutes les critiques, justes ou injustes, devaient être bientôt de peu d'importance pour Smollet. Après la publication de son dernier roman, il languit encore

---

(1) Il meurt, *mais en mourant il se souvient d'Argos.*

Énéide.

pendant le courant de l'été. Enfin, après avoir enduré les vicissitudes d'une maladie douloureuse et longue avec une fermeté qui ne se démentit jamais, Tobias Smollet fut enlevé aux lettres, le 21 octobre 1771, par une mort prématurée, à l'âge de 51 ans. Il est à peu près certain que l'affliction causée par la perte de sa fille, le tourment de se voir abandonné par l'ingratitude de ceux qui lui devaient assistance, le mauvais état de sa fortune présente, pendant qu'il perdait chaque jour les moyens de l'améliorer lui-même, et ses inquiétudes pour l'avenir, avancèrent considérablement les progrès de la maladie mortelle à laquelle il succomba.

Plus heureux sous ce rapport que Fielding, Smollet eut du moins les honneurs d'un tombeau; ses cendres reposent sous un monument très-simple élevé par sa veuve, et pour lequel son fidèle et constant ami, le docteur Armstrong, a composé la belle épitaphe qu'on va lire :

Hic ossa conduntur
Tobiæ Smollet Scoti;
Qui prosapiâ generosâ et antiquâ natus,
Priscæ virtutis exemplar emicuit;
Aspectu ingenuo,
Corpore valido,
Pectore animoso.
Indole apprimè benignâ,
Et ferè supra facultates munificâ
Insignis.
Ingenio veraci, faceto, versatili,
Omnigenæ ferè doctrinæ mirè capaci,
Variâ fabularum dulcedine
Vitam moresque hominum,
Ubertate summâ ludens, depinxit.
Adverso interim nefas! tali tantoque alumno,
Nisi quo satyræ opipare supplebat,
Seculo impio, ignaro, fatuo

Quo musæ vix nisi nothæ
Mœcenatulis Britannicis
Fovebantur.
In memoriam
Optimi et amabilis omninò viri
Permultis amicis desiderati,
Hocce murmor
Dilectissima simul et amantissima conjux
L. M.
Sacravit.

Dans l'année 1774, une colonne fut élevée à la mémoire de Smollet, près de la maison dans laquelle il était né (1), par son cousin James Smollet, de Bonhill, avec l'inscription suivante, non moins élégante qu'énergique ; elle fut composée par le professeur George Stuart d'Édimbourg, aidé de feu John Ramsay d'Ochertyre, et corrigée par le docteur Johnson. (Les lignes imprimées en caractères italiques sont de ce dernier.)

(*Siste, viator!*
Si leporis ingeniique venam benignam,
Si morum callidissimum pictorem,
Unquàm es miratus.)
Immorare paululùm memoriæ
TOBIÆ SMOLLET. M. D.
Viri virtutibus hisce
Quas in homine et cive
Et laudes at imiteris,
Haud mediocriter ornati :
Qui in litteris variis versatus,
Postquàm felicitate sibi propriâ,
Sese posteris commendaverat,
Morte acerbâ raptus
Anno ætatis 51.
Eheu! quàm procul à patriâ!

(1) On remarque cette colonne sur la route de Dumbarton à Glascow. — Tʀ.

Propè Liburni portum in Italiâ,
Jacet sepultus.
Tanti tantoque viro patruelo suo,
Cui in decursu lampadâ
Se potiùs tradidisse decuit,
Hanc columnam,
Amoris, eheu ! inane monumentum
In ipsis Levinæ ripis,
Quas, versiculis sub exitû vitæ illustratas,
Primis infans vagitibus personuit,
Ponendum curavit,
Jacobus Smollet de Bonhill.
Abi et reminiscere,
Hoc quidem honore,
Non modo defuncti memoriæ,
Verùm etiam exemplo, prospectum esse;
Aliis enim, si modo digni sint,
Idem erit virtutis præmium.

La veuve de Smollet continua long-temps à demeurer dans le voisinage de Livourne, vivant du peu de fortune qu'il lui avait laissé, dans l'obscurité et dans la gêne. Nous nous rappelons une représentation donnée à son bénéfice sur le théâtre d'Édimbourg, où M. Houston Stewart Nicholson, amateur de société, parut dans le rôle de Pierre (dans la *Venise sauvée* d'Otway.) Le bénéfice monta, dit-on, à près de 300 liv. st. L'épilogue composé à cette occasion par M. Graham de Gartmore fut prononcé par feu mistress Woods, actrice du théâtre royal d'Édimbourg.

L'*Ode à l'Indépendance*, la plus caractéristique des productions poétiques de Smollet, fut publiée deux ans après sa mort par MM. Foulis de Glasgow : l'allégorie du début est belle (1).

(1) Ce début est d'une grande hardiesse poétique. Smollet fait violer la Liberté par un sauvage; et l'Indépendance est le fruit de cet hyménée, célébré dans les forêts du Nord. — Éd.

Son nom fut mis en tête d'une traduction de *Télémaque*, comme il avait été mis de son vivant à une traduction du *Gil Blas* à laquelle il avait très-peu contribué, si même il y avait mis la main. En 1785, on représenta sur le théâtre de Covent-Garden, au bénéfice de M. Aïkin, une farce intitulé : *les Israëlites*, ou *le Nabab bien nourri* (1). Cette farce, attribuée à Smollet sur des autorités très-équivoques, fut reçue avec indifférence, et n'a jamais reparu depuis sur le théâtre (2).

Smollet joignait aux agrémens d'un extérieur très-agréable et à une figure engageante les avantages d'une conversation instructive et amusante au plus haut degré, ainsi que nous l'apprend le témoignage unanime des amis qui lui ont survécu. Quant à son caractère et à son humeur, tous ceux qui connaissent ses ouvrages (et qui ne les connaît pas?) peuvent s'en former une idée très-juste; car, dans chacun de ses romans, il a peint, et quelquefois sous différens points de vue, les traits distinctifs de son propre caractère, sans chercher à déguiser ceux qui lui étaient défavorables. Bien plus, il y a lieu de croire qu'il a plutôt exagéré qu'adouci, dans ses portraits, cette tournure d'esprit satirique qui fut son principal défaut, et qui l'engagea dans tant de disputes. On doit remarquer que ses héros, à commencer par Roderick Random, ont tous la même hauteur dans le caractère, et une fierté susceptible à l'excès : tel est Mathew Bramble (3)

---

(1) *The Pampered nabab*. On appelle nabab les enrichis de l'Inde. — Éd.

(2) Elle n'a pas même été imprimée. — Éd.

(3) Dans *Humphrey Clinker*. — Éd.

lui-même, chez qui ces aspérités sont un peu adoucies par la philosophie et la vieillesse. Leurs divertissemens favoris sont ceux qui jettent quelque ridicule sur le prochain, qui le mystifient ou l'exposent à quelque désagrément corporel ; et jamais leur humanité ne vient interrompre le cours de leurs folies. Rien ne nous fait soupçonner que Smollet eût d'autres défauts marquans que celui dont il convient si souvent et de si bonne foi. Lorsqu'il pouvait réprimer cette tendance satirique, il était bon, compatissant et généreux. Plein de hardiesse et de droiture, indépendant dans sa conduite privée, sans flatter un protecteur, dédaignant la faveur des grands, il vécut honorablement du fruit de ses travaux littéraires ; et si, par circonstance, il se trouva engagé dans des entreprises indignes de ses talens, la honte en est à ceux qui ne sauvèrent pas à son génie la malheureuse nécessité de compiler et de traduire. Il fut bon époux et père tendre. L'attachement sincère que ses amis conservèrent à sa mémoire est une preuve incontestable de la confiance qu'ils avaient dans son amitié. Ses ressentimens, quoique souvent conçus avec précipitation et exprimés d'une manière imprudente, cédaient à un sentiment généreux, n'étaient pas implacables. La vérité le trouvait toujours prêt à l'accueillir, et à réparer par toute espèce de moyens ses propres torts, ou à pardonner et à oublier ceux des autres.

Churchill (1) et d'autres écrivains satiriques repro-

(1) L'article sur *la Rosciade* (poëme satirique de Churchill), dans la Revue critique (cette source féconde de toutes les querelles de Smollet), fut si sévère, que le poète se livra à tout son ressentement dans la seconde édition, où, attribuant (à tort) à Smollet l'article qui le blessait, il l'apostropha ainsi :

« D'où peut naître ce violent accès d'humeur critique contre

chent faussement à Smollet les sentimens d'une basse jalousie littéraire, à laquelle, par caractère, il était entièrement étranger. Les termes dans lesquels il fait mention de Richarson et de Fielding, dans le précis qu'il donne de la littérature de son siècle, montrent à quel point il sentait leur mérite, et avec quel désintéressement il faisait l'éloge de ceux qui, dans l'opinion du monde, étaient ses rivaux immédiats. « Le génie de Cervantès, » telles sont les expressions que sa générosité lui fournissait, « se retrouve tout entier dans les romans de Fielding, qui a dépeint les mœurs et s'est moqué des folies de l'homme avec autant de force que de gaieté et de bienséance (1). » Nous rapportons ce passage d'autant plus volontiers, qu'il sert à prouver que les différends qui existaient entre Smollet et Fielding n'empêchèrent pas le premier de rendre justice au créateur du roman anglais, et de lui donner les louanges qui lui étaient dues. Il passe ensuite à Richardson, et avec la même impartialité il fait remarquer à son lecteur que « cet écrivain marcha avec succès vers le but honorable qu'il se proposait, de ranger les passions sous les bannières de la vertu, dans sa *Paméla*, dans *Clarisse* et dans *Sir Charles Grandison;* créant ainsi un genre neuf dans lequel, au milieu de beaucoup de longueurs et de hors-d'œuvre,

---

« une muse frivole et un sujet si peu important? Qu'avais-je fait
« pour que le ciel dans sa colère suscitât pour mon ennemi le plus
« amer celui que je désirais le plus avoir pour ami? Souvent ma
« bouche a aimé à prononcer ton nom avec bienveillance, sou-
« vent elle a applaudi aux honneurs de ta gloire sans rivale;
« laisse le vieux Fielding mordre la poussière sous mes coups, et
« que ton *Peregrine Pickle* se montre fièrement. Arrache au front
« de Tite-Live la couronne historique plus digne de toi. »

(1) *Histoire d'Angleterre.*

nous trouvons un système de morale sublime, et une connaissance profonde du cœur humain. »

Nous ne pouvons passer du caractère personnel de Smollet à son génie littéraire, sans le comparer, sous ce rapport, avec son célèbre contemporain Fielding. Il est bien vrai que de semblables parallèles, quoique recommandés par l'exemple de Plutarque, ne sont pas en général la règle la plus sûre pour apprécier le mérite individuel. Mais, dans cette circonstance, l'histoire, les avantages naturels, les talens, les occupations, et malheureusement les destinées de ces deux illustres auteurs, offrent une conformité si remarquable, que l'on ne peut prononcer le nom de l'un sans réveiller le souvenir de l'autre. Fielding et Smollet sortirent tous deux des rangs les plus élevés de la société. Tous deux reçurent l'éducation libérale qui devait leur ouvrir la carrière des professions savantes, et cependant tous deux furent obligés d'avoir recours à leur plume, et de s'exercer dans divers genres de littérature pour se procurer les moyens de subsistance. Tous deux furent réduits pendant toute leur vie à un état de gêne continuel : ils réunirent un cynisme satirique à un fonds de bonté et de générosité. Tous deux furent victimes de ces maladies qui sont ordinairement la suite d'une vie sédentaire et des travaux de cabinet. Pour dernier trait de ressemblance dans leur destinée, ils rendirent le dernier soupir sur une terre étrangère, où ils furent l'un et l'autre obligés de se retirer après la perte de leur santé et l'épuisement de leur fortune. Leurs travaux n'offrent pas moins de rapport que les autres événemens de leur vie. Tous deux composèrent pour le théâtre, et tous deux sans succès. Tous deux se mêlèrent de politique, et écrivirent des voyages dans lesquels on reconnaît que la gaieté de leur esprit était obligée de céder aux souffrances du corps ; enfin, pour terminer cette comparaison, l'un et l'autre eurent un tel succès dans le genre du roman, qu'aucun autre écrivain anglais ne peut prétendre à être mis sur la même ligne que Smollet et Fielding, dans cette branche de la littérature.

Si nous examinons les écrits de ces deux grands maîtres, nous pourrons accorder à Fielding, sans hésiter, les éloges dus à un goût plus pur et plus relevé ; il surpasse encore son rival par l'élégance de la composition et du style ; il a su approcher davantage de l'ironie sérieuse de Cervantès et de Swift ; il montre infiniment plus d'art et de bonheur dans la conduite de ses plans ; et enfin il a le talent de peindre des tableaux plus agréables, et de nous mettre sous les yeux des héros, et surtout des héroïnes, d'un caractère bien plus noble et plus intéressant que les héros et les héroïnes de Smollet.

Ainsi, l'art heureux qu'on remarque dans la conduite de l'histoire de *Tom Jones*, jusqu'au dénouement, ne se trouve dans aucun des romans de Smollet. Ses héros passent d'une situation à une autre et changent d'état brusquement et sans transition ; seulement toutes les diverses aventures, quoique sans rapport entre elles et sans liaison avec la catastrophe, arrivent au même personnage. De nouveaux acteurs paraissent à chaque instant sur la scène pour en être congédiés sans scrupule, et à la fin de l'ouvrage le héros se trouve ordinairement environné d'un cercle de nouveaux amis tout-à-fait différens de ceux auxquels sa fortune paraissait d'abord liée par des nœuds indissolubles. Les caractères sur lesquels Smollet a voulu concentrer tout l'intérêt ne sont pas non plus, à beaucoup près, aussi aimables que son lecteur le désirerait. Un Roderick

Random, qui n'a pas honte d'emprunter l'argent de Strap et de se vêtir de ses habits; qui, après avoir été sauvé des horreurs de la faim et de la misère par ce simple et généreux ami, récompense de pareils services en dissipant le fruit de ses épargnes, en recevant de lui les soins de la domesticité, et en s'emportant jusqu'à le frapper lorsque les dés ne lui sont pas favorables; un tel homme, disons-nous, ne peut pas être cité à côté de Tom Jones, ce modèle de franchise, de bonté, de sentimens nobles et généreux, dont le libertinage (excepté dans une seule circonstance) n'est peut-être rendu que trop excusable par tant de bonnes qualités. Nous croyons qu'il est peu de lecteurs qui ne soient révoltés de la misérable récompense assignée à Strap dans le chapitre dernier du roman : 500 liv. sterl. (à peine le montant de ce qu'il avait donné à son maître) et la main d'une fille publique revenue à résipiscence, même avec le don d'une ferme dans les montagnes d'Écosse, semblent froidement payer un attachement si fidèle et si désintéressé. Nous serions coupables aussi de la même injustice envers Tom Jones, si nous le comparions à Peregrine Pickle; outre l'offense brutale et gratuite qu'il commet envers Émilie, outre son ingratitude envers son oncle, et le penchant cruel qui lui fait trouver le plaisir le plus exquis à tourmenter ses amis par des plaisanteries méchantes qui ressemblent aux accès de gaieté d'un esprit infernal, tout trahit dans sa conduite des pensées basses et indignes d'un homme comme il faut. Peregrine enfin n'est guère d'un genre plus relevé que Roderick Random. L'infame plaisanterie qu'il se permet en présentant à sa sœur, sous un nom supposé, une vile prostituée, est une preuve suffisante de ce manque de goût et de délicatesse que les admirateurs de Smollet sont obligés de condamner souvent dans ses écrits. Il est encore plus difficile d'établir une comparaison entre Sophie ou Amélie, et les héroïnes de Smollet, qui (à l'exception d'Aurelia Darnel) sont plutôt représentées comme les objets d'une passion toute sensuelle que d'un amour sincère, et n'excitent pas un intérêt plus vif ni plus relevé que les houris du paradis de Mahomet.

Il résulte de la supériorité que Fielding possède à cet égard sur Smollet, que nous trouvons bien plus fréquemment dans ses romans que dans ceux de ce dernier des scènes pathétiques capables de faire naître la sympathie et la pitié du lecteur. Personne ne peut s'empêcher de compatir à la détresse de Tom Jones lorsque, victime d'une conspiration tramée contre lui, et à laquelle sa générosité et sa franchise prêtent un air de vraisemblance, il est chassé de la maison de son bienfaiteur sous le poids des accusations les plus terribles et les plus déchirantes. Mais nous ne pouvons guère nous sentir vraiment touchés des malheurs que Pickle s'attire par une prodigalité sans bornes, et qu'il augmente par son insolente misanthropie. On n'éprouve d'autre sentiment que celui de la surprise en voyant que son arrogance, qui fait le fonds de son caractère, ne lasse pas l'amitié de Pipes et d'Hatchway; car on ne peut s'empêcher de penser que le dissipateur ruiné ne mérite guère un attachement si fidèle.

Mais la fertilité et la profondeur du génie de Smollet lui ont fourni des ressources capables de contre-balancer ces défauts; et, même en accordant à Fielding tout le mérite d'une grande supériorité de goût et de style, son rival écossais nous paraîtra encore digne de lutter avec lui sans désavantage. Si Fielding l'emporte par la pureté de son goût et l'éclat de son génie, le mérite d'une richesse d'invention inépuisable doit rester à Smollet. La carrière que Fielding a parcourue est limitée en comparaison de celle que Smollet s'est ouverte, et la profusion avec laquelle ce dernier a répandu dans ses ouvrages une immense variété de caractères et d'aventures semblerait accuser son rival d'une certaine pauvreté de composition. La renommée de Fielding repose sur un *chef-d'œuvre* unique, et le talent heureux qui a produit *Tom Jones* n'a pu s'élever de nouveau à la même hauteur dans *Amelia* (1); c'est pourquoi, tout en préférant avec justice comme roman habilement conduit et parfaitement écrit le *Tom Jones* à chacun des romans de Smollet en particulier, cependant *Roderick Random*, *Peregrine Pickle* et *Humphry Clinker*, surpassent chacun *Joseph Andrews* ou *Amelia*; et pour descendre un peu plus bas, ni *Jonathan Wild* ni *le Voyage dans l'autre monde* ne peuvent soutenir un seul instant la comparaison avec *Sir Lancelot Greaves* ou *Ferdinand, comte Fathom*.

Tout écrivain capable d'écrire un bon roman est plus ou moins poète, même quand il n'aurait jamais écrit un vers de sa vie (2). Le don de l'imagination lui est absolument indispensable; il faut qu'il possède une autre qualité non moins essentielle, celle de pouvoir approfondir les passions du cœur humain, de les personnifier, et de voir en poète l'aspect extérieur de la

---

(1) Nous nous permettrons de préférer, malgré cette opinion de sir Walter Scott, l'*Amélie* de Fielding à tous les romans de Smollet. Si *Tom Jones* n'existait pas, *Amélie* suffirait pour placer Fielding au-dessus de tous les romanciers *ses contemporains*.
Éd.

(2) C'est l'auteur de *la Dame du Lac*, de *Marmion* et de *Waverley* qui parle. — Éd.

nature; le talent de bien peindre ce qu'il sent vivement, réuni aux autres avantages dont nous avons parlé, complète à peu de chose près le génie poétique. Smollet était poète dintingué, même dans le sens ordinaire de ce mot appliqué tout simplement à celui qui écrit en vers; il était sous ce rapport bien supérieur à Fielding, dont les tentatives n'ont le plus souvent pour but qu'une légère traduction des classiques (1). C'est pourquoi si Fielding sait mieux que Smollet émouvoir la pitié, l'auteur écossais s'élève bien au-dessus de Fielding dans les morceaux de pathétique et de terreur. Aucun passage de Fielding n'approche de la scène des voleurs dans *Ferdinand, comte Fathom*, ou de la terrible description du combat naval dans lequel on voit Roderick Random enchaîné sur la poupe sans pouvoir faire un effort ni un mouvement au milieu du carnage d'une action meurtrière. Dans beaucoup d'autres circonstances, les descriptions de Smollet approchent du sublime; et en général on remarque chez lui une couleur romanesque qui élève ses récits au-dessus de l'uniformité et du calme de la vie ordinaire. Comme un poète éminent de notre époque (2),

---

(1) Un juge de la plus haute autorité sur cette matière a caractérisé la poésie de Smollet de la manière suivante :

« Ses vers ont une délicatesse qu'on ne retrouve point dans ses romans; mais on n'y reconnaît point comme dans ses fictions en prose la touche vigoureuse du grand maître. S'il revenait au monde, nous pourrions désirer qu'il composât de nouveaux vers, dans l'espoir que son talent se perfectionnerait par la pratique; mais nous nous trouverions heureux d'avoir un plus grand nombre de ses romans tels qu'ils sont. »   (*Thomas Campbell.*)

La vérité est que dans ses mêmes romans se trouvent en grande abondance les qualités de la poésie tant sérieuse que comique.

ÉD.

(2) Hommage à lord Byron. — ÉD.

il aime à descendre dans les sombres replis des cœurs criminels, et à peindre ses héros dans les fortes agitations de leurs passions impétueuses et déréglées ; aussi les misanthropes, les joueurs, les duellistes, sont aussi fréquens dans ses ouvrages, que les voleurs dans les tableaux de Salvator Rosa, et généralement ils y sont peints avec autant d'effet et aussi effrayans de vérité. Mettre en parallèle *Ferdinand, comte Fathom*, et le *Jonathan Wild* de Fielding, serait peut-être être injuste envers ce dernier ; cependant ces deux ouvrages étant composés sur le même plan (pauvre plan à notre avis), nous ne pouvons nous empêcher de les placer à côté l'un de l'autre ; et au premier coup d'œil nous restons convaincus que le détestable Fathom est un scélérat réel dont la vue nous fait frémir comme celle d'un démon incarné, tandis que le *scélérat* de Fielding paraît être plutôt une froide personnification du principe abstrait du mal. J. Wild est si loin d'inspirer la terreur, que, malgré la profonde connaissance du monde déployée dans plusieurs des passages de ses aventures, nous sommes forcés de reconnaître qu'il devient parfois ennuyeux.

Mais c'est surtout dans une profusion qui va jusqu'à la prodigalité que nous reconnaissons les richesses supérieures de l'imagination de Smollet ; jamais il ne montre le moindre désir d'épuiser un caractère, une situation ou une aventure ; il les jette sans art dans son récit avec une négligence qui prouve une confiance illimitée dans ses ressources intellectuelles. Fielding s'arrête pour expliquer les principes de son art, et se féliciter, lui et ses lecteurs, de l'adresse avec laquelle il conduit son histoire, ou développe le caractère de ses personnages à mesure que l'intrigue s'engage. Ces sortes d'appels au jugement du lecteur, tout admirables qu'ils sont, ont quelquefois le défaut d'être diffus ; ils ont toujours le grand désavantage de nous rappeler que nous lisons un ouvrage d'invention, et que les êtres avec lesquels nous avons fait connaissance sont des fantômes passagers qu'un habile enchanteur sait faire paraître sous nos yeux à l'aide d'une puissante magie. Smollet cause rarement en personne avec ses lecteurs ; il dirige son amusant théâtre de marionnettes sans montrer sa tête hors du rideau, comme *Gines de Pasamonte* (1) pour nous expliquer ce qu'il fait. Outre que cette réserve ne nous distrait jamais de l'histoire, il en résulte encore pour nous la certitude que l'auteur, plein de confiance dans la richesse de son sujet, n'a pas besoin de la faire ressortir par des ornemens étrangers.

Les *marins* de Smollet sont regardés à juste titre comme inimitables. Le talent avec lequel il a su varier leurs portraits dans tant de circonstances, en traçant d'une manière particulière les traits individuels de chaque matelot, tout en laissant à chacun les habitudes et la manière de penser de son état, est une preuve de sa riche imagination ; cette qualité, avons-nous remarqué, est l'avantage le plus réel de Smollet sur Fielding. Bowling, Trunnion, Hatchway, Pipes et Crowe, sont tous des hommes de la même classe ; ils ont les mêmes habitudes et la même manière de voir ; cependant des différences tout individuelles les distinguent si parfaitement les uns des autres, que nous reconnaissons d'abord en eux des personnages très-distincts, quoiqu'ils appartiennent tous à l'ancienne marine anglaise. Ces portraits, d'ailleurs si frappans, ont maintenant un

---

(1) *Don Quichote.* — Éd.

mérite apprécié par les *antiquaires*. Ils perpétuent la mémoire de l'école de Benbow et de Boscawen, dont les manières ont été bannies et du tillac des officiers et du gaillard d'avant des matelots. Les officiers de la marine actuelle, qui, par l'éclat de leurs exploits, ont presque laissé dans l'ombre ceux des dix derniers siècles, sont loin d'affecter les manières d'un simple matelot. Ils ont prouvé qu'ils savaient remplir leurs devoirs, sans aimer autant que leurs devanciers le tabac ou le grog, ou sans accorder une préférence absolue à la chemise de laine rayée sur la toile blanche (1).

Nous avons déjà fait observer que, dans la partie comique de ses écrits, Fielding possède éminemment la grave ironie de Cervantès, genre dans lequel Smollet n'a pas aussi bien réussi. D'un autre côté, *l'Écossais* (malgré l'opinion générale qui refuse ce don naturel à ses compatriotes) excelle dans les saillies d'une gaieté bouffonne. Son imagination semble se complaire à accumuler l'une sur l'autre les circonstances les plus risibles, qui finissent par dérider la gravité même la plus austère ; et peut-être n'a-t-on jamais écrit rien qui ait excité un *rire inextinguible* comme les ouvrages de Smollet. Les scènes qui produisent ce rire approchent quelquefois de ce que nous appelons *farce*, ou caricature ; mais si la louange la plus flatteuse pour les compositions pathétiques est dans le tribut de nos pleurs, pourquoi la marque infaillible de l'excellence d'une scène comique ne serait-elle pas de nous forcer à rire ? C'est au moins l'expression franche d'un sentiment naturel ; et celui qui peut lire les infortunes de

---

(1) Les romans de M. Cooper ont cela de remarquable que l'auteur a égalé Smollet dans ses peintures de la vie nautique. — Éd.

Trunnion et d'Hatchway, emportés par leurs coursiers fougueux, ou les absurdités inimitables du *Repas des Anciens*, sans un éclat de rire, a toutes les qualités requises pour rester triste et homme de bon ton avec lord Chesterfield ou Stephen.

D'après toutes ces considérations on peut dire que le génie de Smollet ressemble à celui de Rubens. Ses peintures manquent souvent de grace. Quelquefois elles sont conçues sans art et même d'une manière commune. On peut lui reprocher aussi de violer les lois de la perspective, et ses plans accusent la trop grande négligence de l'artiste. Mais ces taches sont rachetées par une telle richesse, par un si grand éclat de coloris, et par tant d'imagination dans ses scènes tantôt sublimes et tantôt simples ou comiques ; il y a tant de vie, d'action, de mouvement dans tous les groupes qu'il a tracés, tant de variété dans ses personnages, que nous mettons volontiers Smollet sur le même rang que Fielding, en les élevant tous deux au-dessus de tous leurs successeurs dans la carrière du roman.

Abbotsford, 1er juillet 1821.

NOTICE

BIOGRAPHIQUE ET LITTÉRAIRE

SUR

LAWRENCE STERNE.

LAWRENCE STERNE est du petit nombre de ces auteurs qui, anticipant sur les travaux du biographe, communiquent eux-mêmes au monde les détails qu'ils désirent lui faire connaître sur leur famille et sur leur vie.

« Roger Sterne (1), » dit le récit que nous citons, « petit-fils de l'archevêque Sterne, et lieutenant au régiment d'Handaside, épousa Agnès Hebert, veuve d'un capitaine bien né; son nom de famille était, je crois, *Nuttle;* cependant il me semble me rappeler que c'était le nom de son beau-père, fameux fournisseur de l'armée pendant les guerres de la reine Anne en Flandre, où mon père, qui, par parenthèse, lui avait des obligations pécuniaires, épousa la fille de sa femme. Ce ma-

(1) Voir l'arbre chronologique à la fin du volume.

riage eut lieu le 25 septembre 1711. Ce même Nuttle eut de ma grand'mère un fils, fort bel homme, mais un drôle impudent; j'ignore ce qu'il est devenu. La famille, si elle n'est pas éteinte, doit habiter Clonmel, dans le sud de l'Irlande. C'est là que je suis né, le 24 novembre 1713, quelques jours après l'arrivée de ma mère de Dunkerque. Ma naissance porta malheur à mon père. Le jour de notre arrivée, il fut réformé, lui et d'autres braves officiers, et abandonné à la Providence avec une femme et deux enfans; l'aîné était une fille qui se nommait *Mary*, née à Lille, dans la Flandre française, le 10 juillet 1712. Ce fut le plus malheureux des enfans de mon père. Elle épousa à Dublin un certain *Weemans*, qui la maltraita d'une manière indigne, mangea son bien, fit banqueroute et disparut. Ma pauvre sœur, ainsi délaissée, se retira à la campagne chez une amie, et y mourut de chagrin. Elle était fort belle et méritait un meilleur sort.

« Le régiment de mon père ayant été licencié, il quitta Dublin avec le reste de sa famille aussitôt qu'on put me transporter, et vint s'établir sur une terre à Elvington, près de York, que sa mère habitait : elle était héritière et fille de sir Roger Jacques. Nous y restâmes dix mois. Le régiment fut réorganisé, et nous repartîmes pour Dublin. Un mois après notre arrivée, mon père nous quitta ayant reçu l'ordre de se rendre à Exeter, où ma mère avec ses deux enfans alla le rejoindre pendant un hiver rigoureux, voyageant par terre de Liverpool à Plymouth. Après un séjour d'une année à Exeter, nous fûmes tous renvoyés à Dublin. Ma mère, avec ses trois enfans, dont le dernier, nommé *Joram*, était né à Plymouth, s'embarqua à Bristol pour l'Irlande. Pendant le trajet, le bâtiment fit une voie d'eau, et nous faillîmes périr. Enfin, après beaucoup d'efforts et de dangers, nous arrivâmes à Dublin; mon père y loua une maison, la meubla, et dans l'espace d'une année et demie, y dépensa beaucoup d'argent. Nous éprouvâmes encore de nouveaux revers dans l'année 1719 : le régiment de mon père, faisant partie de l'expédition de Vigo, reçut l'ordre de se rendre à l'île de Wight afin de s'embarquer pour l'Espagne. Nous accompagnâmes le régiment : une tempête nous força de relâcher à Milfort Haven, mais nous débarquâmes à Bristol; de là nous allâmes par terre à Plymouth, et ensuite à l'île de Wight, où je me ressouviens que nous campâmes quelque temps avant l'embarquement des troupes. Nous perdîmes dans cette expédition le pauvre Joram, joli enfant âgé de quatre ans; il mourut de la petite-vérole.

« Durant l'expédition de Vigo, nous restâmes, ma mère, ma sœur et moi, à l'île de Wight, jusqu'à ce que le régiment fût de retour à Wicklow, en Irlande, d'où mon père nous envoya chercher. Le chagrin de la perte de Joram fut un peu adouci par la naissance d'une fille pendant notre séjour dans l'île de Wight, le 23 septembre 1719; elle mourut à l'âge de trois ans dans les casernes de Dublin. Elle était, je m'en souviens très-bien, d'une constitution délicate, et, comme la plupart des enfans de mon père, n'était pas destinée à vivre long-temps. Nous nous embarquâmes pour Dublin, et nous aurions infailliblement péri sans les instances de ma mère, qui obtint du capitaine de retourner dans le pays de Galles, où nous restâmes pendant un mois; nous arrivâmes enfin à Dublin, et nous nous rendîmes par terre à Wicklow; nous y trouvâmes mon père qui, durant trois semaines, nous avait cru morts. Nous logeâmes dans les casernes de Dublin pendant l'année 1720, qui fut celle de la naissance de *Devijeher*, du nom de son parrain, le colonel Devijeher; nous allâmes de là passer six mois chez M. Featherston, ecclésiastique et parent de ma mère qui nous avait invités à venir à son presbytère d'Animo à sept milles de Wicklow. Ce fut pendant notre séjour dans cette paroisse que j'échappai comme par miracle d'une chute dans la roue d'un moulin tandis qu'elle était en mouvement; l'événement paraît incroyable, mais il est bien connu dans cette partie de l'Irlande; les habitans des environs vinrent me voir par centaines. Nous quittâmes notre parent pour suivre le régiment à Dublin, où nous fûmes logés dans les casernes pendant un an, c'était en 1721, époque à laquelle on me donna un maître d'écriture, etc., etc. Le régiment reçut l'ordre en 1722 de se rendre à Carickfergus dans le nord de l'Irlande. Nous fûmes encore une fois obligés de partir, mais nous nous arrêtâmes à Drogheda où nous reçûmes l'ordre de nous diriger sur Mullengar, à quarante milles ouest; nous rencontrâmes par bonheur dans cette ville un aimable parent, descendant comme nous de l'archevêque Sterne, qui nous retint chez lui pendant un an, et nous renvoya ensuite au régiment, à Carickfergus, comblés de bienfaits, etc. Notre voyage à Carickfergus, qui eut lieu au mois de mars, fut très-pénible et très-ennuyeux; nous y perdîmes le petit Devijeher, qui avait été mis en nourrice dans une ferme à quelques milles de Wicklow, et qui était avec nous depuis quelque temps; il fut remplacé par une petite fille nommée *Susanne*, qui mourut également peu de temps après dans ce voyage fatigant.

« Mon père obtint de son colonel la permission de

me mettre à l'école ; l'automne de cette année, ou le printemps de la suivante, je ne puis dire lequel, je fus confié à un maître habile qui demeurait près de Halifax ; je restai avec lui jusqu'à ce qu'un de mes cousins d'Elvington, du nom de Sterne, me prit sous sa protection et m'envoya à l'université, etc.

« Mais pour en revenir à notre histoire, le régiment de mon père partit pour Londonderry, où naquit pour moi une autre sœur nommée *Catherine*, qui existe encore ; mais la méchanceté de mon oncle et sa propre folie nous ont rendus presque étrangers l'un à l'autre. Le régiment fut envoyé au siège de Gibraltar ; mon père y fut blessé en duel par le capitaine Philips ; la querelle eut lieu à propos d'une oie ! Il ne mourut pas de cette blessure, mais sa constitution en fut altérée au point qu'il ne put supporter les fatigues auxquelles elle fut soumise ; ayant été envoyé à la Jamaïque, il fut atteint de la fièvre du pays, qui d'abord le priva de l'usage de ses sens, mais ensuite, après un mois ou deux, allant et venant continuellement sans se plaindre, il expira au moment où il allait s'asseoir dans son fauteuil. Ce fut au nord de l'île, au port Antoine, qu'il cessa d'exister. Mon père était un petit homme vif, d'une activité extraordinaire ; il supportait avec résignation les malheurs et les contrariétés dont il plut à la Providence de lui envoyer une bonne part. Quoiqu'un peu emporté, il était d'un caractère doux et bienveillant et d'une telle confiance, qu'on pouvait le tromper dix fois par jour sans qu'il s'en doutât. Il mourut au mois de mars 1731. Je restai à Halifax, jusqu'à la fin de cette année. Je ne puis passer sous silence l'anecdote suivante, qui concerne mon maître ainsi que moi. Le plafond de son école venait d'être reblanchi ; l'échelle, pour mon malheur, était encore appuyé contre le mur, j'y montai, et à l'aide d'un pinceau j'écrivis en lettres capitales, mon nom Lawrence Sterne. Mais je fus vu par le sous-maître, qui me fouetta sévèrement ; le maître, présent à cette correction, en fut vivement affecté, et donna l'ordre, devant moi, de ne jamais effacer mon nom : « c'est celui d'un enfant de génie, qui sera glorieux un jour, dit-il. » Cet éloge me fit entièrement oublier le châtiment que j'avais reçu.

« En 1732 (1), mon cousin m'envoya à l'université, où je restai quelque temps ; c'est de là que date ma liaison avec M. K....., liaison qui dure encore. J'allai ensuite à York, et mon oncle me procura le bénéfice de Stutton. Ce fut à York que je connus votre mère, à qui je fis la cour pendant deux ans : elle m'avouait son attachement, mais elle ne se croyait pas assez riche, ou me trouvait trop pauvre pour s'unir à moi. Elle alla voir sa sœur S..... Je lui écrivais souvent. Je crois qu'à cette époque elle était à peu près décidée à m'épouser ; mais elle n'osait pas me le dire. A son retour elle eut une maladie de langueur, et je me souviens qu'un soir, me voyant triste de sa position, elle me dit : « Mon cher Lawrence, je ne serai jamais à vous, car je crois vraiment que je n'ai pas long-temps à vivre, mais je vous laisserai toute ma fortune ; » et elle me montra son testament. Cette générosité m'émut vivement. Elle se

---

(1) Il fut admis au collège de Jésus, à Cambridge, le 6 juillet 1733, et eut pour répétiteur M. Cannon.

Il fut immatriculé le 29 mars 1735 ;

Reçu bachelier ès-arts en janvier 1736 ;

Reçu maître ès-arts au commencement de 1740.

rétablit, grace à Dieu, et je l'épousai dans l'année 1741. Nous étions alors, mon oncle (1) et moi, très-bien ensemble, car il me fit donner bientôt après la prébende d'York; mais il se brouilla avec moi, parce que je refusai d'écrire des articles de journaux; je n'étais pas, comme lui, homme de parti, et de plus je méprisais ce vilain métier. De ce moment il devint mon plus cruel ennemi (2).

« J'obtins le bénéfice de Stillington, par l'intermédiaire de ma femme : un de ses amis, qui habitait dans un comté du sud, avait promis de lui en faire hommage si elle épousait un ecclésiastique. Je résidai pendant vingt ans à Stilton, remplissant les devoirs de mes deux places. J'avais alors une très-bonne santé. Les livres, la peinture (3), la musique et la chasse, étaient mes amusemens. Je n'étais pas toujours d'accord avec le squire de la paroisse, mais en revanche, à Stillington, la famille de C..... nous fit constamment l'accueil le plus aimable; c'était un grand bonheur de demeurer à un mille et demi d'une famille agréable, qui n'a jamais cessé de nous être attachée. Dans l'année 1760, je louai une maison à York pour votre mère et pour vous, et je me rendis à Londres pour veiller à la publication des deux premiers volumes

---

(1) Jacques Sterne, docteur en droit. Il avait une prébende à la cathédrale de Durham, était chanoine, grand-chantre et prébendier de York, recteur de Rise et recteur de Hornsey-cum-Riston, deux paroisses du district oriental du comté de York. Il mourut le 9 juin 1759.

(2) On a cependant insinué qu'il écrivit pendant quelque temps un journal périodique au moment des élections à York, dans l'intérêt du parti Whig. *Monthly Review*, vol. LIII, p. 344.

(3) On peut voir un échantillon du talent de M. Sterne pour le dessin dans les poëmes de M. Woodhul, in-8, 1772.

de *Shandy* (1). Lord Falconbridge m'offrit cette année la cure de Coxwould, retraite bien douce en comparaison de Stilton. En 1762, avant la paix, j'allai en France avec votre mère et vous; je vous y laissai, et deux ans après je fis un voyage en Italie pour essayer de rétablir ma santé. A mon retour j'engageai votre mère à revenir avec moi en Angleterre (2); vous êtes enfin arrivées, et j'ai eu l'inexprimable bonheur de voir réaliser mon unique vœu, celui d'embrasser ma fille. »

J'ai écrit ces détails sur ma famille et sur moi-même, pour ma Lydie, dans le cas où la curiosité, ou un sentiment plus tendre, lui ferait désirer de les connaître.

---

(1) La première édition avait été imprimée l'année précédente à York.

Voici dans quel ordre ont paru les ouvrages de M. Sterne :

1747. — Examen du cas d'Elizée et de la veuve de Zéréphath. Sermon prêché le Vendredi-Saint, le 17 avril 1747, au profit de deux écoles de charité à York.

1750. — Les Abus de conscience, insérés dans un sermon prêché dans l'église cathédrale de Saint-Pierre-de-York, aux assises d'été, devant l'honorable baron Clive, et l'honorable baron Smythe, le dimanche 29 juillet 1750.

1759. — 1er et 2e volumes de Tristram Shandy.

1760. — 1er et 2e volumes de Sermons.

1761. — 3e et 4e volumes de Tristram Shandy.

1762. — 5 et 6e volumes de Tristram Shandy.

1765. — 7e et 8e volumes de Tristram Shandy.

1766. — 3e, 4e, 5e et 6e volumes de Sermons.

1767. — 9e volume de Tristram Shandy.

1768. — Le Voyage Sentimental.

Ses autres ouvrages ont été publiés après sa mort.

(2) Ce passage indique que le compte que M. Sterne rend à sa fille de sa vie et de celle de sa famille ne fut écrit que six mois environ avant sa mort.

Un autre écrivain a ajouté à ces détails les particularités suivantes sur sa mort :

Comme M. Sterne, dans le récit ci-dessus, a lui-même retracé, quelques mois avant sa mort, les principaux événemens de sa vie, il reste seulement à dire qu'il quitta York, à la fin de l'année 1767, et vint à Londres pour faire publier son *Voyage Sentimental*, qu'il avait écrit, l'été précédent, à son presbytère favori de Coxwould. Sa santé s'altérait depuis quelque temps, mais il continuait à visiter ses amis et conservait sa gaieté habituelle. Au mois de février 1768, il commença à sentir les approches de sa mort; il s'occupa alors sérieusement du bonheur futur de sa fille, avec l'intérêt d'un homme de bien et la sollicitude d'un père tendre. Ses lettres, à cette époque, font tant d'honneur à son caractère, qu'il est à regretter que l'on ait cru devoir en publier d'autres d'un genre différent. Son corps épuisé succomba à une courte maladie, le 18 mars 1768, dans les appartemens qu'il avait loués dans Bond-Street. Il fut enterré dans le nouveau cimetière appartenant à la paroisse de Saint-George, *Hanover Square*, le 22 du même mois; des étrangers lui ont, depuis, élevé un monument, sur lequel on lit l'épitaphe suivante :

Près de ce lieu
Repose le corps
Du révérend Lawrence Sterne,
Maître ès-arts,
Mort le 13 septembre 1768 (1),
Agé de cinquante-trois ans.

Nous n'avons que peu de circonstances à ajouter à

---

(1) Il est à peu près inutile de remarquer que cette date n'est pas exacte.

ces mémoires. L'archevêque Sterne, grand-père de l'auteur, était le docteur Richard Sterne, qui mourut au mois de juin 1683. Sa famille passa du comté de Suffolk dans celui de Nottingham. Leurs armes, selon Guillaume, étaient un chevron d'or entre trois croix de sable fleurdelisé. Le cimier était ce sansonnet que la plume de Yorick a rendu immortel (1).

Sterne fut élevé au collège de Jésus à Cambridge, et il obtint le grade de maître ès-arts en 1740. Le protecteur et le patron de sa jeunesse fut son oncle Jacques Sterne, prébendier de Durham, chanoine président, grand chantre et prébendier de York; il avait en outre d'autres bons bénéfices. Le docteur Sterne était un Whig ardent et un zélé partisan de la maison de Hanovre. La violence des opinions politiques du temps l'engagea dans beaucoup de controverses, surtout avec le docteur Richard Burton, l'original du docteur Slop, qu'il fit arrêter pour crime de haute trahison, pendant les événemens de l'année 1745. Lawrence Sterne nous fait part dans ses mémoires de sa rupture avec son oncle, qui fut occasionée par son refus de se livrer à des discussions de cette nature.

Les occupations de Sterne pendant son séjour dans le comté de York étaient la lecture, la musique et la chasse; il tirait la plus grande partie de ses livres de la bibliothèque du château de Shelton, habité par son parent et son ami intime, John Hall Stevenson, auteur de la collection spirituelle et licencieuse intitulée : *Crazy Tales*, dans laquelle on trouve une description très-plaisante de son antique manoir, sous le nom de *Crazy-*

---

(1) Dans un des chapitres du *Voyage Sentimental*, où l'oiseau en cage amène la belle méditation sur la liberté et l'esclavage.

Éd.

Castle (1). Cette bibliothèque portait le même cachet d'antiquité que le château, et contenait probablement beaucoup de vieilles chroniques dans lesquelles Sterne espérait trouver une mine.

En 1759, Sterne n'avait encore fait imprimer que deux sermons; mais cette même année il étonna le monde par la publication de ses deux premiers volumes de *Shandy*. Dans une lettre à un de ses amis il se plaint d'avoir travaillé jusqu'alors pour le service d'autrui et de s'être sacrifié pour un ingrat; ce paragraphe de la lettre fait probablement allusion à sa dispute avec son oncle; et, comme il annonce avoir loué une petite maison à York, pour se consacrer à l'éducation de sa fille, il est vraisemblable qu'il voulait tirer parti de sa plume, quoique, dans une lettre à un docteur anonyme, qui l'accusait d'écrire pour avoir *nummum in loculo*, il déclare positivement qu'il écrivait pour la seule gloire et non pour se procurer du pain. *Tristram* néanmoins lui donna et de la célébrité et de l'argent. Ce brillant génie auquel se mêlaient tant de singularités réelles ou affectées, l'étonnement des lecteurs qui ne pouvaient concevoir le but de la publication, la sagacité de ceux qui s'efforçaient de trouver un sens à des passages qui n'en avaient réellement aucun, c'en était là bien assez pour donner à ce livre une vogue extraordinaire. Mais la critique ne se laissa pas imposer par les applaudissemens du public. Sterne n'était pas aimé de ses confrères; il abusait de son esprit, et ne respectait pas assez sa robe: il dédaignait les formes, pour ne pas dire la décence qu'exigeait son ministère d'ecclésiastique. Donnant un libre essor à son hu-

---

(1) Château de la Folie. — Éd.

meur joyeuse, il avait désigné quelques-uns de ses graves confrères par des épithètes ou des caractères ridicules, qui, pour être spirituels et probablement justes, ne les offensèrent pas moins. En effet, exiger d'un homme qu'il pardonne une insulte, parce qu'elle est faite avec esprit, ainsi que s'en flattent souvent les railleurs, c'est vouloir que l'oiseau admire les plumes brillantes qui doublent la vitesse du dard qui l'a blessé.

Il y eut donc beaucoup de clameurs de part et d'autre; mais, au milieu de ce concert de louanges et de censures, la célébrité de *Tristram* ne fit qu'augmenter, et la réputation de Sterne grandit en proportion. L'auteur triomphant défia la critique : — « Je serai attaqué, dit-il dans une de ses lettres, par les grands et par les petits, je dois m'attendre à trouver des gens qui ne rient pas, ou qui ne veulent pas rire; mais j'aurai pour moi une moitié du monde et je serai satisfait. » Il dit, dans une autre occasion : — « Si mes ennemis pouvaient se douter du bien qu'ils font à mes ouvrages et à moi, par toutes leurs déclamations injurieuses, ils se tiendraient tranquilles. J'éprouve le sort de gens qui valaient mieux que moi; ils ont reconnu que la voie de la renommée est semée de tribulations, comme celle du ciel, et jusqu'à ce que j'aie eu l'honneur d'être aussi maltraité que Swift et Rabelais, je continuerai de m'humilier, car je n'ai pas encore éprouvé la moitié des persécutions auxquelles ils ont été en butte. »

L'auteur alla à Londres pour jouir de sa renommée : il y reçut cet accueil distingué que le public ne manque jamais de faire aux hommes célèbres. Il se vante d'avoir eu quatorze invitations successives; il ne vit dans cette hospitalité qu'un hommage qui lui était dû, mais que ses contemporains considéraient sous un point de vue

entièrement différent « Tout homme qui a un nom ou
« qui possède le don de plaire, dit Johnson, sera géné-
« ralement fêté à Londres; on m'assure que *le nommé*
« *Sterne* a reçu des invitations pour trois mois. » Les
principes de moralité de Johnson et son respect pour
le clergé le faisaient parler de Sterne avec mépris;
mais, lorsque Goldsmith voulut y ajouter l'accusation
de médiocrité, il lui répondit avec son ton emphatique:
« Non, non, monsieur ! »

Les deux premiers volumes de *Tristram* furent les
précurseurs, fort bizarres certainement, de deux volumes de sermons que le nom seul de Lawrence Sterne
(quoiqu'il fût déjà connu comme l'auteur d'un roman
distingué) n'aurait jamais pu recommander à l'attention, mais que celui de *Yorick* fit rechercher et lire avec
avidité. Ils confirmèrent la réputation d'esprit, de génie
et d'originalité dont jouissait l'auteur.

Le troisième et le quatrième volumes de *Tristram*
parurent en 1761, et les cinquième et sixième en 1762.
Ils eurent le même succès que les deux premiers. Le
septième et le huitième, publiés en 1765, ne furent pas
autant remarqués. Le charme de la nouveauté était dis-
sipé, et, quoiqu'ils contiennent quelques-uns des plus
beaux passages qui soient jamais sortis de la plume de
Sterne, ni l'oncle Tobie ni son fidèle serviteur ne purent obtenir le succès qu'ils avaient eu dans l'origine.
Ce style original et affecté qui avait piqué la curiosité
cessa de plaire, et perdit son charme avec l'attrait de la
nouveauté. Quatre nouveaux volumes de sermons furent
livrés à l'impression en 1766 : et en 1767 le neuvième et
dernier volume de *Tristram* fut mis au jour. « Je n'en
« publierai qu'un cette année, dit Sterne, et, l'année
« prochaine je commencerai un nouvel ouvrage en

« quatre volumes; lorsque je l'aurai achevé, je conti-
« nuerai *Tristram* avec une nouvelle vigueur. »

Ce nouvel ouvrage était sans doute son *Voyage Sentimental*, pour lequel, dit La Fleur, Sterne avait recueilli beaucoup de matériaux qui ne devaient pas voir le jour. Sa santé était devenue très-faible. Son voyage en Italie, entrepris pour chercher quelque soulagement aux symptômes d'une consomption confirmée, n'eut point cet effet; cependant il vécut assez pour arriver en Angleterre, et pour mettre sous presse la première partie du *Voyage Sentimental*, qui fut publié en 1768.

Nous pouvons convenablement insérer ici quelques particularités sur Sterne et sur son valet La Fleur, que nous avons extraites de l'intéressant recueil d'anecdotes de M. Davis, intitulé *Olio* (1).

« *La Fleur* est né en Bourgogne. Dès sa plus tendre enfance il eut la passion de voyager, et, à l'âge de huit ans, il s'enfuit de la maison paternelle. Sa physionomie agréable lui servit toujours de passe-port, et ses besoins étaient facilement satisfaits : du pain et du lait, un peu de paille dans une maison de paysan; voilà tout ce qu'il lui fallait pour la nuit, et il se remettait en route à la pointe du jour. » Il mena cette vie vagabonde jusqu'à l'âge de dix ans, lorsqu'un jour, se trouvant sur le Pont-Neuf à Paris, où il promenait autour de lui des regards surpris, il fut accosté par un soldat qui lui persuada facilement de s'enrôler. La Fleur battit le tambour dans l'armée française pendant six ans : deux années de plus l'auraient entièrement délivré du service; mais il préféra devancer ce moment, et déserta à l'aide d'un habit de paysan qu'il échangea contre le

(1) Macédoine. — Tr.

sien. Il arriva à Montreuil-sur-Mer au moyen de ses anciens expédiens. Il se recommanda lui-même à Varenne, qui heureusement le prit en fantaisie, et lui fournit avec plaisir les objets dont il avait besoin ; et, comme on aime à voir germer ce qu'on a semé, ce digne seigneur lui promit de lui procurer un maître, qui serait de plus un *milord anglais ;* car, selon lui, La Fleur méritait la meilleure condition du monde. Il fut assez heureux pour pouvoir remplir sa promesse, et le présenta à Sterne, tout déguenillé, mais plein de santé et d'hilarité. La peinture que Sterne a ébauchée des amours de La Fleur nous fournit quelques traits que nous allons retracer ici : « Il était amoureux d'une jeune fille de Montreuil, l'aînée de deux sœurs, qui ressemblait, dit-il, à la *Marie de Moulins.* Il l'épousa, et lui donna par là une grande preuve d'amour, mais non de prudence ; car ce mariage ne le rendit ni plus riche ni plus heureux. Elle était couturière, et son travail assidu ne lui rapportait pas plus de *six sous* par jour. Voyant que cette association ne pouvait lui procurer les moyens d'exister, et après avoir eu de sa femme une fille, il se sépara d'elle et se mit en service. Ayant amassé un peu d'argent, il revint auprès de sa femme, et ils ouvrirent un cabaret dans la rue Royale à Calais. Sa mauvaise fortune ne le laissa pas là : la guerre ayant été déclarée priva le nouveau cabaret de la visite des paquebots anglais, dont les matelots et les passagers étaient ses principales pratiques. La Fleur fut encore obligé de quitter sa femme, et il lui confia son petit commerce, qui ne suffisait plus pour entretenir deux personnes. Il reparut au mois de mars 1783, mais sa femme avait plié bagage et suivi une troupe de comédiens ambulans : il n'en entendit plus parler. Depuis la perte de sa femme, il a fait plusieurs voyages en Angleterre, quelquefois comme huissier, quelquefois comme courrier. Il aimait beaucoup les Anglais. Partout où le zèle et l'activité étaient nécessaires, on était sûr de trouver La Fleur. »

L'auteur du précédent article, outre les détails qu'on vient de lire, continue M. Davis, a recueilli de La Fleur quelques renseignemens relatifs à son maître, que nous allons communiquer *verbatim*, car les abréger ne pourrait que nuire à l'intérêt du récit.

« Il y avait des instans, dit La Fleur, où mon maître était plongé dans une profonde mélancolie ; alors il avait si rarement besoin de mon service, que je me hasardais à entrer sans être appelé, et à lui suggérer ce que j'imaginais de plus propre à le distraire. Il souriait à mon zèle, et je voyais qu'il était heureux d'être soulagé. Dans d'autres momens il semblait avoir reçu une autre ame, et s'abandonnait à la gaieté naturelle à mon pays, dit La Fleur, en s'écriant : « *Vive la bagatelle !* » Ce fut dans un de ces momens qu'il fit connaissance avec la grisette du magasin de gants, qui depuis vint le voir chez lui. La Fleur ne fit aucune observation sur elle; mais lorsqu'il parla de son autre favorite, il dit : « C'était certainement dommage qu'elle fût si jolie et si petite. »

« La dame dont il est question sous la lettre initiale *L....* était la marquise de Lambert, à qui Sterne fut redevable d'un passe-port dont le besoin commençait à l'inquiéter sérieusement. Le baron de Breteuil, malgré le *Shakspeare* (1), s'en serait fort peu occupé, s'il faut en croire La Fleur. Le duc de Choiseul était alors ministre.

(1) On se rappelle que Sterne, trouvant un *Shakspeare* sur la table de ce seigneur, *se crut en pays de connaissances.* — Éd.

« *La pauvre Marie*, hélas ! n'était pas une fiction. Lorsque nous la rencontrâmes elle se roulait sur la terre comme un enfant, et se couvrait la tête de poussière ; elle était cependant charmante. Lorsque M. Sterne l'aborda avec bienveillance et la prit dans ses bras, elle se recueillit et se calma un peu. Elle lui raconta son malheur, et versa des larmes dans son sein : mon maître sanglotait. Elle se dégagea ensuite doucement de ses bras, et lui chanta un cantique à la Vierge. Mon pauvre maître se couvrit le visage avec les deux mains, et la conduisit jusqu'à sa chaumière ; il y trouva la vieille femme, et il lui parla avec intérêt.

« Je leur portais tous les jours, dit La Fleur, des alimens de l'hôtel ; et lorsque mon maître quitta Moulins, il laissa à la mère ses bénédictions et un peu d'argent. J'ignore quelle somme, ajoute La Fleur, mais je sais qu'il donnait toujours plus qu'il ne pouvait.

« Sterne se trouvait souvent court d'argent dans ses voyages. La guerre avait interrompu les communications ; il avait mal calculé ses dépenses : il n'avait compté que sur celle de la poste, et n'avait pas fait entrer en ligne de compte les misères qu'il soulagerait sur la route.

« Je me souviens que presque à chaque poste mon maître se tournait vers moi, les larmes aux yeux, et me disait : «Ces pauvres gens m'affligent profondément, « La Fleur, comment pourrai-je les soulager ? » Il écrivait beaucoup et fort tard dans la nuit. Je dis à La Fleur combien était peu considérable le nombre des écrits de Sterne qui avaient été publiés ; il en fut extrêmement surpris. « Je sais, dit-il, qu'à notre retour de cette excursion il y avait une malle remplie de papiers. » — Savez-vous, La Fleur, de quoi ces papiers traitent ? —

« Oui, ce sont des observations sur les mœurs des dif-
« férens pays qu'il a parcourus, et je me rappelle qu'en
« Italie, il était extrêmement occupé à faire de grandes
« recherches sur les divers gouvernemens des villes et
« sur les qualités caractéristiques des Italiens en gé-
« néral. »

« Dans ce but il écrivait beaucoup et observait encore davantage; les bibliothèques des Mécènes de la littérature lui étaient ouvertes : mais une chose étrange c'est que Sterne ne put parvenir à parler l'italien. Son valet l'apprit en fort peu de temps, et quoique son maître l'étudiât de temps en temps, il y renonça entièrement. « Cela m'étonne d'autant plus, disait La Fleur, qu'il sa-
« vait certainement le latin. »

« Le reproche qu'on a fait à Sterne, et que Johnson a confirmé, d'avoir une conversation libre et peu décente, est entièrement détruit par le témoignage suivant de La Fleur.

« Sa conversation, dit-il, avec les femmes était tou-
« jours très-intéressante; il les laissait habituellement
« sérieuses s'il ne les avait pas trouvées telles. »

« *L'Ane mort* n'était pas une invention. Le pauvre homme en pleurs était aussi simple et aussi intéressant que Sterne l'a dépeint. La Fleur se rappelait parfaitement cette circonstance.

« Sterne ne prit jamais aucun intérêt aux moines. La Fleur se ressouvenait de sa réponse à plusieurs d'entre eux qui s'introduisaient chez lui pour mendier : *Mon père, je suis occupé, je suis pauvre comme vous.* »

Lawrence Sterne, miné par une longue maladie, mourut au mois de février 1768, dans l'appartement qu'il avait loué dans Bond-Street, à Londres. Quelques particularités de sa mort offrent des traits de ressemblance avec celles que donne Mistress Quickly (1), sur les derniers momens de Falstaff, qui lui-même se rapproche beaucoup de Yorick par ses bouffonneries, malgré la différence qui existe entre eux sur plusieurs autres points. Pendant qu'il était étendu sur son lit, il se plaignit d'avoir froid aux pieds, et dit à la garde qui le soignait de les chauffer; elle obéit et il parut soulagé. Il se plaignit encore de ce que le froid remontait, et, tandis que la garde réchauffait ses jambes, il expira sans pousser un gémissement. Il est également remarquable qu'il mourut de la manière qu'il avait désirée, et que les derniers devoirs lui furent rendus, non chez lui et par ses parens, mais dans un hôtel garni et par des étrangers.

Tout le monde connaît les traits et la physionomie de Sterne; il en parle lui-même souvent dans ses ouvrages. Il était grand et maigre, avec toutes les apparences de la phthisie pulmonaire. Quoique ses traits exprimassent avec un effet particulier les émotions et les sentimens qu'il éprouvait souvent, ils avaient l'expression fine, plaisante et moqueuse qui annonce un esprit satirique. Sa conversation était animée et spirituelle; mais Johnson la trouvait trop libre, et pensait qu'elle convenait mieux à la société du seigneur de *Crazy-Castle*, qu'à celle d'un grand moraliste. On a dit, et probablement avec vérité, qu'il avait un caractère changeant et inégal, conséquence naturelle d'un tempérament irritable et d'une mauvaise santé. Mais il est difficile de croire que

(1) Voyez, dans la pièce d'*Henry V*, les derniers momens de ce personnage bouffon. — ÉD.

l'auteur de l'oncle Tobie fût un homme d'un caractère fâcheux, et habituellement de mauvaise humeur. Les lettres de Sterne à ses amis, et particulièrement ses lettres à sa fille, respirent l'affection la plus tendre; et sa bourse, quelle qu'elle fût, semble avoir toujours été aux ordres de ses amis.

Si nous fondons la réputation de Sterne sur *Shandy*, nous devons l'accuser de cynisme et d'affectation. Il était extrêmement sensible à ce premier reproche, et tâchait de se justifier en représentant la licence de son esprit comme un simple oubli des bienséances, qui ne pouvait avoir de fâcheuses conséquences pour la morale. Nous pouvons garantir l'authenticité de l'anecdote suivante. Peu de temps après la publication de son *Tristram*, Sterne demandait à une dame de qualité fort riche du comté de York, si elle avait lu *Tristram Shandy*: « Non, M. Sterne, lui répondit-elle, et, s'il faut vous « parler franchement, on m'assure qu'il n'est pas con- « venable qu'une femme le lise. » — « Ma chère bonne « dame, répliqua l'auteur, ne soyez pas dupe de ces « contes-là; mon ouvrage ressemble à cet enfant de trois « ans qui se roule maintenant sur le tapis, et qui montre « fort innocemment beaucoup de choses qu'on est dans « l'habitude de cacher. » Cette excuse spirituelle peut être admise, car on ne peut dire que l'humeur licencieuse de *Tristram Shandy* s'adresse aux passions, ou soit propre à corrompre la société. Mais, si elle ne peut corrompre les mœurs, elle pèche contre le goût. Une poignée de boue ne peut ni tuer ni mettre le feu, mais s'amuser à jeter de la boue, n'est pas le passe-temps des gens d'un goût délicat et qui ont reçu de l'éducation.

Sterne, cependant, sous ce rapport, commença et finit par braver la censure de tout le monde. On trouve, dans une de ses lettres, un passage remarquable où il traite cette accusation avec la plus grande légèreté ; et, ce qui est assez singulier, il suit fort sérieusement son plan de s'en moquer. « Crébillon le fils, dit-il, a fait « avec moi une convention qui ne sera pas une vaine « plaisanterie si sa paresse ne l'empêche pas de l'exé- « cuter. Aussitôt après mon arrivée à Toulon, il doit « m'écrire une lettre pleine de reproches contre le « cynisme de *Tristram Shandy* ; je lui en répondrai une « qui sera une récrimination sur la licence de ses ou- « vrages. Nous les ferons imprimer toutes les deux, en « les intitulant : *Crébillon contre Sterne, et Sterne contre* « *Crébillon* (1), et nous partagerons le bénéfice ; c'est ce « qui s'appelle de la bonne politique suisse. »

Les plus chauds partisans de Sterne doivent également avouer que son style est plein d'affectation, et à un degré que tout ce qu'il a de pathétique et de spirituel n'a pu rendre supportable. Le style de Rabelais, qu'il a pris pour son modèle, est essentiellement vague, décousu, et quelquefois fort absurde. Mais Rabelais fut pour ainsi dire obligé de revêtir cet habit d'Arlequin, afin de pouvoir, comme les bouffons privilégiés, faire, sous le masque de la folie, la satire de l'église et du gouvernement. Sterne ne suivit la méthode de son maître que pour attirer l'attention et étonner le public ; aussi ses extravagances, semblables à celles d'un homme qui contrefait le fou, sont froides et forcées même au milieu des plus grands écarts. Un homme ne risque rien, de nos jours, à être aussi sage et aussi spirituel qu'il le peut ; il n'a pas besoin de s'affubler du costume des fous d'autrefois. On doit regarder comme une affec-

(1) Style de procédure. — Tʀ.

tation de la part de Sterne d'avoir pris un pareil déguisement; et il est permis de voir dans ce choix une de ces simagrées destinées *ad captandum vulgus*. Toute popularité qui n'a pas d'autre fondement porte les germes de ce qui doit la détruire; car la bizarrerie dans le style peut être comparée aux modes capricieuses de la toilette, qui attirent d'abord l'attention, mais qui, bientôt adoptées par de stupides imitateurs, deviennent ridicules, et sont dès lors négligées et mises au rebut.

Si nous voulons soumettre à une analyse plus sévère le genre d'écrire de Sterne, nous trouverons un guide sûr dans l'ingénieux docteur Ferriar de Manchester, qui, avec une patience rare, a découvert les sources cachées où l'auteur a puisé la plupart de ses connaissances, et a retrouvé quelques-unes de ces expressions qui frappent le plus, sous le rapport de l'originalité. Sterne mit successivement à contribution Rabelais (dont les ouvrages sont beaucoup moins lus que cités), l'opuscule un peu libre intitulé : *Moyen de parvenir*, et *le Baron de Fénestre* de d'Aubigné, ainsi que beaucoup d'autres auteurs oubliés du seizième siècle. Le célèbre ouvrage de Burton sur la mélancolie (dont le prix a été doublé chez les libraires depuis l'essai du docteur Ferriar) a fourni à Sterne une infinité de citations dont il remplit sans scrupule ses volumes, comme si elles lui appartenaient par droit de lecture. Le style du même auteur et celui de l'évêque Hall (1) ont également fourni à l'auteur de *Tristram* quelques-unes des expressions bizarres, des comparaisons et des observations qu'on a longtemps prises pour les saillies de son esprit original. A

(1) Prédicateur contemporain et antagoniste de Milton. — Éd.

l'appui de cette grave accusation, nous devons renvoyer nos lecteurs à l'ouvrage du docteur Ferriar, qu'il a intitulé, avec beaucoup de modestie : *Essai sur les OEuvres de Sterne,* et où il prouve clairement que celui dont le style et la manière ont si long-temps été cités pour leur originalité était, dans le fait, le plagiaire le plus déhonté, enrichissant ses ouvrages des larcins faits à ses prédécesseurs. Il faut avouer que Sterne choisit les matériaux de sa mosaïque avec tant d'art, et qu'il les arrange et les polit si bien, qu'on est presque toujours porté à lui pardonner son manque d'originalité en faveur du talent exquis qui donne une nouvelle forme à ces matériaux empruntés.

Un des plagiats les plus remarquables de Sterne est sa déclamation contre les plagiaires de sa propre classe. « Devons-nous, dit-il, toujours faire de nouveaux livres comme les apothicaires font de nouvelles médecines en versant une liqueur d'un vase dans un autre ? Sommes-nous condamnés à tordre et à détordre toujours la même corde ? Suivrons-nous toujours la même allée ? Marcherons-nous toujours au même pas ? » Maintenant voici les paroles de Burton : « Comme les apothicaires, nous faisons de nouvelles mixtures, nous versons chaque jour une liqueur d'un vase dans un autre ; et, à l'exemple des Romains, qui pillaient toutes les villes de l'univers pour orner leur Rome mal située, nous *écrèmons* l'esprit des autres, et nous choisissons les plus belles fleurs de leurs fertiles jardins pour couvrir la stérilité de notre sol. Nous tissons la même toile, et nous tordons sans cesse la même corde. » On ne peut s'empêcher de s'étonner du sang-froid de Sterne qui place dans son propre ouvrage une si belle tirade contre l'art même qu'il pratique.

On a beaucoup écrit sur le droit qu'un auteur a de se prévaloir des travaux de ses devanciers; et certainement, dans un sens général, celui qui rajeunit l'esprit et les connaissances d'un siècle passé, et les présente sous la forme qui doit plaire au sien, rend un véritable service à ses contemporains. Mais il était d'autant moins digne de Sterne de se servir du langage et des tours de phrase d'un ancien auteur, et de s'attribuer son esprit et ses idées, que son talent était assez original, s'il avait voulu l'exercer, pour n'avoir pas besoin de recourir à ces petits larcins littéraires (1).

Tristram Shandy n'est pas une histoire, mais un recueil de scènes, de dialogues, et de tableaux plaisans ou touchans, entremêlé de beaucoup d'esprit et de beaucoup de connaissances originales ou empruntées; il ressemble aux irrégularités d'une salle gothique bâtie par un amateur de l'antiquité qui y a rassemblé avec beaucoup de peine un mélange de ruines, et dont les proportions sont aussi inégales que celles des armures rouillées qui la décorent. En envisageant *Tristram Shandy* sous ce point de vue, le principal personnage est M. Shandy l'aîné, dont le caractère est calqué, sous beaucoup de rapports, sur celui de Martinus Scriblerus. L'histoire de *Martin* fut destinée par le célèbre club de beaux esprits qui la commencèrent (2) à être la satire des recherches habituelles des savans en *us;* Sterne au contraire n'attaquait aucun genre particulier de ridicule; son but était de créer un personnage auquel il pût attribuer les connaissances qu'il avait acquises par la lecture d'ouvrages qu'on ne lisait plus. Il donna

(1) Voyez le curieux ouvrage déjà cité : *Questions de littérature légale,* par Charles Nodier. — ÉD.

(2) Swift et Pope. — TR.

donc à M. Shandy un esprit tout à la fois bizarre, actif et métaphysique, que l'étude de sciences trop diverses a presque rendu fou, et qui veut se conduire dans les affaires ordinaires de la vie d'après les théories absurdes inventées par les pédans des siècles passés. Son caractère contraste avec celui de sa bonne femme, qui, étant de l'école des *poco curanti* (1), ne met jamais obstacle à la marche du *dada* de son mari, pour nous servir d'une expression que Sterne a rendue classique, et lui témoigne sans cesse son admiration pour la grace et la dextérité avec lesquelles il le conduit.

Yorick, le gai, le spirituel, le sensible, l'insouciant Yorick, n'est autre que Sterne lui-même, et nous ne pouvons douter que ce portrait, semblable à celui d'un maître de l'art qui se peint lui-même, n'ait une grande ressemblance avec l'original. Cependant on aperçoit dans le caractère de Yorick les traits d'une simplicité qui n'existait pas dans celui de Sterne. Nous ne pouvons croire ses plaisanteries entièrement dénuées d'intentions malignes, et que ses satires n'étaient que l'inspiration d'une ame bonne ou d'une humeur joviale. Il faut aussi avouer que Sterne se serait plutôt emparé d'un passage de Stevinus s'il eût pu lui être utile, que de négliger un de ses manuscrits avec l'indifférence de Yorick. Nous reconnaissons néanmoins avec plaisir qu'il existe une ressemblance générale entre l'auteur et l'enfant de son imagination; et nous pardonnons volontiers au pinceau qui, dans ce travail délicat, a adouci quelques traits et en a flatté d'autres.

L'oncle Tobie et son fidèle serviteur, les plus délicieux caractères de cet ouvrage, et peut-être d'aucun

(1) Des insoucians. — Tr.

ouvrage connu, sont peints avec tant de charme, ils ont une individualité si originale, qu'ils font facilement oublier le plagiat, l'indécence et l'affectation du romancier. En leur faveur, Sterne doit être non-seulement renvoyé absous par la critique, mais même applaudi et remercié de l'énergie et de la chaleur qu'il met à plaider la cause de l'humanité; quelle intarissable source d'émotions généreuses nous devons à son tableau délicieux, où tant de bonté et de bienveillance s'unit au courage le plus noble, et à la simplicité la plus aimable. Sterne pourrait hardiment se justifier du reproche de plagiat, en disant que les passages qu'il a empruntés sont de peu de valeur en comparaison de ceux qui sont de sa propre création, et que ce qui n'est pas de lui aurait pu être écrit par d'autres, tandis que dans son propre genre il est unique et inimitable. Il y a peut-être dans les amusemens favoris de mon oncle Tobie une légère dose d'extravagance; cependant, en Angleterre, où chacun pense et agit sans s'occuper de la censure de son voisin, il n'est pas impossible, il est même assez probable qu'un homme bizarre se serve d'un auxiliaire mécanique, tel que celui du boulingrin de mon oncle Tobie, pour encourager et aider son imagination à bâtir des *châteaux en Espagne*. On a dit que les hommes sont de grands enfans ; en songeant aux jouets dont ils s'amusent, l'invention de mon oncle Tobie, aux plaisirs duquel nous sommes si disposés à nous intéresser, ne paraît bientôt plus aussi extraordinaire qu'elle semble l'être au premier coup d'œil.

L'ouvrage du docteur Ferriar prouve que le docteur Slop, avec tous ses instrumens d'accouchement, est le même que le docteur Burton de York, qui publia en 1731 un traité *sur l'art des sages-femmes*. Nous avons déjà dit que M. Burton était fort mal avec l'oncle de Sterne, et malgré la mésintelligence qui éclata entre l'oncle et le neveu, ce dernier paraît en avoir de l'aversion contre l'ennemi de son oncle. Mais Sterne, qui ne s'occupait pas de politique, avait pardonné au jacobite, et n'attaquait plus le docteur que comme un charlatan et un catholique.

Il est inutile de s'étendre davantage sur un ouvrage si généralement connu. Le style de Sterne, quoique bizarrement orné, est toujours mâle, et animé de cette chaleur et de cette verve qui ne s'acquièrent que par une grande familiarité avec les anciens prosateurs anglais. Nul ne l'a surpassé, ni peut-être même égalé dans la peinture des sentimens les plus délicats du cœur ; on peut le mettre au nombre des écrivains à la fois les plus simples et les plus affectés ; et il est permis de le considérer, en même temps, comme un des plus grands plagiaires et comme un des génies les plus originaux de la Grande-Bretagne. Le docteur Ferriar, qui a su pénétrer dans les dédales où Sterne allait découvrir et dépouiller de vieux auteurs, se fait pardonner la sévérité de ses recherches, en rendant justice à tous les genres de mérite qui appartiennent particulièrement à Sterne lui-même, et il termine sa critique par un sonnet à sa louange, espèce d'amende honorable que nous aimons à citer ici :

SONNET.

« STERNE, ô toi par qui j'ai parcouru les dédales tortueux qui conduisent aux sources de l'Esprit antique, que ton ombre ne redoute point une censure malveillante, quoique mes recherches révèlent quelques-uns de tes emprunts ! Long-temps cette gaieté du vieux âge resta ensevelie dans les livres poudreux (chers autrefois aux Goths et au frivole Valois). C'est toi qui l'a ressuscitée, en l'appelant dans la joyeuse demeure de Shelton, où ton caprice fit naître *Tristram.* Mais cette larme qui vient interrompre notre sourire dans une digression soudaine ou une histoire inattendue, cette larme atteste ton talent créateur. Les malheurs de Lefèvre, le délire de Maria et les angoisses du prisonnier t'assignent une place brillante sur le trône de la gloire. »

M. Sterne descendait d'une famille de ce nom, du comté des Suffolk : l'un d'eux s'établit dans le comté de Nottingham La généalogie suivante est extraite du *Ducatus leodinencis*, par Shoresby, page 215.

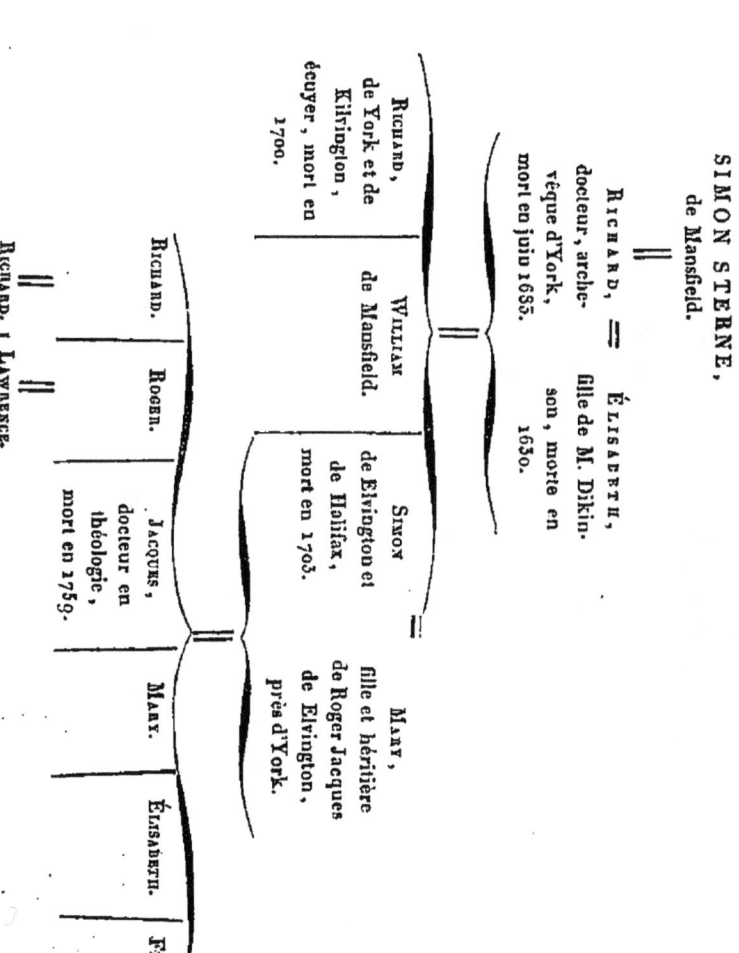

FIN DU TOME PREMIER.

TABLE

DES MATIÈRES CONTENUES DANS CE VOLUME.

ESSAI SUR LE ROMAN.

	Pages.
Avant-propos de l'éditeur.	1
Définition et origine du mot *Roman*.	3
Histoire générale des romans.	7
Romans comiques.	16
Romans classiques.	19
État des ménestrels.	35
Caractère général et style des romans de chevalerie.	41
Romans en prose.	49
Romans des divers pays de l'Europe.	60
Romans du Nord.	ibid.
Romans allemands.	62
Romans italiens.	65
Romans espagnols.	66
Romans français.	69
Romans anglais.	73
Roman pastoral.	76
Romans héroïques.	77

BIOGRAPHIE LITTÉRAIRE DES ROMANCIERS CÉLÈBRES.

Avertissement de l'Auteur.	83
Notice biographique et littéraire sur Alain-René Lesage.	85

TABLE DES MATIÈRES.

Notice biographique et littéraire sur Samuel Richardson.	129
Notice biographique et littéraire sur Henry Fielding.	197
Notice biographique et littéraire sur Tobie Smollet.	234
Notice biographique et littéraire sur Lawrence Sterne.	294

FIN DE LA TABLE.

ŒUVRES COMPLÈTES
DE
JAMES FENIMORE COOPER.

Cette édition sera précédée d'une notice historique et littéraire sur les États-Unis d'Amérique ; elle formera vingt-sept vol. in-dix-huit, imprimés en caractères neufs de la fonderie de Firmin Didot, sur papier jésus vélin superfin satiné ; ornés de vingt-sept gravures à l'eau forte ; de vingt-sept titres avec des vignettes représentant des scènes tirées des romans américains et des vues des lieux décrits par l'auteur, gravés en taille-douce par MM. Alfred et Tony Johannot, sur leurs propres dessins, composés d'après des documens authentiques ; de neuf cartes géographiques destinées spécialement à chaque ouvrage, par A. Perrot et P. Tardieu ; d'une carte générale des États-Unis d'Amérique, et d'un portrait de l'auteur. La traduction est entièrement revue sur le texte, et elle est accompagnée de notes explicatives.

ŒUVRES COMPLÈTES
DE SIR WALTER SCOTT.

Cette édition est précédée d'une notice historique et littéraire. La traduction est entièrement revue sur le texte, et elle est accompagnée de notes explicatives. Elle formera quatre-vingts vol. in-18, ornés de 250 gravures, vignettes et cartes géographiques, et d'un portrait de l'auteur.

CONDITIONS DE LA SOUSCRIPTION AUX DEUX COLLECTIONS.

Il paraît tous les mois une livraison de chacun des auteurs. Chaque livraison se compose de trois vol. de texte et d'un atlas renfermant les planches. PRIX : 12 fr.

ON SOUSCRIT, SANS RIEN PAYER D'AVANCE, CHEZ LES ÉDITEURS,

CHARLES GOSSELIN, LIBRAIRE	A. SAUTELET ET Cᵒ,
DE S. A. R. M. LE DUC DE BORDEAUX,	LIBRAIRES,
Rue St.-Germain-des-Prés, n. 9.	Place de la Bourse.

www.ingramcontent.com/pod-product-compliance
Lightning Source LLC
Chambersburg PA
CBHW072016150426
43194CB00008B/1133